Maren Richter

»Aber ich habe mich nicht entmutigen lassen«

Maria Daelen – Ärztin und Gesundheitspolitikerin
im 20. Jahrhundert

Veröffentlichungen zur Geschichte
der deutschen Innenministerien nach 1945

Band 3

Herausgegeben von Frank Bösch (ZZF Potsdam)
und Andreas Wirsching (IfZ München – Berlin)

Maren Richter

»Aber ich habe mich nicht entmutigen lassen«

Maria Daelen –
Ärztin und Gesundheitspolitikerin
im 20. Jahrhundert

WALLSTEIN VERLAG

Bibliografische Information der Deutschen Nationalbibliothek
Die Deutsche Nationalbibliothek verzeichnet diese Publikation in der
Deutschen Nationalbibliografie; detaillierte bibliografische Daten
sind im Internet über http://dnb.d-nb.de abrufbar.

2. Auflage 2020
© Wallstein Verlag, Göttingen 2019
www.wallstein-verlag.de
Lektorat: Jan Strümpel, Göttingen
Vom Verlag gesetzt aus der Centennial
Umschlaggestaltung: Susanne Gerhards, Düsseldorf
Lithographie: SchwabScantechnik GmbH, Göttingen
Unter Verwendung einer Fotografie: »Bei Königswusterhausen«, Juni 1939,
Fotografin: möglicherweise Marianne Breslauer.
Zitat aus einem Brief von Maria Daelen an Katharina von Kardorff-Oheimb
vom 15.10.1959, in: Privatsammlung Peter Hanser-Strecker,
Briefe Katharina-Maria.
Druck und Verarbeitung: Westermann, Zwickau

ISBN 978-3-8353-3477-9

Inhalt

Prolog

»Die Anerkennung meiner Arbeit kommt langsam, weil ich eben eine Frau bin, aber ich habe mich nicht entmutigen lassen.«[1] So las ich in einem Brief von Maria Daelen an ihre Mutter im Jahr 1959. Aus den Zeilen spricht Resignation, aber auch Stärke und Mut. Mir schien, als brächte dieser eine Satz das ganze Leben einer modernen Frau im 20. Jahrhundert auf den Punkt. Ich las weiter in Briefen und Erinnerungen und entdeckte Attribute, die ihr Freunde und Bekannte zuschrieben: »Eine hochgewachsene elegante Frau mit sibyllinischem Blick« – »starke Vitalität und Tüchtigkeit« – »intellektuelle Qualitäten und Unabhängigkeit« – »hervorragende Intelligenz« – »Flair der geborenen Künstlernatur« – »ein großer Mensch« – »eine Persönlichkeit, wie man sie nur selten trifft« – »ein Leben wie ein Karneval«.[2]

Diese Charakterisierungen überraschten mich, bezogen sie sich doch auf eine Ministerialrätin, mithin Bürokratin, auf die ich im Rahmen meiner Forschungen zur Nachkriegsgeschichte des Bundesinnenministeriums gestoßen war.[3] Es war die Zeit der jungen Bundesrepublik der 1950er und 1960er Jahre. Verwaltung war sachlich, trocken und voller antiquierter Formen. Beamte trugen Hut, fuhren mit biederen Autos beim Ministerium vor und diktierten Schriftsätze. Hier saßen zahlreiche Staatsdiener, die bereits in der Zeit des Nationalsozialismus dort gearbeitet hatten und entsprechend belastet waren. Unter all den Herren, die ab 1949 im Ministerium saßen, fiel mir eine der wenigen Frauen auf: Dr. Maria Daelen.

Meine Neugierde war geweckt, und während meiner Spurensuche schien sich das Leben von Maria Daelen von einer unscheinbaren »Raupe« im farblosen Behörden-Gespinst zu einem bunten »Schmetterling« zu entfalten. Je näher ich hinschaute, desto faszinierender stellte sich ihre Biografie dar. Geboren 1903, wurde Maria Daelen (der Nachname wird »Dahlen« ausgesprochen) schon als junges Mädchen von Zeitgenossen als besonders selbstständig und eigensinnig wahrgenommen. Ihre Entscheidung, Medizin zu studieren, war in den 1920er Jahren alles andere als selbstverständlich, erst recht ihre Wahl des Facharztes der Chirurgie. Sie arbeitete in Berliner Kliniken, setzte sich gegen ihre männlichen Kollegen erfolgreich durch und eröffnete als Internistin eine eigene Praxis. Sie tanzte und feierte mit Freunden im pulsierenden Berlin und lebte längere Zeit mit dem Stardirigenten Wilhelm Furtwängler zusammen. Während der Zeit des Nationalsozialismus half sie verfolgten Freunden und Bekannten, wurde aktiv in einem Widerstandskreis aus Ärzten und stellte sich in so manch schwieriger Situation mutig gegen das Regime.

Wenige Jahre nach dem Zweiten Weltkrieg trat sie in den hessischen Staatsdienst ein, stand im engen Kontakt zur amerikanischen Besatzungsmacht und reiste als eine der ersten Ärztinnen im Nachkriegsdeutschland zur Weiterbildung in die USA. 1953 wechselte Maria Daelen in das Bonner Bundesinnenministerium. Sie übernahm ein eigenes Referat, das »Internationale Gesundheitswesen«, ein völlig neuer Bereich für die junge Bundesrepublik, die gerade dabei war, sich tastend in die internationale Gemeinschaft zurückzubewegen. Sie heiratete den Schott-Verleger Ludwig Strecker und begann im Alter zu malen.

Maria Daelen schien ihrer Zeit stets ein Stück voraus zu sein. Folgt man ihrem Weg durch das 20. Jahrhundert, erlebt man sie im Kontext politischer Entwicklungen, begegnet man eindrucksvollen Persönlichkeiten der deutschen Geschichte und taucht ein in die Kulturgeschichte des 20. Jahrhunderts. Anhand ihres spannenden Lebens bietet sich die Möglichkeit, Wechselwirkungen zwischen Biografisch-Individuellem und dem größeren Ganzen zu beobachten. Aber wie nähert man sich einem Menschen, ohne in biografische Fallen zu tappen?[4] Biografie folgt keiner vorhersehbaren Linie. Sie bleibt für die Person selbst wie für ihre Betrachter von außen immer Stückwerk. Ich begann also zu recherchieren und zu sammeln, Hinweisen nachzugehen und Dokumente ausfindig zu machen, mit Personen zu sprechen, die ihr nahegestanden hatten. Ich fand zahlreiche Behördenunterlagen im Bundesarchiv, erhielt Zugang zu den Nachlasssplittern Maria Daelens in der Privatsammlung des Schott-Verlegers Peter Hanser-Strecker, im Nachlass von Adele Daelen, in den Privatsammlungen ihrer Freundin Ingar Brüggemann, von Felicitas Reusch sowie von Christoph Ackermann.[5] Ich durchforstete Nachlässe anderer Personen, mit denen Maria Daelen in Kontakt stand und die über ihre Zeit mit ihr berichten konnten.[6]

Das Sammelsurium an Dokumenten, Stimmen und Eindrücken machte mir klar: Das Leben der Maria Daelen ist wie ein großes Mosaik aus zahlreichen bunten Steinen in den verschiedensten Farben und Formen. Es ergibt kein harmonisches Bild und passt in keines der von Historikern und Sozialwissenschaftlern vorgeformten Erklärungsmuster. Maria Daelens Lebensgeschichte ist keine Heldenbiografie, denn eine wirkliche politische Karriere blieb ihr verwehrt. Maria Daelen war aber auch keine »durchschnittliche« Frau, wie sie in einer Alltagsbiografie erfasst würde. Eine reine Experten- oder Ärztebiografie konnte ihr ebenfalls nicht gerecht werden, bestand ihr Leben doch aus viel mehr als nur ihrem Beruf. Ihren Lebensweg als den einer »höheren Tochter« zu beschreiben, griff auch zu kurz, obwohl er einige nicht unwichtige Attribute eines solchen enthielt. Gleiches gilt für die Widerstandsbiografie. Ihr Leben als das einer »großen Persönlichkeit« zu entfalten, dafür fehlte überdies der Nachlass: Maria Daelen hat, anders als etwa Wilhelm Furtwängler oder Carlo Schmid, ihre Hinterlassenschaften nicht frühzeitig ordnen und in ein Archiv geben lassen. Dafür fehlte ihr das Selbstverständnis dieser Männer, die sie persönlich begleitet hatte und in deren Nachlässen sie selbst auftauchte.

Eine Form, die dem Leben Maria Daelens am nächsten kommt, ist die Gender-Biografie oder auch Frauenlebensgeschichte.[7] Diese Form der Biografie ist heute immer noch nicht selbstverständlich, denn die Biografieforschung wird weiterhin von männlichen Biografien geprägt.[8] Wurden Frauenlebensgeschichten erzählt, geschah dies oftmals aus der Perspektive der unterstützenden Begleitung eines »großen Mannes« als Ehefrau, Schwester oder Freundin. Neuere Frauenlebensgeschichten dagegen werden oft in Bezug gesetzt zu den Emanzipationsbewegungen des 20. Jahrhunderts. In der Weimarer Republik waren dies politische, soziale und kulturelle Bewegungen, die ihren Anfang oftmals schon in den Jahrzehnten zuvor genommen hatten. Sie reichten von den neuen Berufschancen für akademisch gebildete Frauen durch das prinzipielle Gleichberechtigungspostulat der Verfassung bis zur »Neuen Frau« der 1920er und 1930er Jahre, die selbstbewusst ihre Unabhängigkeit und Selbstverwirklichung suchte. Maria Daelen kann zu diesen »Neuen Frauen« gerechnet werden. Das Phänomen selbst blieb aber eines der gehobenen Schicht.[9] In der Zeit des Nationalsozialismus wurde das Frauenbild wieder konservativer und die Frauenrolle verengt auf Kinderkriegen und Sichern der Heimatfront, auch wenn manche Entwicklung über die politische Zäsur von 1933 hinweg zu wirken vermochte.[10] Gleichzeitig waren Frauen im Krieg wie in der unmittelbaren Nachkriegszeit wiederum gezwungen, zu arbeiten.

Nach dem Zweiten Weltkrieg etablierte sich das Konzept der sogenannten Normalfamilie, bestehend aus Ehemann, Ehefrau und Kindern. Dementsprechend gestaltete sich die Familien- und Geschlechterpolitik. Verheirateten Frauen blieb es bis zum 1. Juli 1958, als das sogenannte Gleichberechtigungsgesetz in Kraft trat, verboten, ohne Genehmigung des Ehemanns eine Erwerbstätigkeit aufzunehmen. Und selbst wenn der Ehemann dem zustimmte, war er es, der den erarbeiteten Lohn seiner Ehefrau verwaltete. Erst 1969 wurde verheirateten Frauen die volle Geschäftsfähigkeit zugesprochen.[11] Zugleich war besonders in bürgerlichen Schichten die Frauenerwerbstätigkeit noch lange verpönt.[12] Erst die Reformen des Familien- und Eherechts in der Mitte der 1970er Jahre sorgten für die volle Gleichberechtigung von Mann und Frau auf rechtlicher Ebene. Damit einher ging die Abkehr vom traditionellen Familien- und Frauenbild.

Die Emanzipationsbewegungen der Nachkriegszeit werden oft an der Quote erwerbstätiger verheirateter Frauen gemessen.[13] Maria Daelen gehörte aber bis zum Jahr 1967 nicht zu diesen verheirateten Frauen. Erst in ihrem 64. Lebensjahr ging sie eine Ehe ein. Emanzipiert zeigte sie sich vielmehr bereits in der Mitte der 1920er Jahre, als sie das Medizinstudium begann. Von ihrem Vater mit einem sicheren Erbe ausgestattet, konnte sie sich ihre Selbstständigkeit »leisten«. Als sie 1933 in der Charité Berlin als Assistenzärztin arbeitete, bekam sie kein Gehalt, konnte aber, ohne durch das Gehalt eines Ehemanns versorgt zu sein, ihren Lebensstandard halten. Trotz dieser finanziellen Freiheit wollte Maria Daelen zeitlebens einen Beruf ausüben und suchte sich diesen ganz nach ihren Interessen aus. Ihre Finanzen klärte sie eigenmächtig. Dieser Weg hat nur wenig gemein mit den typischen Lebensumständen verheirateter Frauen der 1950er Jahre. Aber obwohl Maria Daelen eine Vorreiterrolle innehatte, spürte auch sie, wie langsam sich die »Transformationsperiode der Geschlechterordnung«[14] vollzog, die für die Nachkriegsgeschichte der Bundesrepublik und der DDR festgestellt wurde. Der Verwaltungsalltag im Ministerium blieb aufgrund der deutlich männlichen Dominanz bis weit über das Ausscheiden Maria Daelens aus dem Dienst 1968 hinweg eher frauenfeindlich bis -diskriminierend.

Vorbild für ihren selbstbestimmten Lebensweg war sicher ihre Mutter Katharina von Kardorff-Oheimb, auch wenn Maria Daelen nicht an ihrer Seite aufwuchs. Katharina von Kardorff-Oheimb setzte sich – mit der schmerzlichen Erfahrung gesellschaftlicher Isolation aufgrund ihrer Scheidung 1905 – noch im Deutschen Kaiserreich für die Rechte von Frauen und Müttern ein. Als eine der ersten Reichstagsabgeordneten in der Weimarer Republik engagierte sie sich in der Frauenbewegung und stand Frauenorganisationen vor. Im bekannten Salon der DVP-Reichstagsabgeordneten »Kathinka«, wie man sie nannte, trafen sich Personen aus Politik und Gesellschaft. Hier wurde, so ihre Biografin Cornelia Baddack, die Parlamentsdiskussion außerhalb des Parlaments fortgeführt.[15] Daneben organisierte Maria Daelens Mutter Frauencafés und Maßnahmen zur politischen Bildung der Frau. Maria Daelen war bei solchen Ereignissen immer wieder zugegen und bewunderte ihre Mutter dafür, wie selbstbewusst sie ihre Rolle in der Gesellschaft ergriff.[16]

Maria Daelen selbst engagierte sich weder in Frauenorganisationen, noch setzte sie sich als Ärztin gegen das Abtreibungsverbot in der Weimarer Zeit ein. Vielleicht kann man sagen, dass sie weniger für die

»Sache der Frau« kämpfte als für ihre eigene Sache. Ihre Tätigkeiten nach 1945 waren stark vom sozialen Umfeld, von ihren Netzwerken, ihrem internationalen Engagement geprägt inklusive der beruflichen Reisetätigkeit zwischen Genf, Straßburg und Neu-Delhi als »moderne« Frau im Jetset. In ihrem Lebensweg vereinen sich also vor allem Elemente der Genderbiografie, der Netzwerkbiografie und der kosmopolitischen Biografie.

Die Mosaiksteine, die ich gesammelt habe, ergeben zusammen eine große Erzählung über Maria Daelen. Zu dem zusammengetragenen Material zählen auch viele Fotografien, die Maria Daelens Leben momenthaft erhellen und Einblicke in ihr Leben ermöglichen. Ausgewählte Fotografien stehen daher am Anfang eines jeden Kapitels. Sie sind selbst Gegenstand von Maria Daelens Leben und erzählen es gleichzeitig. Alle Kapitel und Elemente zusammen bilden ein Lebensmosaik, das jedoch an verschiedenen Stellen – auch aufgrund des Quellenmangels – lückenhaft bleiben muss.

Fotografien und Kapitel machen nicht nur ihr individuelles Handeln, sondern auch ihr soziales Umfeld, den historischen Kontext und die Bewegungen der Zeit sichtbar. Dies wirft eine wichtige Fragestellung jeder Biografie auf: Was ist Individualität, was sind überindividuelle Faktoren, und wie lässt sich zwischen beidem unterscheiden? Wie frei kann ein Mensch handeln, der eingebunden ist in die politischen, sozialen und kulturellen Gegebenheiten der Zeit? Sind einem Individuum, »gefangen« im historischen Kontext, Spielräume gegeben, die es sich suchen, zur Not erkämpfen muss? Oder sind es umgekehrt die Umstände des Lebensweges, Diskurs, Denkstil und Habitus, die das Individuum in seinen Entscheidungen lenken?

Das Leben von Maria Daelen scheint auf den ersten Blick von ihrer relativen Freiheit und ihrer eigenen Dynamik bestimmt zu sein. Das erscheint aber als zu kurz gedacht, nimmt man die gesellschaftlichen Entwicklungen – gerade in Bezug auf die Selbstverwirklichung der Frau – näher in den Fokus und erkennt die vielfältigen Grenzen und Abhängigkeiten, denen Maria Daelen nicht entgehen konnte. Gegen die

Vorstellung der 1950er Jahre, dass Männer die Geschicke des Landes steuern, etwa die politisch verantwortliche Arbeit in einem Ministerium, kann auch eine selbstbewusste Maria Daelen mit ihrem dynamischen Engagement nichts ausrichten. So schwankt die Gewichtung von Disposition und Individualität je nach Perspektive. Und jeder Beobachter wird diese Gewichtung anders legen, da er selbst Teil der Beobachtung ist.[17]

Die Gesamterzählung erfolgt im Prinzip chronologisch, wird aber immer wieder durch systematisierende und zusammenfassende Reflexionen unterbrochen. Die chronologische Erzählung lässt zum einen überraschende Gleichzeitigkeiten deutlich werden wie zum Beispiel die Trennungsphase von Wilhelm Furtwängler und die Bombennächte von Berlin. Zum anderen stellen systematisierende Überlegungen Zusammenhänge zwischen Ereignissen her und zeigen dadurch einen zeitlich größeren Erfahrungsraum auf, obwohl die Ereignisse vielleicht chronologisch weiter auseinanderliegen. Kontinuitäten, Brüche und Widersprüche, Prägungen und Wandlungen können so sichtbar werden. Das Leben als Frau im 20. Jahrhundert bleibt dabei immer Ankerpunkt.

Eine Biografie, das wird bei diesen Überlegungen deutlich, kann kein kohärentes Bild herstellen, sondern bleibt Konstruktion. Sie beobachtet einen Menschen und seinen Lebensweg und betreibt auch dies nur selektiv. Eine vermeintliche Realität abzubilden, kann ihr nicht gelingen.[18] Welche Steine ich für das Mosaik auswähle, wie ich sie anordne, aus welcher Perspektive ich darauf blicken lasse, sind subjektive Entscheidungen. Sie ergeben sich aus meiner Person, aus meinen eigenen Erfahrungen, meiner Arbeit als Historikerin und am Ende aus der Nähe bzw. Distanz, die ich zum Objekt einnehme. Dies alles wirkt mit an der »biographischen Gestaltung«[19] von Maria Daelens eindrucksvollem Lebensweg als emanzipierter Frau im 20. Jahrhundert.

Schmerzliche Kindheit

Dachte Maria Daelen an ihre Kindheit zurück, empfand sie wieder »meinen einsamen stillen Schmerz, den ich schon als kleines Mädchen still für mich trug«.[1] Diesen Schmerz meint man im Blick der kleinen Maria zu sehen. Sie sitzt auf einem Nachziehtier, für das sie schon ein wenig zu groß wirkt. Ihre Hände liegen wohlgeordnet auf dem Hut des Bären. Über das lange Stillhalten für das inszenierte Foto scheint sie nicht glücklich zu sein. Nicht glücklich scheint auch ihre Schwester Katja zu sein, die sich an die Schulter der Mutter schmiegt, beide mit traurigem Ausdruck. Die Mutter hält die Hand von Sohn Vital. Das Bild dokumentiert eines der wenigen Treffen, bei denen die kleine Maria und ihre Geschwister Zeit mit ihrer Mutter verbrachten. Nur sechs Mal im Jahr und gerade einmal vier Stunden, stets in Begleitung einer Angestellten, kamen die vier in einem Wiesbadener Hotel zusammen, so sah es die Sorgerechtsregelung vor.[2] Momente der Vertraulichkeit waren da kaum möglich. Für alle bedeutete diese Situation mehr Leid als Freude.

Maria Daelen war zwei Jahre alt, als ihre Mutter die Familie verließ.[3] Katharina Daelen, geb. van Endert und spätere Katharina von Kardorff-Oheimb (1879-1962), hatte ihre Tochter am 22. Februar 1903 zur Welt gebracht und sie Maria Felicitas Hubertine genannt.[4] Sie verließ ihren Mann und Marias Vater, Felix Daelen, zu einer Zeit, in der es einen gesellschaftlichen Skandal bedeutete, wenn sich die Ehefrau von ihrem Partner trennte.[5] Katharina nahm die vierjährige Katja und den neugeborenen Paul Felix mit, Maria und ihren älteren Bruder Vital ließ sie beim Vater.[6] Nach dem Scheidungsspruch im Frühjahr 1906 erhielt Felix Daelen das Sorgerecht für alle vier Kinder. Die Entscheidung für das väterliche Sorgerecht – auch aufgrund der wirtschaftlichen Sicherheit Felix Daelens als Ingenieur und späterer Mitinhaber der Glyco-Metallwerke Daelen und Loos oHG – war in der damaligen Zeit selbstverständlich.

In den folgenden Jahren wuchs Maria gemeinsam mit ihren Geschwistern beim Vater auf. Dessen Schwester Elise übernahm die Betreuung und Erziehung der Daelen-Kinder. Das kleinste, Paul Felix, war ein Spross der außerehelichen Beziehung von Katharina mit Ernst Albert, den sie nach der Scheidung von Felix Daelen heiratete. Diesen Sohn verlor das Ehepaar aufgrund der Sorgerechts-Regelung, Paul Felix blieb in der Daelen-Familie. Diese für alle Beteiligten schmerzliche Situation ließ die Geschwister zusammenrücken und prägte ihre Beziehung zueinander ihr Leben lang.

Nach dieser ersten Scheidung folgte für Katharina von Kardorff-Oheimb ein wechselvoller Lebensweg. Mit Ernst Albert, einem Wiesbadener Industriellensohn, brachte sie noch die beiden Kinder Heinz und Elisabeth zur Welt. 1911 verunglückte Ernst Albert beim Bergsteigen in den Dolomiten tödlich. Als Erbin von dessen Vermögen war Kardorff-Oheimb wohlhabend geworden. Sie ging mit Elisabeth und Heinz nach Berlin, trat 1918 in die Deutsche Volkspartei ein und wurde 1920 als eine der ersten Frauen in den Reichstag gewählt.

Nach neunjähriger Ehe mit Hans Joachim von Oheimb, Rittergutsbesitzer und ein Freund von Ernst Albert, führte sie schließlich mit dem Reichstagsabgeordneten und späteren Vizepräsidenten des Reichstags, Siegfried von Kardorff, eine längere Beziehung. Im Jahr 1927 schlossen sie die Ehe. Mit ihren Kindern hatte Kardorff-Oheimb in dieser Zeit immer nur sporadisch und jeweils unterschiedlich intensiv Kontakt. Am engsten verbunden blieb sie ihren Kindern aus zweiter Ehe, Elisabeth und Heinz, die inzwischen in ihrem Haus in Goslar wohnten. In dieser Zeit war Rittmeister Joachim von Oheimb, ab 1913 dritter Ehemann Kardorff-Oheimbs, das neue Familienoberhaupt. Weil sich Kardorff-Oheimb aufgrund ihrer Tätigkeit als Reichstagsabgeordnete immer mehr in Berlin aufhielt, gab sie die beiden Albert-Kinder in die Obhut ihrer Freundin Hannah Ackermann in Magdeburg.

Maria wuchs im Haus ihres Vaters Felix Daelen gut behütet auf. Marias Tante Elise führte ein strenges Regiment und ließ wenig Spielraum.[7] Mit vier Jahren wurde Maria katholisch getauft. 1909 begann der Schulbesuch im Lyzeum der »Englischen Fräulein«, einer katholischen Schule in Wiesbaden. Ihre Noten waren gut, wenn auch nicht hervorragend.[8] Die Schrecken des Ersten Weltkriegs waren fern. Als im September 1917 an Schulen Geld für die »glänzende Kriegsanleihe« gesammelt wurde, war Maria stolz, dass an ihrer Schule am meisten zusammenkam.[9]

Ihre Jugend verbrachte sie wie viele Mädchen aus besserem Hause. Mit ihren Geschwistern ging sie im Winter rodeln, im Sommer spielten sie Tennis oder machten Ausflüge. Maria nahm Klavierunterricht und wollte Geige lernen. Von den Geldgeschenken ihrer Mutter überlegte sie, ein Theaterabonnement in Wiesbaden zu kaufen. Ihr Elternhaus, so wird Maria später sagen, »war erfüllt von Kunst und Politik«.[10] Als Maria aufs Realgymnasium kam, steckte sie die Haare hoch und las Theodor Storm. Die Note in Aufmerksamkeit war nur noch »befriedigend«. Maria muss ein sehr unternehmungslustiges Mädchen gewesen sein. Im Sommer 1919 schwamm sie im Rhein von einer Stadt zur nächsten und bekam dadurch einen Herzfehler.[11] Daraufhin musste sie sich längere Zeit erholen und konnte weder das neue Fahrrad ihres Vaters ausprobieren noch die ersehnten Tanzstunden nehmen.

Die Jahre ihrer Kindheit und Jugend verbrachte Maria vor allem mit ihrem Vater, zu dem sie eine enge Bindung hatte. Felix Daelen war im März 1868 geboren worden.[12] Als Ingenieur arbeitete er bis 1909 im Neußer Eisenwerk. Mit 41 Jahren, also bereits nach der Scheidung von Katharina, kam er zu den Glyco-Metallwerken und befasste sich dort mit der Weiterentwicklung der Metallurgie und der mechanischen Fertigung. Bereits zur Hochzeit mit Katharina van Endert 1898 besaß er Grundbesitz in Düsseldorf und galt als vermögend. Felix Daelen brachte das Musische mit in die Familie, er malte, schnitzte und beschäftigte sich mit Bildhauerei. Die Rheingauer Weine waren sein großes Hobby, und selbst nach der Scheidung von Katharina tauschte er sich weiter mit ihr über Weinsorten aus.[13]

Diese Trennung nach sieben Jahre Ehe war für Felix sicherlich ein tiefer Einschnitt. Nicht nur, dass von seiner Frau verlassen zu werden gesellschaftlich nicht tragbar war, auch emotional muss dies ein schwerer

Schlag gewesen sein. Hinzu kam, dass er mit Katharinas neuem Partner Ernst Albert befreundet gewesen war.[14] Viele Jahre nahm Felix Daelen keine neue Frau. Seine Kinder waren sein Lebensinhalt. Gemeinsam mit seiner Schwester Elise kümmerte er sich aufopferungsvoll um sie.[15] Erst Mitte der 1920er Jahre heiratete Felix Daelen erneut.[16]

Felix Daelen und Katharina von Kardorff-Oheimb blieben in all den Jahren stets brieflich in Kontakt. Es schien kein Groll zwischen ihnen zu herrschen, im Gegenteil: Man dachte in den Jahren nach dem Tod von Ernst Albert sogar an eine Wiedervermählung.[17] Es blieb jedoch beim intensiven Briefkontakt, der vor allem die Kinder zum Thema hatte. So tauschten sich beide über das Verlöbnis des Sohnes Vital aus, mit dem man nicht einverstanden war, oder über die Bindung ihrer Tochter Katja mit einem »Glücksritter« und »grünen Jungen«, die ebenfalls nicht zu begrüßen war.[18]

Der Vater war die erste Bezugsperson in Marias Kindheit, daraus entwickelte sich zwischen Vater und Tochter ein enges Verhältnis.[19] Als er 1944 starb, machte Maria deutlich, welche Bedeutung er für sie hatte: »Vaters Tod hat mich schwer getroffen. […] Er hat wie keiner mir seine Liebe und seinen Schutz geboten«.[20] Ihre Mutter dagegen hatte sie im Alter von vier Jahren als Bezugsperson weitgehend verloren, auch wenn Maria einige Male zu ihr nach Goslar fuhr und dort mit ihrer Mutter und den anderen Geschwistern und Halbgeschwistern zusammen war. Katharina erinnerte sich an die glücklichen Momente, wenn sie mit all ihren sechs Kindern zusammen im »westfälischen Riesenbette liegen und lachen konnte«.[21] In ihren Briefen sind die Kinder aus ihrer ersten Ehe mit Felix Daelen jedoch kaum präsent, während die Erziehung der Albert-Kinder Elisabeth und Heinz stets Thema waren.[22] Maria schien dies zu spüren und ließ in Briefen immer wieder ihren Neid durchklingen. Ihre ältere Schwester Katja, für die die Mutter ebenfalls kaum präsent war, forderte mehr Kontakt ein, als sie 1917 mit 16 Jahren in ein Internat ging, und bat ihre Mutter, ihr häufiger zu schreiben.[23]

Maria und ihre Mutter erfuhren voneinander also vor allem aus Briefen. Mit etwa zehn Jahren schrieb Maria die ersten Briefe an ihre Mutter.

Anlass war oft das Weihnachtsfest oder ein Geburtstag. Maria bedankte sich für die vielen und großen Geschenke, in den ersten Jahren noch sehr förmlich und distanziert. Als sie in die Pubertät kam, sprudelte es lebendiger aus dem Mädchen hervor. Sie berichtete von den Schulnoten, von ihren Hobbys und alltäglichen Ereignissen. In vielen Briefen spürt man die Suche nach Aufmerksamkeit und Zuneigung. Mit 17 Jahren schrieb Maria schließlich sehr offen darüber, wie sie ihre Kindheit ohne Mutter erlebt hatte: »Ja, sieh Muttchen, es ist nicht leicht, so ganz ohne Mutterliebe aufzuwachsen, zu wissen, daß die Mutter lebt und nicht bei ihr sein dürfen, ja noch nicht einmal sie zu kennen, in ihrem inneren Wesen. Und wenn ich früher, als ich noch klein und einfältig war und öfters mich einsam fühlte und weinen mußte, da wußte ich nicht, was mich schmerzte. Doch jetzt weiß ich es längst, daß ich das mütterliche Herz suchte, das mich verstehen sollte.«[24]

Sie sei nun älter geworden und habe das Leben kennengelernt, auch die unschönen Seiten, habe ringen müssen, den Wert der schönen Dinge im Leben zu erkennen. Schöner wäre es gewesen, ihre Mutter wäre da gewesen und hätte sie in das Leben eingeführt. »So mußte ich mich durch alle Zweifel und innere Kämpfe alleine durchringen und ringe noch weiter und kämpfe so lange bis ich das Gute vollends erkannt habe«, schrieb Maria. Sie wolle nicht undankbar sein gegenüber ihrer Tante, die immer so gut und rührend für sie und ihre Geschwister gesorgt habe, »aber eine Mutter kann, glaube ich, niemand ersetzen«. Für Maria war dies eine große Offenbarung und ein bedeutsamer Schritt. Sie bat ihre Mutter denn auch, diesen Brief niemandem zu zeigen und ihr auch nicht zu antworten – Vater solle von alldem nichts erfahren, da es ihn nur belasten würde. Denn ihre größte Aufgabe sei es, so Marias letzter Satz, ihrem lieben Vater viel Freude zu machen.

Auch blieben für Maria die Gründe, warum ihre Mutter die Kinder verlassen hatte, lange Jahre im Dunkeln und schienen nur in Bemerkungen von außen durch, sei es in der eigenen Familie oder in der Gesellschaft. In dieser Zeit, wo Scheidungen, »verursacht« durch Frauen, nicht sein durften, erschien ihre Mutter in keinem guten Licht. Für Maria bedeutete dies einen inneren Konflikt, denn sie verehrte ihre Mutter ja und war stolz auf sie. Wenn sie über ihr politisches Engagement etwas in der Zeitung las, schrieb sie ihr begeistert.[25] Aber Liebe und Schutz konnte sie nicht von ihr erwarten.

Nach sechs Jahren auf dem Realgymnasium, der »Studienanstalt für Mädchen« in Wiesbaden, nahte das Abitur. Maria musste viel pauken, ließ es sich aber nicht nehmen, zwei Tage vor der schriftlichen Prüfung noch auf den Kasinoball zu gehen – »entschieden stilvoll«, wie sie selbst meinte.[26] Etwas Angst hatte sie schon vor dem Abitur, wie sie ihrer Mutter schrieb, am Tag selbst war ihr dann jedoch ganz fröhlich zumute. Sie erzählte, wie sie alle in einem »mächtigen Saal« saßen und an Pulten »himmelweit auseinandergesetzt« wurden. Der Lehrer öffnete den versiegelten Brief und las das Thema vor. Maria fand die Situation äußerst ulkig und lachte laut los, wohl aus einer Mischung aus Aufregung und Angst. »Frl. Daelen, Sie scheinen das Abitur sehr ernst zu nehmen«, merkte der Direktor ironisch an. Maria antwortete nur: »Nein, Herr Direktor, im Gegenteil!«, was für Schmunzeln bei den Lehrern und allgemeines Gelächter sorgte.

Wie ihr Weg weitergehen sollte, hatte Maria Daelen schon vor dem Abitur 1922 immer wieder beschäftigt. Kurz vor ihrer Primarreife überlegte sie, das Apothekerstudium zu beginnen.[27] Doch eigentlich interessierte sie die Medizin. Sie habe große Lust zur »Betitulierung ›Frl. Dr. med.‹«. Es sei aber wohl »auch schwer, als Frau diesen Beruf durchzuführen«. So blieb Maria noch länger unschlüssig, zumal auch die Malerei für sie ein großer Traum war. Das Abitur in der Tasche, entschied sie sich schlussendlich für das Studium der Medizin.

»Das junge Mädchen von heute«

Das »junge Mädchen von heute« gestaltet »ernst und gewissenhaft, mit starkem Verantwortungsgefühl« seine neue Freiheit. Es geht einem eigenen Beruf nach, ist »unerhört erfahren« und dem »jungen Manne« überlegen. So stand es unter dieser Fotografie von Maria Daelen, die sie als junge Ärztin zeigt, die Arme selbstbewusst in die Hüften gestemmt. Aufgenommen hat dieses Bild Rolf Mahrenholz, ein bekannter Porträtfotograf Berlins. In seinem Atelier in der Nähe des Kurfürstendamms fotografierte Mahrenholz auch Marias Tante, die bekannte Berliner Opernsängerin Elisabeth van Endert oder Marias Freundinnen Ursula von Hohenlohe und Inge von Königswald mehrmals. Seine Porträts erschienen in neuen Zeitschriften wie *Die Dame* oder *Der Querschnitt*. Mahrenholz gehörte zu den aufstrebenden Künstlern Berlins, die in den 1920er Jahren die Weimarer Gesellschaft im Bild festhielten. Seine Porträt- und Modeaufnahmen waren Vorläufer der internationalen Glamourfotografie: Mahrenholz nutzte (wie hier beim Porträt von Maria) früh den Weichzeichnereffekt, den auch bekannte Hollywood-Fotografen wie George Hurrell anwendeten.[1] Für das Porträt von Marias Freundin Inge von Königswald, das im *Querschnitt* erschien, bediente sich Mahrenholz ebenfalls dieser Technik.[2]

Im gleichen Heft des *Querschnitts* von 1929 befindet sich eine Porträtgalerie mit dem Titel »Querschnitt durch die Berliner Gesellschaft« – darunter: ein Porträt von »Fräulein Maria Daelen«.[3] Fotografin des Porträts ist diesmal Annie Hensler-Möring, mit der Maria auch nach 1945 noch Kontakt haben wird.[4] Hensler-Möring war eine der jungen Frauen, die sich der Fotografie verschrieben hatten und sich in der pulsierenden Kunstszene Berlins behaupten wollten. Maria stand mit einigen von ihnen in Verbindung, etwa mit Marianne Breslauer, die – wie später zu sehen sein wird – zu ihrem direkten Freundeskreis zählte, oder auch mit der jüdischen Fotografin Frieda Riess, die für die *Vogue*, die *Berliner*

Illustrirte Zeitung oder den *Querschnitt* fotografierte.[5] Frieda Riess und Maria Daelen kannten sich unter anderem über Marias Mutter Katharina von Kardorff-Oheimb, die bei »der Riess« des Öfteren zum Tee eingeladen war.[6] Ihren Durchbruch feierte Riess 1925 im Alter von 35 Jahren mit einer Einzelausstellung in der Galerie Flechtheim. Sie wurde als Gesellschaftsfotografin über Deutschlands Grenzen hinaus bekannt.[7] Frieda Riess schuf Porträts von berühmten Theaterleuten, Dichtern, Tänzerinnen, Adligen und Diplomaten, unter ihnen Wilhelm Furtwängler und Marias spätere Freundin Ruth Landshoff. Auch Porträts von Riess' Freund und Unterstützer Pierre de Margerie, dem französischen Botschafter, und seiner Frau waren in Ausstellungen zu sehen. Margeries Sohn Roland wiederum war eng mit Maria befreundet. Nur wenige Schritte von Marias Praxis in der Keithstraße entfernt standen die Schaukästen des Riess'schen Ateliers auf dem Trottoir des Ku'damms. Porträts des Malers Marc Chagall oder der Tänzerin Anna Pawlowa hingen hier aus.[8]

Das hier gezeigte Porträt von Maria Daelen war für die Zeitschrift *Die Dame* bestimmt. Es illustrierte den Artikel »Das junge Mädchen von heute« der *Dame*-Redakteurin Anita.[9] Maria steht frontal zur Kamera, bestimmt und fest, ja geradezu herausfordernd in ihrem Blick. Dabei ging es nicht darum, so kann man annehmen, für einen reißerischen Aufmacher zu posieren. Vielmehr sollte das Porträt die Persönlichkeit einer dieser neuen jungen Frauen widerspiegeln. So gibt uns dieses Bild einen Einblick in Marias Wesen, ihre Haltung und Stärke, vielleicht auch einen Hinweis auf ihr starkes Selbstbewusstsein und ihre Ichzentriertheit.

Dass ausgerechnet Maria Daelen für dieses Thema als Modell diente, verwundert nicht. Marias Existenz schien dem Leben des »jungen Mädchens« genau zu entsprechen. Modern, eigenständig und auf Unabhängigkeit bedacht, begann sie 1923 Medizin zu studieren. Ihren ursprünglichen Wunsch, Malerin zu werden, verwarf Maria, auch, weil ihr Vater davon abgeraten hatte.[10] Sie wollte einen Weg einschlagen, auf dem sie finanziell unabhängig sein konnte, und Ärztin war hierfür ein geeigneter Beruf.

Dass Frauen das ärztliche, zahnärztliche oder pharmazeutische Studium aufnehmen durften, war durch Bestimmungen der einzelnen Länder möglich geworden, in Baden im Jahr 1900, in Preußen erst 1908. Im Wintersemester 1908/09 immatrikulierten sich hier 88 Medizinstudentinnen, denen 1224 männliche Kommilitonen gegenüberstanden.[11] Teilweise weigerten sich Professoren in diesen Jahren, männliche und weibliche Studenten gemeinsam zu unterrichten.

Nach dem Ersten Weltkrieg stieg die Zahl der Studentinnen schnell an. Während im Deutschen Reich 1911 nur ca. 500 Frauen Medizin studierten, waren es im Wintersemester 1929/30 bereits 3500 Frauen.[12] Zum Zeitpunkt von Maria Daelens Immatrikulation 1923 war eine Medizinstudentin jedoch noch immer eine seltene Erscheinung und von den männlichen Lehrkräften teilweise nicht gerne gesehen. Ärztinnen wurden oftmals diskriminiert. Es war schwierig für sie, in Krankenhäusern, Gefängnissen, bei Gericht oder als Amtsärztin eine Anstellung zu finden.[13] Frauen, die in der Forschung arbeiteten, blieb bis 1921 die Habilitation verwehrt. So waren nur wenige Frauen als Lehrende tätig, beispielsweise Rahel Hirsch, die zweite an der Charité angestellte Ärztin, oder die Krebsforscherin Rhoda Erdmann, die als zweite Frau einen Lehrauftrag an der Berliner Friedrich-Wilhelms-Universität erhielt.[14] Im Jahr 1929 hatte sich in Deutschland die Zahl auf 46 aktive Hochschullehrerinnen erhöht, davon 19 Naturwissenschaftlerinnen, darunter auch Medizinerinnen und Anatominnen.[15] Auch die Zahl der Ärztinnen erhöhte sich von 82 im Jahr 1909 auf fast 4000 im Jahr 1933, was einen Anteil von sechs Prozent des Berufsstandes ausmachte.[16]

Maria Daelen begann die Facharztausbildung zur Chirurgin, was in dieser Zeit sehr ungewöhnlich war. Nicht nur der Arztberuf im Allgemeinen, sondern erst recht die Chirurgie, der besondere rational-analytische Fähigkeiten zugeschrieben wurden, war als explizit männliche Profession definiert.[17] Im fortschrittlichen Klima der Weimarer Republik waren die jungen Ärztinnen der zweiten Generation, der Maria angehörte, Teil der Entwicklung hin zur »Neuen Frau« und galten als Vorzeigefrauen.[18] Der medizinische Beruf eröffnete ihnen die Möglichkeit, zum einen gleichberechtigt in der Männerwelt der Wissenschaft tätig zu sein und zum anderen als Ärztin einer sozialen Tätigkeit nachzugehen, für die das ihnen zugeschriebene Einfühlungsvermögen von Vorteil war. Zudem lag ihnen das Wohl der weiblichen Patienten besonders am Herzen. Sie behandelten Fragen der Gynäkologie und Geburtshilfe und positionierten sich auch offen zu den Fragen Geburtenkontrolle und Abtreibung.[19]

Viele Ärztinnen arbeiteten in den seit dem Ersten Weltkrieg neu entstandenen Fürsorgestellen, die stetig wachsende Aufgaben übernahmen. Ärztinnen der zweiten Generation wollten Pionierinnen sein, die in eine männliche Domäne des öffentlichen Lebens vorgedrungen waren, um Geschlechtsgenossinnen besser versorgen zu können. Zugleich waren sie in berufsständische Prozesse involviert und befürworteten wie ihre männlichen Kollegen – auch aus einem standesbedingten Gefühl der Überlegenheit – die zunehmend aufkommende Eugenik.[20] Sie sahen die »Erbgesundheitslehre« als Vorbedingung zur Rationalisierung des Gesundheitswesens und der Herausbildung einer modernen und kosteneffizienteren Medizin.

Die Loyalität unter Medizinerinnen zeigt sich auch in der 1924 erfolgten Gründung des Bundes deutscher Ärztinnen. Zu den Zielen der Ärztinnen gehörte es, die Sozialhygiene vom Standpunkt der Ärztin als Frau zu fördern, also die wechselseitigen Beziehungen zwischen dem Gesundheitszustand der Frau und ihren Lebens-, Arbeits- und Sozialverhältnissen in den Fokus zu nehmen, und Vorschläge für die sozialhygienische Gesetzgebung auszuarbeiten. In ihrer Erklärung »Was wir wollen!« forderte die erste Vorsitzende des Verbandes, Hermine Heusler-Edenhuizen, dass »künftighin auch im Volksleben das bisher ausschließlich herrschende männliche Prinzip einen Ausgleich erfahre durch größere Mitarbeit von mütterlichen Frauen auf Gebieten, die ihrer Wesensart zur Bearbeitung bedürfen«. Dabei hoffe sie, dass die Ärztin nicht »die Art des Mannes nachahme, sondern immer darauf bedacht sei, ihre eigene Art zu geben«.[21] Anfang der 1930er Jahre verzeichnete dieser Berufsverband bereits 900 Mitglieder, was etwa einem Drittel aller Medizinerinnen in Deutschland entsprach.[22]

Die Debatten der Weimarer Zeit etwa zum Abtreibungsparagrafen 218 des Strafgesetzbuches wird Maria Daelen als Studentin mitverfolgt haben, ohne sich wohl bereits zu engagieren. Ihr Studium begann sie zum Wintersemester 1924 in Hamburg, wo sie bis zum Sommersemester 1925 blieb.[23] Anschließend verbrachte sie mehrere Semester in München, wo sie – finanziell gut gestellt – in der Galeriestraße direkt am Hofgarten, einer sehr guten Gegend, wohnte.[24] Im Jahr 1927 kam Maria dann nach Berlin und tauchte ein in das wirkliche Großstadtleben. Mit dem Medizinischen Staatsexamen schloss sie ihr Studium 1929 ab und erhielt im Dezember 1930 ihre Approbation als Ärztin.[25] Anschließend begann sie ihre Zeit als Hilfsärztin und Assistenzärztin an der Chirurgischen Klinik des Krankenhauses Westend in Berlin unter dem Chefarzt und Leiter Arthur Woldemar Meyer. Während dieser Zeit schloss sie auch ihre Doktorarbeit über das Thema »Zur Therapie der dekompensierten Ulcus-Stenose des Magens und des Zwölffingerdarms« ab.[26]

Trotz ihrer schmerzlichen Kindheitserfahrungen hatte Maria Daelen stets Kontakt zu ihrer Mutter gehalten. Dass sie 1927 nach Berlin ging, geschah auch auf Anraten ihrer Mutter. Auf dem eingangs gezeigten Foto von Maria in der *Dame* war sie nicht nur »Frl. Dr. med. Maria Daelen«, sondern auch »die Tochter von Frau Katharina von Kardorff-Oheimb«. »Kathinka« war zu diesem Zeitpunkt eine bekannte Persönlichkeit und »einflussreiche Frau«.[27] Man kannte sie als Mitglied der Deutschen Volkspartei und eine der ersten weiblichen Abgeordneten des Reichstags wie auch durch ihr publizistisches Engagement. Ihr politischer Salon stellte einen »wichtigen Kommunikationsraum quer zur parteipolitischen Fragmentierung« bereit.[28] Kardorff-Oheimb war zudem eine engagierte Kämpferin der Frauenbewegung und initiierte unter anderem eine »Hochschule zur politischen Erziehung der Frau«. Im Haus Kardorff-Oheimb gingen politische Köpfe ein und aus.

Das großzügige Leben mit einem eigenen politischen Salon, die Leidenschaft für die Jagd und die zahlreichen Reisen erforderten eine solide finanzielle Grundlage, die Kardorff-Oheimb durch das Erbe ihres zweiten Ehemanns Ernst Albert erhalten hatte. Elisabeth Ackermann, Tochter aus der Ehe mit Albert, erinnert sich an die vielen Bediensteten in Berlin und im Haus in Goslar, den beiden Wohnorten ihrer Jugend.[29] Als sie und ihr Bruder später zu Hannah Ackermann, einer Freundin der Mutter in Magdeburg, gebracht worden waren, konnte sich Kardorff-Oheimb ganz ihren beruflichen und gesellschaftlichen Tätigkeiten widmen.

Davon las ihre Tochter Maria nicht selten in der Zeitung. Zahlreiche Artikel zu »Kathinkas« Äußerungen und Tätigkeiten hob Maria Daelen bis zu ihrem Tod auf, was zeigt, wie genau sie das Leben und die Haltung ihrer Mutter beobachtete.[30] Aber auch persönlich hatten Mutter und Tochter Kontakt in Berlin.[31] Lange blieb Maria Daelen im Schatten ihrer bekannten Mutter. Nach 1945 wird die Schweizer Presse jedoch schreiben, dass es Maria Daelen gelungen sei, »die berühmte Tochter einer berühmten Mutter zu werden«.[32] Die Verbindungen Marias zu ihrer weitverzweigten Familie blieben ihr Leben lang erhalten.

Familienbande

1927 in Goslar. Zwei bekannte Persönlichkeiten des Berliner Lebens, Katharina von Oheimb und Siegfried von Kardorff, versprechen einander die Ehe. Nach der Verlobung ging ein Rauschen durch den »deutschen Blätterwald«.[1] Die Berliner Presse und Öffentlichkeit hoffte auf eine pompöse Hochzeitsfeier in Berlin, doch Braut und Bräutigam feierten in kleinerem Familien- und Freundeskreis in ihrer Villa in Goslar – in »eitel Glück und Wonne«.[2] Ein Pressefotograf war vor Ort, der die Hochzeitsgesellschaft ablichtete, schließlich war die Hochzeit das Ereignis im Berliner Klatsch und Tratsch.

Maria Daelen nahm teil am kirchlichen Zeremoniell im Hause und steht auf dem Hochzeitsfoto direkt neben ihrer Mutter. Ihr älterer Bruder Vital ist hinter dem Brautpaar zu sehen, die Albert-Kinder Heinz und Elisabeth stehen neben dem Bräutigam, und Marias ältere Schwester Katja posiert damenhaft am linken Rand neben der Schwester der Braut, Elisabeth van Endert, bekannte Opernsängerin in Berlin. Marias jüngerer Bruder Paul Felix Daelen steht neben Maria und greift ihren Arm. Weitere Verwandte und Freunde zum Beispiel aus der Familie Hannah Ackermann, bei der Elisabeth und Heinz aufwuchsen, waren zur Hochzeit eingeladen.

Katharina von Kardorff-Oheimb versprach sich viel von einer engeren Arbeits- und Lebensgemeinschaft mit ihrem langjährigen Partner Kardorff.[3] Ihre Kinder hofften nach mehreren Ehen und Scheidungen auf eine glücklichere Zeit für ihre Mutter. Am Hochzeitstisch ließ Sohn Vital anstoßen mit den Worten: »Onkel Siegfried, sechs Paar Kinderaugen sehen auf dich. Mache unsere Mutter glücklich!«[4]

Maria Daelen war aus Berlin angereist, um an dem Fest teilzunehmen.[5] Kurz zuvor hatte sie ihr Studium in Berlin fortgesetzt. Im Gegensatz zu ihren Halbgeschwistern Elisabeth und Heinz war Maria durch das Vermögen ihres Vaters Felix Daelen, Erfinder des Gleitlagers und

Mitinhaber der Glyco-Metallwerke, finanziell unabhängig und frei in ihrer Lebensführung. Aber so selbstständig Maria auch war: Wenn die Mitglieder ihrer weitverzweigten »Patchwork-Familie« zu besonderen Anlässen zusammenkamen, war sie mit dabei.

So harmonisch das Bild auch wirkt, im Inneren der Familie herrschte große Unruhe. Unstimmigkeiten zwischen Katharina von Kardorff-Oheimb und ihren Kindern belasteten das Verhältnis. So war die Mutter grundsätzlich nicht einverstanden mit den Partnern ihrer Kinder, da sie ihr oftmals nicht standesgemäß erschienen. Bereits bei Vitals Verlöbnis mit Malli Bonati 1920 zeigte sie ihren Unwillen. Gemeinsam mit ihrem geschiedenen Mann Felix Daelen, Vitals Vater, versuchte sie, das »unangenehme Verlöbnis« wieder aufzulösen, sah aber ein, dass ein »raues Zufassen« da nicht das Richtige sei.[6] Auch die Partnerwahl ihrer ältesten Tochter Katja fand sie nicht gelungen und versuchte, auf sie einzuwirken.[7]

Nachdem Kardorff-Oheimb 1922 die beiden Kinder aus der Albert-Ehe, Elisabeth und Heinz, in die Obhut ihrer Freundin Hannah Ackermann in Magdeburg gegeben hatte, blieb das Verhältnis anfangs noch sehr harmonisch. An Wochenenden besuchte sie ihre Kinder, und diese kamen zu ihr nach Berlin oder Goslar. In den Ferien unternahmen Mutter und Tochter eine Reise nach Ägypten.[8] Als Kardorff-Oheimb 1930 jedoch erfuhr, dass sich Elisabeth und Hans Ackermann, Sohn von Hannah Ackermann, heimlich verlobt hatten, kam es zu heftigen Verwerfungen. Die Mutter sah in dem promovierten Juristen Hans nicht den richtigen Ehemann für ihre Tochter, sodass Hans eine Abfuhr erhielt, als er Mitte des Jahres 1930 bei Kardorff-Oheimb und Siegfried von Kardorff um Elisabeths Hand anhielt.[9] Elisabeth ignorierte die fehlende Zustimmung und verlobte sich Ende Juni 1930 offiziell mit Hans Ackermann.

Das war überhaupt nur möglich, weil die 19-Jährige aufgrund einer amtsgerichtlichen Verfügung für volljährig erklärt worden war. Hintergrund hierfür war ein jahrelanger Erbstreit zwischen Kardorff-Oheimb und ihren Kindern aus der Ehe mit Ernst Albert über das große Vermögen, das der Verunglückte ihnen hinterlassen hatte.[10] Vertreten wurden die beiden Kinder, die um ihr Erbe bangten, durch ihren älteren Stiefbruder Vital. Er hatte 1923 die Leitung der Albert-Werke in Klingenberg am Main übernommen, die sich auf die Fabrikation von hochwertigen Bodenfliesen spezialisiert hatten. Vital kannte somit die Eigentumsverhältnisse. Aufgrund der Weltwirtschaftskrise stand es schlecht um die Albert-Fabriken, die Schulden der Kardorff-Oheimbs stiegen, die Lage wurde immer prekärer. Obwohl sich beide Parteien 1930 auf einen Vertrag einigen konnten, gingen die Streitigkeiten weiter und mündeten in einen komplexen Prozess der Eheleute Kardorff gegen ihre eigenen Kinder, der 1932 in einem Vergleich endete. Dieser sprach die Albert-Werke den Kindern Elisabeth Ackermann und Heinz Albert zu. Der Erbstreit führte zu einer völligen Zerrüttung des Verhältnisses zwischen Kardorff-Oheimb und ihren jüngsten Kindern sowie ihrem Sohn Vital.

Maria scheint in diesem Konflikt unbeteiligt, betraf sie all dies doch gar nicht. Als der Konflikt jedoch größere Ausmaße annahm, hatte selbst Maria mit ihrer Mutter »Mitleid«, wie Kardorff-Oheimb berichtete.[11] Im Sommer 1932 kam es schließlich zum Bruch zwischen Kardorff-Oheimb und ihren Kindern: »Ich will außer Katja die Kinder alle abschreiben«, schrieb sie an Siegfried Kardorff.[12] Dass ihre älteste Tochter Katja dieser Bann nicht traf, ist verständlich, denn zu ihr hatte sie immer ein enges Verhältnis gehabt.[13] Warum die Mutter infolge dieses Erbstreits auch Maria »abschrieb«, ist jedoch unklar. Sie scheint, wie in späteren Jahren, mehr eine neutrale Position innegehabt zu haben, da sie auch finanziell von ihrer Mutter unabhängig war. Unberührt dürfte es sie nicht gelassen haben, dass die Familie so zerstritten war und es bis in die 1950er Jahre blieb. Der Erbstreit schaffte es – aufgrund von Kardorff-Oheimbs Bekanntheit – sogar in die Presse, wo über den »Krach im Hause v. Kardorff« und die Kinder, die ihre Mutter verklagten und pfändeten, eifrig geschrieben wurde.[14]

Maria verfolgte derweil weiter die politischen Tätigkeiten ihrer Mutter, die ihr imponierten und sicherlich ein Ansporn waren, ihren eigenen selbstständigen Weg als Ärztin zu gehen. Kardorff-Oheimb hatte sich bereits Anfang des 20. Jahrhunderts, damals im Frankfurter Mutterschutz, für die Verbesserung der sozialen und rechtlichen Situation von Müttern unehelicher Kinder engagiert.[15] Sie forderte die sexuelle Selbstbestimmung und eine Erleichterung der Scheidung. Ihre nur wenige Jahre vorher erfolgte Trennung von ihrem ersten Ehemann, Felix Daelen, hatte hier sicherlich einen wichtigen Anstoß gegeben. Der Weg, den sie mit dem Verlassen der Kinder eingeschlagen hatte, zog sich »wie ein roter Faden der Verständnislosigkeit gegenüber den männlichen Gesetzen« durch ihr ganzes Leben, zog Kardorff-Oheimb in ihren letzten Lebensjahren Bilanz.[16] Die Trennung im Jahr 1906 war gesellschaftlich so untragbar gewesen, dass ihr ganzes Leben »im Schatten dieser Scheidung« gestanden habe. Die Folgen dieser Entscheidung wurden ihr rückblickend noch einmal bewusst: »Zurück konnte eine Frau wie ich nimmermehr, aber die Schuld, die Tragik von damals haben mich immer begleitet und liegen noch über meinen heutigen Tagen …«

Diese Erfahrungen bestärkten sie darin, sich in der Weimarer Republik weiter für die Frauenbewegung zu engagieren. Frauen durften seit 1918 an Partei- und Parlamentsarbeit partizipieren. Kardorff-Oheimb versuchte Studienkreise und Arbeitsgemeinschaften zu schaffen, in denen die noch nicht organisierten bürgerlichen Frauen für ein politisches Engagement gewonnen werden sollten. In den 1920er Jahren befasste sie sich zunehmend mit emanzipatorischen Fragen, hielt Veranstaltungen zur politischen Bildung ab und gründete die »Hochschule der Frau zur politischen Erziehung«. Während man sich in ihrem bekannten und für das politische Berlin bedeutenden Salon seit Ende der 1920er Jahre immer weniger traf, organisierte Kardorff-Oheimb nun vor allem ihre sogenannten Damen-Frühstücke und gründete 1930 gemeinsam mit anderen Frauen den Damenclub.[17] Dabei versuchte Kardorff-Oheimb auch immer wieder die rechtlichen Belange berufstätiger Frauen zu fördern.

Berlin: mondän – pulsierend – begierig

Eine Momentaufnahme aus dem Leben: Maria Daelen selbstbewusst in männlich anmutender Kleidung mit Annemarie Schwarzenbach, einer unbekannten Frau und einem Hund. Ein Schnappschuss, der viel über Marias Leben in Berlin um 1930 erzählt. Maria lebte privilegiert, finanziell war sie unabhängig, wohnte in der vornehmen Königin-Elisabeth-Straße und genoss das wilde Leben der Großstadt. 1932 zog die Schweizerin Annemarie Schwarzenbach bei ihr ein, die hier auf dem Bild neben ihr steht. Sie ist eine von Marias zahlreichen Freundinnen, der sie auch mehr als nur freundschaftlich verbunden war. Annemarie Schwarzenbach war Schriftstellerin. Beide lernten sich 1928 im »Foyer international des étudiants« am Boulevard Saint-Michel in Paris kennen.[1] Annemarie, die in der französischen Hauptstadt zwei Semester Geschichte und Literatur studierte, wohnte mit ihrer Cousine Gundalena Wille in dieser Studentenpension. Morgens mussten die Betten korrekt nach einer bestimmten Art und Weise gemacht werden. Zum Frühstück stellten sich die Studentinnen in die Schlange vor einer Selbstbedienungstheke – zu der Zeit ein Novum. Dass Annemarie schließlich 1931 nach Berlin kam, hat mehrere Gründe. Zum einen erhoffte sie von der Verlags- und Zeitungsstadt Berlin neue Impulse für ihre schriftstellerische Arbeit. Zum anderen war es neben neuen Bekanntschaften wie Maria Daelen und Ruth Landshoff-Yorck auch ihre besonders enge Freundschaft mit Erika Mann, die seit einem Jahr bestand und zu der sich Annemarie leidenschaftlich hingezogen fühlte.[2] Diese Freundschaften waren daheim in Bocken, Schweiz, vor allem ihrer Mutter Renée Schwarzenbach-Wille, einer deutschnational geprägten und dem Nationalsozialismus nahestehenden Generalstochter aus dem Haus Wille-Bismarck, ein Dorn im Auge. Annemaries lesbische Orientierung drohte das gesellschaftliche Ansehen der Familie zu beschädigen.[3]

Die Beziehung zwischen Annemarie und ihrer Mutter war von mütterlichen Besitzansprüchen und der Angst der Tochter vor Liebesentzug geprägt. Darin lag ein zerstörerisches Potenzial, das bei allen Freundschaften Annemaries eine entscheidende Rolle spielte. Erika Mann und Ruth Landshoff-Yorck, aber auch Maria Daelen unterstützten Annemarie bei ihrer Loslösung vom mütterlichen Zugriff. Endlich nach Berlin entflohen, genoss sie das pulsierende Großstadtleben in vollen Zügen, fuhr mit ihrem eigenen Auto durch die Straßen und zog durch die Nachtklubs und Bars der Hauptstadt. Ruth Landshoff-Yorck war besorgt: »Sie lebte gefährlich«, erinnerte sie sich, »trank zuviel« und »ging nie vor Sonnenaufgang schlafen«.[4] Als Annemarie Mopsa Sternheim kennenlernte, begann die unheilvolle Verbindung zu Drogen und Morphium, die sie ihr Leben lang begleiten sollte.

In Maria Daelen fand Annemarie Schwarzenbach in diesen ersten Berliner Jahren eine wichtige Bezugsperson. Maria tröstete sie bei Liebeskummer, etwa weil Ursula von Hohenlohe ihre Zuneigung nicht erwiderte, und kümmerte sich nach Alkoholvergiftungen und Drogenexzessen um sie. Annemarie schrieb an ihre Freundin Erika Mann, dass Maria sie immer wieder stundenlang tröste, was sie davon abhielt, Berlin Hals über Kopf zu verlassen.[5] Annemarie verliebte sich in die attraktive junge Ärztin und zog 1932 bei Maria ein. Im Ullstein-Atelier ihrer Freundin, der Fotografin Marianne Breslauer, standen sie oft gemeinsam Modell.[6] Dort entstand das bekannte Porträt von Annemarie Schwarzenbach, das als Sinnbild für Annemaries kurzes und tragisches Leben gilt. Mit hellem Hemdkragen und dunklem Wollpullover steht Annemarie direkt vor Mariannes Kamera. Ihr Blick ist ernst und melancholisch. Maria, die neben ihr steht, sagte ihr noch, sie solle nicht ihr »trauriges Enzio-Gesicht« machen.[7] Maria nannte Annemarie gern »Enzio«. Dieser Name stand für den kleinen Jungen, den Maria in ihr sah. Annemarie schenkte ihr zahlreiche Abzüge dieses klassischen Porträts von ihr.[8]

Annemaries wildes Leben in womöglich schlechter Gesellschaft blieb ihrer Familie in der Schweiz nicht verborgen. Die beiden Cousinen Annemaries, die ebenfalls in Berlin wohnten, versuchten Mutter Renée zu beruhigen und erzählten ihr von Maria Daelen, die als Ärztin Annemarie vor zu großer Wahllosigkeit in Freundschaften schützen würde.

38

Als Maria auf das Anwesen der Schwarzenbachs in Bocken zu Besuch kommt, notierte Annemaries Großmutter Clara Wille beruhigt: »Maria Daelen kommt, die uns sehr gefällt. Sie ist Ärztin am Westend-Spital, hübsche Dame – Annemarie hat sie sehr gern.«[9] Die Skepsis der Mutter blieb jedoch, und nach ihrem Berlin-Besuch im Januar 1933 schrieb sie, man solle sich von Annemaries Freundinnen fernhalten, und auch die Daelen sei »absolut abzulehnen«.[10] Dass sich Annemarie ständig um sich selbst drehte, unter den Problemen mit der Mutter litt und immer wieder depressive Phasen hatte, die die Morphiumsucht noch verstärkten, erschwerte auch Maria den Umgang mit ihr. Wie Erika Mann und viele andere umsorgende Freundinnen verlor sie bald die Geduld.[11] Anfang April 1933 verließ Annemarie Berlin endgültig und ging auf mehrere große Reisen nach Spanien, Persien und Afghanistan.[12]

Maria Daelen, Annemarie Schwarzenbach, Marianne Breslauer, Ruth Landshoff-Yorck, Ruth von Morgen, Lisa von Cramm, Hannah Kiel und Margot Lind: Sie alle gehörten zu einer Clique junger Frauen, die sich der Bewegung der modernen oder »Neuen Frau« zugehörig fühlten. Sie erscheinen immer wieder auf Porträts der Fotografin Marianne Breslauer.[13] Sie wollten sich der traditionell zugeordneten Rolle der Ehefrau und Mutter entziehen und mit beiden Händen die neuen Freiheiten ergreifen, die sich ihnen nach dem Zusammenbruch im Ersten Weltkrieg in ihrem erstmals demokratisch verfassten Land boten. Berlin war hierfür der geeignete Ort: Ende der Zwanziger Jahre stand die Hauptstadt für ein hedonistisches Nachtleben und eine exzessive Feierkultur.[14]

Die Freunde aus Maria Daelens Umfeld stammten wie sie selbst aus den oberen Schichten der Gesellschaft. Die »Neue Frau« war emanzipiert, unabhängig, oftmals berufstätig oder auch finanziell abgesichert und hatte ein offeneres Verständnis von Liebe und Sexualität.[15] Die veränderten Geschlechterrollen waren zentral für das neue Bild der Frau. Neben dem Dandy-Typ bei den Männern entwickelte sich unter anderem der Garçonne-Typ, der zu einem Leitbild der berufstätigen Frau wurde: schlank und sportlich, androgyn oder männlich wirkend angezogen, kurze Haare, oftmals im Herrenanzug und mit Schlips oder Hemdbluse, dazu die Zigarette. Frauen in Hosen: Bedrohliche Visionen einer »Vermännlichung« der Frau kamen auf.[16] Der Busen wurde flachgeschnürt, die erotische Zone rückte hinunter zu den Beinen. Die spießbürgerliche Prüderie der wilhelminischen Zeit war passé: Sexualität sollte Vergnügen bereiten, Geschlechtergrenzen verschwammen, und das Spiel mit den Geschlechterrollen wurde gar zu einem Ideal und erhielt avantgardistische Qualität. Das Genderswapping bot die Möglichkeit, Geschlechterkonstruktionen zu wandeln bis hin zum offenen Bekenntnis zur Homosexualität.[17] Viele Filme der Weimarer Republik, üblicherweise Komödien, handeln von der Verwechslung der Geschlechtsidentitäten aufgrund von Crossdressing.[18]

Auch Marias Freundin Ruth Landshoff-Yorck stellte mit ihrem homosexuellen Freund Francesco von Mendelssohn als Crossdresser traditionelle Geschlechterrollen infrage: In Gesellschaften erschienen beide in vertauschten Kleidern.[19] Francesco ging als Ruth, Ruth als Francesco. Sie trug zu diesem Zweck einen Smoking. Wenn das Paar im Romanischen Café, einem Kristallisationspunkt des musischen und künstlerischen Berlins, aufschlug, war die Gesellschaft fasziniert von der »besonderen Synthese aus Dekadenz und Frische«.[20] Dass Maria Daelen das ein oder andere Mal dabei war, würde nicht verwundern. Sie hatte ein Haus in der Garystaße in Dahlem bezogen, hielt sich nach ihrer Arbeit in der Klinik aber oft am Kurfürstendamm und in Schöneberg auf, wo es zahlreiche Cafés und Kneipen wie das exklusive »Mali« gab.[21]

Maria Daelen war Teil dieser Bewegung. Ihre Persönlichkeit verband viele Eigenschaften, die diesem neuen Frauentypus entsprachen. Wie ihre Freundinnen war Maria oft »›als lesbisch‹ hergerichtet«, wie Marianne Breslauer berichtete, mit männlicher Kleidung und kurzen Haaren.[22] Lässig im dunklen Anzug, drehte sich Maria im Auto ihre Zigaretten.[23] Zudem war Maria vernarrt in Hunde und führte ständig ihre Kerry-Blue-Terrier-Hündin Helena mit sich. Freunde wurden mit Helenas Welpen beschenkt. So erhielt Ruth von Morgen einen Welpen, den sie Claudio nannte.[24] Die Liebe der »Neuen Frau« zu ihrem Hund griffen Zeitschriften wie *Die Dame* auf. So erschien 1928 ein Sonderheft, in dem Ruth Landshoff-Yorck mit ihrem Terrier Paris – sicherlich auch ein Welpe Marias – posierte.[25]

Als »Neue Frau« besaß Maria Daelen ein Auto und war somit mobil und unabhängig. Mit ihrem offenen Zweisitzer Ford Cabriolet in Rot rauschte sie durch die Metropole. Ihre rasante Fahrweise führte zu Unfällen. Mal rammte sie einen Chausseebaum, mal schoss sie aus einer Nebenstraße in ein großes, schwarzes Cabriolet hinein.[26] Bei der anschließenden Diskussion mit den männlichen Autoinsassen in Naziuniform, so berichtet Jörg von Morgen, Sohn ihrer Freundin Ruth, habe Maria keinerlei Reue gezeigt. Vielmehr habe sie aus ihrem fahrerischen Fiasko einen »Akt des Widerstands« gemacht, indem sie meinte: »Geschieht den Kerlen ganz recht.« Nie wieder, so Jörg von Morgen, habe er so eine schlechte Autofahrerin erlebt: »Es war die Mischung aus Selbstbewusstsein und technischem Unvermögen, die so verhängnisvoll war.«

Auch Annemarie Schwarzenbach, Ruth Landshoff-Yorck und Erika Mann waren begeisterte Automobilistinnen. Denn das Auto garantierte einen »unabhängigen, kosmopolitischen Lebenstil, der auch ihr Schreiben bestimmte«.[27] Mit der Eroberung des Lenkrades wollten die modernen Frauen alte Rollenbilder bekämpfen und demonstrieren, dass sie der technisierten Welt gewachsen waren.[28] Die »Selbstfahrerin«, wie die »Neue Frau« am Steuer genannt wurde, nimmt eine zentrale Stellung beim »Aushandlungsprozess von Weiblichkeitsvorstellungen« in dieser Zeit ein.[29]

Mit Ruth von Morgen und anderen fuhr Maria jeden Winter in die mondäne Bergwelt zwischen Lenzerheide, St. Moritz und Sils.[30] Hier hielten sich viele ihrer Freunde und Bekannten auf, neben Marias Berliner Clique auch die Architekten Clemens Hausmeister, Ernst Petersen und Johannes Ludwig.[31] Man traf sich zum Skilaufen oder Zeitvertreib in Zermatt oder Davos. Im Frühjahr ging es nach Rom und im Sommer an die Ostsee, wo sich Maria mit Ruth von Morgen, Lisa von Cramm und Ursula von Hohenlohe in den Dünen tummelte und sich, wenn es ging, nackt den Wellen entgegenwarf.[32]

Mit von der Partie war Roland de Margerie, Sohn des französischen Botschafters in Berlin und selbst als Gesandtschaftssekretär an der Botschaft tätig. Zwischen ihm und Maria entwickelte sich eine tiefe Freundschaft, die bis über die Zeit des Nationalsozialismus hinweg andauern sollte. Roland de Margerie berichtet in seinen Memoiren über Maria Daelen, die immer »une de nos meilleures amies« war.[33] Sie beeindruckte ihn aufgrund ihrer »beauté fort irrégulière, mais éclatante à l'occasion« und aufgrund ihrer »dons intellectuels«. Nach ihrer täglichen Arbeit als Chirurgin im Operationssaal sei sie anschließend im Abendkleid auf seinen Gesellschaften erschienen.[34] Auch in kleinerer Runde saßen Roland de Margerie und seine Frau Jenny mit Maria und anderen Freunden des Öfteren bei einem Glas Wein zusammen.[35]

Als Roland de Margerie als Mitglied der französischen Botschaft 1933 Berlin verließ und nach London ging, blieb der Kontakt zwischen ihm und Maria bestehen. Auf der Insel Brioni verbrachten sie gemeinsam Zeit am Meer. Sie gingen segeln, spielten Tennis, trafen Freunde und hatten innige Momente zusammen.[36] Die Blicke, mit denen Maria in Margeries Kamera schaut, drücken mehr als nur Freundschaft aus.[37]

Während ihrer Abende bei der Diplomatenfamilie Margerie kam Maria auch mit literarischen Kreisen in Kontakt. Hier traf sie Roger Martin du Gard, der wiederum mit Annemarie Schwarzenbach befreundet war.[38] Maria war begeistert von seinem Romanwerk »Les Thibault« und tauschte sich an solchen Abenden mit dem Schriftsteller darüber aus. Auch mit André Gide, einem Freund der Margeries, traf Maria bei diesen Gesellschaften zusammen.[39] Mit Carl Jakob Burckhardt, Diplomat und Historiker aus der Schweiz, flanierte Maria durch die Gärten von Berlin.[40] Mit dem Vater Margeries hatte wiederum die Fotografin Frieda Riess eine Liaison, die mit Marias Mutter Katharina von Kardorff-Oheimb bekannt war. Bis zu seinem Tod unterstützte Pierre de Margerie die jüdischstämmige Riess im besetzten Paris mit gefälschten Ausweisen, damit sie der Deportation entkommen konnte.[41]

Über ihren Beruf als Ärztin kam Maria Daelen auch mit dem George-Kreis in Berührung. Ihr Kollege Silvio Markees, Assistenzarzt bei Gustav von Bergmann, war eng mit den Anhängern des Schriftstellers Stefan George wie Ernst Kantorowicz, Ernst Morwitz und Bernhard von Bothmer verbunden.[42] Maria teilte mit Markees und von Bothmer die Leidenschaft für Autos. 1937 kaufte Markees Maria ihren alten Renault ab, da sie sich einen neuen roten Ford anschaffte. Gemeinsam mit Markees und Bothmer besuchte sie Ernst Kantorowicz, war mit dessen Partnerin Lucy von Wangenheim befreundet und ging mit ihrem neuen Freundeskreis zum Teetrinken oder in die italienische »Taverne« in der Kurfürstenstraße, ein Prominentenlokal, in dem viele Schauspieler und Journalisten verkehrten.[43]

Maria machte auf Kantorowicz Eindruck. Sie sei »ganz besonders charmant in ihrer wirklich singulären Unbekümmertheit ob dessen, was sie sagt und tut«.[44] »Unerhört aufgekratzt«, so Kantorowicz, vertilgte sie »binnen 5 Minuten eine ganze Schüssel Sandwichs, denen sie noch eine Unmenge Makronenhörnchen & Cakes folgen liess«. Im Juni 1936 lud Maria ihre Freunde zu sich nach Dahlem ein. Ihre Gäste bewunderten die schöne Lage des Hauses in der Garystraße, an dessen Garten gleich die ländlichen Äcker anschlossen. Das Haus habe »wie sie selbst ganz einfach Stil«.[45] »Die Maria war reizend«, berichtet Kantorowicz von dem Besuch, »scham-bar wie immer, und eben von einer unfassbaren natürlichen Lebendigkeit«. Es sei sehr nett, wie Silvio Markees und Maria Daelen gemeinsam miteinander standen: »Wenn auch sie es wohl ist, die den Ton angibt, so nimmt er ihn eben richtig auf u. erwidert ihn, wobei schon die Anrede – ›Du, Daelen‹ – von vornherein die Art der Beziehung erfreulich festlegt.«

Bis zum politischen Umbruch 1933 war Maria Daelens Leben bestimmt von ihrer Arbeit als Ärztin, der pulsierenden Großstadt und ihren interessanten Bekanntschaften, Freunden und Liebschaften. Ihr Leben ähnelte der »Weltstadtjugend«, die Otto Zarek 1930 in seinem Roman »Begierde« beschrieb: Enttäuschte und rebellierende junge Bohemiens geben sich dem freien, ziellosen Leben mit ungehemmter Sexualität hin. Einer von Zareks Protagonisten konstatiert: »Das Laster ist eine bourgeoise Einrichtung.«[46]

Liebe und Schmerz

Es ist ein kalter Wintermorgen im Jahr 1936. Maria Daelen liegt in ihrem Männer-Pyjama noch in den Federn und schaut in die Kamera. Man ist ihr nah, und doch erscheint sie unnahbar. Die Klarheit in Marias Blick deutet auf eine gewisse Selbstverständlichkeit hin, sich als Frau offen zu zeigen. Die Fotografin, die diesen Moment festhielt, war ihr aber auch nicht unbekannt, im Gegenteil: Es war ihre langjährige Freundin Marianne Breslauer aus der Berliner Clique.[1]

Marianne Breslauer, eine Deutsch-Schweizerin mit jüdischen Wurzeln, wurde bekannt als Fotografin der Gesellschaft der Weimarer Republik. Auch sie kam aus »höherem Hause« und ging, wie viele junge, unabhängige Frauen, einem künstlerischen Beruf nach. Besonders die Fotografien ihrer Kollegin Frieda Riess, die sie 1925 in der Galerie Flechtheim sah, hatten sie fasziniert und dazu bewegt, Fotografin zu werden.[2] Nach einer Ausbildung im Berliner Lette-Verein ging Marianne Breslauer mit 19 Jahren nach Paris, um bei Man Ray zu lernen. Der Star der surrealistischen Fotografiekunst schickte sie jedoch wieder fort: Sie könne ja schon alles und solle einfach so weitermachen. Breslauer ging hinaus in das Pariser Leben und spürte nach, was ihr als Fotografin wichtig war: die »unbeachtete Realität« zu entdecken und Unwichtiges oder von der großen Masse Übersehenes mit ihrer Kamera festzuhalten.[3]

Die Realität in ihren unbeachteten Momenten festzuhalten – dazu gehört wohl auch dieses Bild von Maria Daelen, das Marianne Breslauer kurz vor ihrer Emigration in die Schweiz machte.[4] In ihrem Atelier hielt sich Maria oft auf, etwa gemeinsam mit der Schweizer Schriftstellerin Annemarie Schwarzenbach. Die Freundinnen pflegten einen sehr freien Umgang miteinander. Freundschaft und Liebschaft konnten ineinander übergehen, Marias sexuelle Neigungen waren offen in viele Richtungen. Freundschaften und Liebesbeziehungen mit Männern lebte Maria intensiv aus. Eine von ihnen sollte eine ganz besondere werden: Im Oktober

1935 begegnete Maria Daelen dem Dirigenten Wilhelm Furtwängler.[5] Beide verliebten sich ineinander und begannen eine intensive, langjährige Beziehung.

Furtwängler, unter Freunden »Fu« genannt, war seit den 1920er Jahren in den Kreisen präsent, in denen auch Maria verkehrte, beispielsweise bei Ursula von Dewitz auf Gut Krumbeck, bei den Eltern von Annemarie Schwarzenbach in Bocken in der Schweiz oder auf Festen von Marias Mutter »Kathinka« gemeinsam mit deren Schwester, der Opern- und Kammermusiksängerin Elisabeth van Endert, mit der auch Furtwängler bekannt gewesen sein dürfte.[6]

Mit Maria Daelen, der 32-jährigen Assistenzärztin der Charité, und Wilhelm Furtwängler, dem 49-jährigen Chefdirigenten der Berliner Philharmoniker, trafen zwei ausgeprägte Persönlichkeiten aufeinander. Fast täglich schrieben sie sich Briefe.[7] In Furtwänglers Wohnsitz, der Fasanerie in Potsdam, ging Maria ein und aus.[8] Im Sommer 1938 zogen sie in ein Landhaus in Saarow-Pieskow.[9] Das Grundstück lag am Scharmützelsee, wo Maria gerne baden ging. Furtwängler erholte sich hier von seinen Orchestertourneen und ging vor allem seiner Komponistentätigkeit nach. Im Sommer 1940 ließen Wilhelm Furtwängler und Maria Daelen den Garten verschönern.[10] Ihre privatesten Stunden verbrachten sie hier in diesem Haus.[11]

Die meiste Zeit des Jahres war Furtwängler, der erste Reisedirigent seiner Zeit, auf Konzerttourneen unterwegs. Dirigate in Berlin wechselten mit Gastspielen in Bayreuth, Wien oder im Ausland. Maria war dagegen in Berlin und arbeitete seit 1938 in ihrer eigenen Arztpraxis. Immer wieder reiste sie zu Furtwänglers Konzerten, unter anderem nach Bayreuth und Paris.[12] Oft nahm sie Freunde mit zu Konzerten, etwa Roland de Margerie und Ingrid Stieve, Frau des Leiters der Kulturpolitischen Abteilung im Auswärtigen Amt Friedrich Stieve, unter anderem nach London.[13] Ergab sich etwas gemeinsame freie Zeit, waren sie in ihrem Haus in Saarow, machten Urlaub, fuhren gemeinsam Ski. Ein Skiunfall Furtwänglers Anfang März 1941 gelangte sogar in die Presse, da er den Dirigenten für fast acht Monate außer Gefecht setzte.

In den Briefen zwischen Wilhelm Furtwängler und Maria Daelen wird eine tiefe geistige wie körperliche Bindung deutlich. Furtwängler ließ Maria an seiner Arbeit teilhaben, sei es, dass er ihr von Konzerten berichtete, von den Proben erzählte oder über sein Ringen mit dem Komponieren klagte. Oft brachte Maria Partituren mit oder nahm wichtige Werk-Originale Furtwänglers mit in die Hauptstadt. Nach Marias Besuchen in seinen Konzerten wollte er ihre Meinung über sein Dirigat wissen.[14] Sie war eng in seine Kreise eingebunden, wie die zahlreiche Korrespondenz Marias mit Freunden und Kollegen Furtwänglers erkennen lässt. In einer bereits sehr verfahrenen Meinungsverschiedenheit zwischen Furtwängler und seinem langjährigen Freund Walter Riezler versuchte sie zu schlichten.[15] Auch in Furtwänglers Familie war Maria Daelen integriert. Sie half Furtwänglers Bruder Walther bei gesundheitlichen Problemen und korrespondierte mit Furtwänglers Mutter Adelheid.[16]

In ihren Briefen tauschten sie sich über die Gedanken des Philosophen José Ortega y Gasset oder die Bücher des Psychologen Carl Gustav Jung aus, dann kamen wieder aktuelle Themen wie der Spanische Bürgerkrieg 1937 zur Sprache.[17] Über die politischen Verhältnisse im NS-Regime sprachen sie sich in den überlieferten Briefen – vielleicht auch aufgrund der Briefzensur – weniger offen aus.[18] Maria wurde zudem eine wichtige Vertraute bei Furtwänglers Kampf gegen den aufstrebenden jungen Herbert von Karajan oder in seinem Widerwillen gegen die Tätigkeit im Musikbetrieb, die er zunehmend als »künstlerische ›Zuchthaus‹-Arbeit« empfand.[19] Von der Weltausstellung in Paris 1937, wo er als Repräsentant des NS-Regimes mit der Berliner Staatsoper Richard Wagners »Walküre« aufführte, klagte er, dass ihm das Musizieren an sich »völlig unerträglich« sei.[20]

Nur wenige Wochen zuvor war er mit Arturo Toscanini, dem Dirigenten und Maestro der Salzburger Festspiele, über die zunehmende Vermischung von Musik und Politik öffentlich in Konflikt geraten.[21] Auslöser war ein Engagement Furtwänglers für ein Konzert in Salzburg. Für Toscanini stand insbesondere Furtwänglers Funktion als Symbolfigur und Aushängeschild der NS-Kulturpolitik einem Auftritt in Salzburg entgegen.

In Salzburg, das Toscanini zu einem Gegen-Bayreuth formen wollte und tatsächlich auch ein Symbol für die nationale und kulturelle Unabhängigkeit Österreichs geworden war, konnte kein Furtwängler gleichzeitig neben einem Toscanini dirigieren, so seine Ansicht. Furtwängler reagierte darauf, indem er öffentlich verlautbaren ließ, »Bayreuth« und »Salzburg« dienten stets nur der Musik, und der Vorwurf, Musik und Politik würden vermischt, treffe nur den, der dies infrage stelle – also Toscanini. Dies schlug hohe Wellen in der musikinteressierten Öffentlichkeit.[22]

Im Paris der Weltausstellung wurde nun auch Furtwängler immer mehr bewusst, dass dort »Verquickung mit Politik« betrieben werde. Er fühle sich dem zunehmend ausgeliefert, schrieb er Maria.[23] Seine Situation in Paris empfand er plötzlich genau so, wie Toscanini es ihm vorgeworfen hatte: »Seht, wie er sich als politischer Funktionär gebrauchen lässt. Soll das noch ein selbständiger erster Künstler sein!« Furtwängler hatte sich bisher immer in einer »Zwangslage« gesehen, die ihm keinen Handlungsspielraum gegeben habe. Nun äußerte er Maria gegenüber seine Zweifel: »Befinde ich mich garnicht in einer solchen Zwangslage?« Toscanini emigrierte noch im Jahr 1937 in die USA und lehnte nach dem sogenannten Anschluss Österreichs 1938 alle weiteren Auftritte bei den Salzburger Festspielen ab. Furtwängler dagegen dirigierte im Sommer 1938 im nun »urdeutschen Salzburg« Wagners »Meistersinger«– um Toscaninis Interpretation dieser Oper zu ersetzen und gleichsam als verspätete Revanche für den Konflikt mit Toscanini ein Jahr zuvor.[24]

Maria Daelens Antworten auf diese Briefe liegen leider nicht vor. Aber manchmal lässt sich aus Furtwänglers Briefen erkennen, dass Maria die ein oder andere seiner Entscheidungen infrage stellte, was dazu führte, dass Furtwängler sich zu rechtfertigen suchte.[25] Das Dirigieren wurde ihm zunehmend zuwider, wie er Maria erzählte, und er entwickelte immer stärker den Wunsch, es ganz aufzugeben und sich nur noch dem Komponieren zu widmen. Er ließ Maria an seiner Kompositionsarbeit teilhaben. Er berichtete ihr von der Arbeit an seiner ersten Sinfonie, an der er schon längere Zeit saß. Immer wieder spielte er ihr Ergebnisse auf dem Klavier vor.[26] Für Furtwängler war die Sinfonie eng mit seiner

Liebe zu Maria verbunden: »Es ist deine Sinfonie und wird sie immer bleiben.«[27]

Zu diesem Zeitpunkt hatte Furtwängler schon Marias Halbschwester Elisabeth, geborene Albert, kennengelernt. Maria hatte Elisabeth, Mutter von vier Kindern, Anfang 1941 nach Berlin eingeladen, um sie in der Trauer um ihren im Krieg gefallenen Ehemann Hans Ackermann zu stützen und für etwas Abwechslung zu sorgen. Für Elisabeth war Maria die Person, die ihr nach ihren Kindern am nächsten stand.[28] Diese Einladung sollte größere Folgen haben, als Maria ahnen konnte.

Elisabeth begleitete ihre Schwester in ein Konzert von Furtwängler. Dabei begegnete der Dirigent der deutlich jüngeren Elisabeth – es war der Beginn einer neuen Liebe, und für Maria brach damit eine schmerzhafte Zeit an.[29] Ohne ihr Wissen trafen sich die beiden wieder und kamen sich näher. Über ein Jahr zog sich die Liaison hin, bis Furtwängler im Mai 1942 Maria schließlich die Liebe zu ihrer Schwester offenbarte. Aus seinem Ferienhaus in Bad Wiessee schrieb er ihr, dass er zu Elisabeth eine »ausgesprochen erotische Neigung« habe und sie ihn »wohl in Beruf und sonst niemals in der Weise begleiten und so mitleben« werde, wie Maria es könne.[30] Die gemeinsame Grundlage dieser Art Liebe seien eigene Kinder. Dies war Maria stets verwehrt geblieben, da sie keine eigenen Kinder bekommen konnte.[31] In den folgenden Auseinandersetzungen warf sie Wilhelm Furtwängler vor, dass er sich nie von seiner ersten Frau Zitla Lund habe scheiden lassen, um sie zu ehelichen. Furtwängler schlug daraufhin Elisabeth vor, erst Maria zu heiraten, sich wieder von ihr scheiden zu lassen und schließlich Elisabeth zu heiraten. Dies musste Maria tief kränken.

Eine Operation Furtwänglers und andere Sorgen ließen die Trennung von Maria Daelen zunächst wieder etwas in den Hintergrund rücken. Anfang September 1942 scheint sich Furtwängler dann endgültig für Elisabeth entschieden zu haben, suchte aber weiter Marias Nähe, kam mit ihr in Potsdam und Saarow zusammen, klagte weiter über die schwierige Arbeit an seiner Sinfonie und schwankte zwischen den beiden Frauen.[32] In langen, verzweifelten Briefen schrieb Wilhelm Furtwängler Maria

Daelen von seiner Liebe zu ihr und der Angst, dass sie einander fremd werden und verlieren könnten.[33] Diese Trennungsphase im Sommer und Herbst 1942 hatte für Furtwängler etwas geradezu Selbstzerstörerisches. Aber auch Maria ging immer wieder auf seine Suche nach Nähe ein und litt unter der Unklarheit ihrer Beziehung.

In einem Brief vom 25. November 1942 versuchte sich Maria Daelen endgültig von Wilhelm Furtwängler zu lösen. Es sei quälend und traurig für sie, wenn er »Täglichkeiten u. Details des Lebens« weiterhin mit ihr teilen wolle: »Den natürlichen Boden zum Wachsen von all' diesen Dingen hast Du mir entzogen, einen anderen Menschen damit beglückt u. mein Haus dafür zerschlagen.«[34] Sie wolle nun nichts mehr von ihm hören, schrieb sie in einem weiteren Brief. Aus ihrem Schlusswort klingt der Schmerz ebenso heraus wie ihre Stärke – ein typisches Zusammenspiel von Gefühlen bei Maria: »Ich lebe einsam aber stolz für das Wesentliche weiter.«[35]

Zum Ende des Jahres 1942 war die Beziehung endgültig Geschichte. Im folgenden Frühjahr gab es noch hier und da kleine Verletzungen und Enttäuschungen, aber vor allem tauschten sich beide über materielle Fragen wie das gemeinsame Haus in Saarow-Pieskow aus.[36] Im Mai 1943 holte Furtwängler seine Kleider und seine Noten aus Saarow ab.[37] Zwei Monate später heiratete er Elisabeth und bekam mit ihr im November 1944 einen gemeinsamen Sohn.

Die Beziehung zwischen Maria Daelen und Wilhelm Furtwängler war sehr eng und intensiv. Wenn Furtwängler auf Tournee war, beteuerte er ihr fast täglich in sehr offenen, schwärmerischen und existenziell anmutenden Worten seine große Liebe. Er liebe sie »nicht sinnlich, nicht geistig, sondern ganz und gar«.[38] »Du bist nun meine Frau, als das betrachte ich dich«, schrieb er ihr, »nicht nur ich gehöre dir, sondern du gehörst mir, wir sind eines, wie ich es nie mit einem anderen Menschen – ach, auch nur entfernt – gewesen bin«.[39] Maria sei ihm der liebste und vertrauteste Mensch, den er besitze, sie gehörten zusammen, schrieb er ihr 1941 aus Potsdam.[40] In seinen Briefen spiegelt sich nicht nur ihr enger geistiger Austausch, sondern auch eine stark erotische Verbindung.

Furtwängler nannte Maria eine der »seltenen Frauen, die man ›Genies‹ in der Liebe bezeichnen möchte«.[41] »Vor der Sehnsucht« nach Maria »rettet kein Wagner«.[42] Er liebe nur sie, schrieb er in einem seiner vielen melancholischen Momente: »in der restlichen Welt bin ich ein Fremder geworden«.[43]

Über Maria Daelens Gefühle während der sieben Jahre andauernden Beziehung geben nur die wenigen Briefe, die zugänglich sind, Auskunft.[44] Aus den Briefen aus der Zeit der Trennung 1942 und ihren Äußerungen der folgenden Jahre spricht eine sehr große und innige Liebe zu Furtwängler. Dennoch verspürte sie auch immer wieder Zweifel an der Wahrhaftigkeit seiner Liebe ihr gegenüber.[45] Ihre Unsicherheit, sich ihm ganz hinzugeben, entstammte vielleicht ihrer Angst vor Enttäuschung, zumal Furtwängler sich nicht von seiner ersten Frau Zitla Lund scheiden lassen wollte und sich somit nie klar zu Maria bekannte. Wenn Maria nach Bayreuth reiste, konnte es vorkommen, dass Zitla Lund ebenfalls da war. Dann besorgte Furtwängler ihr ein separates Zimmer im gleichen Hotel.[46] Über Marias Zweifel konnte Furtwängler nur den Kopf schütteln, so eindeutig erschien ihm seine Liebe zu ihr. Er versicherte ihr immer wieder, dass er sie liebe und ihr »mit Leib und Seele« gehöre.[47]

Furtwängler war dabei stets durch seine eigene Angst geprägt, verlassen zu werden. Er bat ständig darum, sie solle bei ihm sein oder ihm mehr Briefe schreiben, damit er nicht denken müsse, sie würde ihn vergessen. Wenn Maria ihm von ihren Zukunftsplänen schrieb, hatte er sogleich Angst, es gäbe für ihn keinen Platz mehr in ihrem Leben. Er könne nicht ohne sie auskommen – aber sie wohl ohne ihn?[48] Immer wieder kam die Frage, ob sie ihn auch so liebe wie er sie.[49] Furtwängler spürte, dass Maria stärker und unabhängiger war als er.[50]

Quälende Eifersucht prägte seine Briefe. Wo sie sei, was sie tue, mit wem sie sich treffe? Und in der Tat pflegte Maria weiterhin ihre Freundschaften, traf sich mit anderen Männern und Frauen. Obwohl ihre Liebe zu Wilhelm Furtwängler allumfassend war – wie sich in der Trennung zeigte –, fühlte sie sich womöglich nicht gebunden, auch weil Furtwängler keinerlei Anstalten machte, sie zu heiraten. Immer wieder traf sie sich mit ihrem Freund Roland de Margerie spontan in London – auch wenn sie mit Furtwängler zum Telefonieren verabredet war. Oder wer denn dieser »Arthur« sei, mit dem sie ein Tête-à-Tête gehabt habe und ihn eifersüchtig mache? Als Furtwängler nach Berlin kam, um sich sogleich mit Maria zu treffen, musste er sich noch einen Tag gedulden, weil Maria mit ihrem Verehrer Graf von Bernstorff aufs Land gefahren war.[51]

Die etwa sechs Jahre jüngere Freundin Ruth von Morgen war oft dabei, wenn sich Maria Daelen und Wilhelm Furtwängler außerhalb ihrer Privatsphäre trafen. Ruth war eine sehr gute Pianistin, beide verband die Liebe zur Musik.[52] Sie wusste Bescheid über die Beziehung, die in der Öffentlichkeit immer geheim gehalten werden musste. Furtwängler war nicht immer erfreut, dass Ruth so oft anwesend war, wenn er mit Maria eigentlich allein sein wollte.[53]

So sehr Furtwängler von Liebe zu Maria erfüllt war und sie als inneren Halt brauchte: In seinen Briefen finden sich keine Nachfragen nach Marias beruflicher Tätigkeit. Er scheint sich kaum mit Marias Herausforderungen als Ärztin beschäftigt zu haben, fragte nicht nach ihrem Arbeitsumfeld und ihren Kollegen in der Klinik und begleitete sie nicht beim Aufbau einer eigenen Arztpraxis. Ihre Tätigkeit als Ärztin wurde nur Thema, wenn Furtwängler sich gesundheitlich nicht gut fühlte und Maria um ihren medizinischen Rat bat. Ständig Gesprächsthema waren dagegen seine Musik und die Herausforderungen als Dirigent und Komponist. Maria Daelen und Wilhelm Furtwängler führten für ihre Zeit eine moderne Beziehung. Sie ergab sich aber vor allem durch Marias Eigenständigkeit. Mit der Zeit mochte Furtwängler dann doch an fehlender Aufmerksamkeit und Fürsorge leiden, weshalb er sich am Ende für eine andere Frau entschied, die ihm genau diesen Wunsch erfüllte.

Die Trennung erschütterte Maria Daelen tief, wie sie an ihre Mutter schrieb. Sie übertraf selbst die materiellen Verluste im Jahr darauf, als Maria die ersten Auswirkungen des Krieges, die Zerstörungen ihrer Wohnung und ihrer Praxis, erfahren musste: »Alles ist leichter zu überwinden als diese seelischen Qualen, die mich im letzten Jahr mit so harter Ungerechtigkeit getroffen«.[54] Maria, die in ihrer Kindheit erfahren hatte, dass enge Bindungen zu Menschen mit Verletzlichkeit einhergingen, hatte sich Furtwängler emotional geöffnet und litt nun entsprechend. Und da Maria Enttäuschungen in ihrem Leben stets mit sich selbst ausgemacht hatte, zog sie sich auch in dieser Trennungsphase in sich zurück. Sie habe gelernt zu schweigen, wie sie ihm schrieb.[55]

Das Verhältnis zu ihrer Schwester Elisabeth war nunmehr für immer zerrüttet, und auch der Kontakt zwischen Maria Daelen und Wilhelm Furtwängler brach komplett ab. Bei ihr sei mit Recht ein »tiefer, verletzter Stolz vorhanden«, schrieb ihre Mutter Katharina. Aber eigentlich sei Maria doch »zu groß«, um nicht zu begreifen, dass »Furtwängler ihrer gar nicht ebenbürtig war«.[56] Die Rolle, die ihre Schwester Elisabeth nun an der Seite Furtwänglers übernommen habe, hätte Maria »niemals spielen können«.

Ein Jahr nach Kriegsende, im November 1946, schrieb Wilhelm Furtwängler Maria Daelen einen Brief, den sie ungeöffnet wieder zurückschickte. Sie müsse »jeden persönlichen Kontakt« ablehnen, schrieb sie. Sie werde sich weiterhin für ihn als »Persönlichkeit Deutschlands und als Künstler« einsetzen. »Es ist für mich ein selbstverständliches Bedürfnis, zu meiner Meinung und zu meiner Vergangenheit zu stehen.« Falls er sachliche Fragen habe, solle er die über den Anwalt Osthoff klären.[57]

Was in Furtwänglers ungeöffnetem Brief stand, ist leider nicht überliefert. Er schrieb ihn während seines Entnazifizierungsverfahrens, in dem er sich gegen den Vorwurf der Verwicklung ins nationalsozialistische System zu wehren versuchte. Kritische Stimmen warfen Furtwängler nach 1945 vor, sich dem Regime angedient und es aktiv unterstützt zu haben, während andere Künstler und Intellektuelle emigriert waren. Viele Freunde und Bekannte, aber auch die Mutter seiner neuen Frau, Katharina von Kardorff-Oheimb, boten ihm ihre Fürsprache an.[58] Im Verfahren vor der Berliner Künstler-Entnazifizierungs-Kommission wartete Furtwängler mit zahlreichen ihn entlastenden Aussagen auf.[59]

Auch Maria Daelen hatte ein Entlastungszeugnis für ihn geschrieben. Sie war Anfang 1946 vom US-amerikanischen Counter Intelligence Corps in Garmisch-Partenkirchen, dem Abschirm- und Sicherheitsdienst der

US-Army, gebeten worden, sich zu Furtwänglers Haltung zum nationalsozialistischen Regime zu äußern.[60] Als »persönliche Vertraute« von 1935 bis 1943 bestätigte Maria einige Punkte, die Furtwängler in seiner Verteidigung selbst immer wieder vorbrachte. Furtwängler habe sich für Künstler wie Paul Hindemith oder jüdische Musiker eingesetzt, er habe – unter anderem mit von ihr ausgestellten Attesten – immer wieder Dirigaten für das NS-Regime auszuweichen versucht und sei überzeugt gewesen, nicht außerhalb Deutschlands leben und arbeiten zu können. Kunst und Politik, so beschrieb Maria Daelen Furtwänglers Haltung, seien für ihn zwei verschiedene Sphären gewesen. Bis zum Ende des Regimes habe er diese Haltung eingenommen. In ihrem Haus in Saarow habe sich der gemeinsame Freundeskreis, den sie in einer Liste zusammentrug, getroffen, und in erregten Gesprächen seien dort die Möglichkeiten eruiert worden, gegen das NS-Regime zu opponieren.[61]

Für Maria Daelen selbst traf das sogar zu. Ihre Aktivitäten Anfang der 1940er Jahre, wie noch zu sehen sein wird, richteten sich bald gegen das Regime, während Furtwängler sich dem System eher andiente.[62] Maria beschrieb ganz zutreffend, dass er sich als Künstler außerhalb der politischen Sphäre positionierte und sich in einem apolitischen Raum allein als Diener der Musik sah. Seiner Persönlichkeitsstruktur nach, wie sie sich auch in seinen Briefen an Maria oder in der Phase der Trennung zeigt, war er tatsächlich ein zögerlicher und unsicherer, tief in der deutschen Kultur verwurzelter Mensch. Das Maximum an Dissenz waren für Furtwängler die Atteste, mit denen er Auftritten entging, oder der kurzzeitige Widerstand gegen das Verbot einer Oper von Paul Hindemith. In einem Artikel von 1934 setzte er sich öffentlich für den Komponisten und die Aufführung seiner Oper ein. Als die NS-Führung das Verbot nicht aufhob, legte Furtwängler kurzzeitig alle seine Ämter nieder.

Jenseits aller subjektiven Erklärungen für seine Haltung hätte er ab dem Hindemith-Fall und den Auseinandersetzungen mit Toscanini, eigentlich aber bereits ab 1933, als jüdische Musikerkollegen mit Berufsverboten belegt und vertrieben wurden, erkennen müssen, dass es die freie und unabhängige Musik, die sein Ideal war, unter diesem Regime nicht geben konnte und dass er in seinen Funktionen als Staatsrat, Vizepräsident der Reichskulturkammer und als NS-Aushängeschild auf internationalen Tourneen das System aktiv unterstützte.[63] Nach 1945 versuchte Furtwängler sich mit Argumenten zu erklären, von denen schließlich viele widerlegt wurden.[64]

Maria Daelen unterstützte ihn dabei, obwohl sie in den letzten Jahren des NS-Regimes persönlich einen anderen Weg eingeschlagen hatte. Und doch gibt es keine Hinweise auf grundsätzliche Meinungsverschiedenheiten innerhalb ihrer Beziehung. Insgesamt scheint die Liebe sie einander so verbunden zu haben, dass die – von Maria womöglich nur als gering empfundenen – Widersprüche dem keinen Abbruch taten. Vor die Entnazifizierungskommission, die über Furtwänglers Zukunft entschied, wurde Maria als die ihm in den entscheidenen Jahren am nächsten stehende Person nicht geladen.[65] Maria selbst hatte die »furchtbare Episode Furtwängler«, wie es ihre Mutter ausdrückte, erst Jahre später überwunden.[66] Im Jahr 1953 schrieb sie Furtwängler dann doch noch einen Brief. Nach zehn Jahren, in denen sie den Kontakt hatte einstellen müssen, könne sie nun wieder frei zu ihm stehen. Das Vergangene gehöre der Vergangenheit an. Ihr Brief schloss mit der Hoffnung auf ein Wiedersehen.[67] Einige Jahre zuvor hatte Maria einen anderen Mann kennengelernt, an den sie sich für den Rest ihres Lebens binden sollte.

Doch die Jahre bis 1945 blieben von dieser wichtigen Beziehung zu Furtwängler geprägt. Es war die Zeit, in der Maria Daelen sich gegen das nationalsozialistische System zu stellen begann und sich als Ärztin und Fluchthelferin im Widerstand engagierte.

1933

Ernst und scheinbar abwesend steht Maria Daelen im weißen Kittel im Kreise ihrer Kollegen des Krankenhauses Westend. Diese Fotografie der ärztlichen Belegschaft der II. Chirurgischen Abteilung ist eines von vielen Gruppenfotos aus dieser Zeit. Das Schicksal des Chefarztes und Leiters der Abteilung, der vor Maria sitzt, ist jedoch besonders. Schon einige Monate nach dieser Aufnahme wird er nicht mehr am Leben sein: Im November 1933 erschoss Professor Arthur Woldemar Meyer in seinem Haus in Berlin-Charlottenburg erst seine Ehefrau und dann sich selbst.

Die Tat von Arthur Woldemar Meyer wurde nie vollständig aufgeklärt. Meyer war kein expliziter Gegner der neuen Machthaber ab 1933. Aufgrund der jüdischen Herkunft seiner Frau sei er jedoch – auch im Zeichen ständiger Konkurrenz mit Kollegen – unter Druck geraten, so eine These. Auch die Möglichkeit, dass er aufgrund von Fluchtplänen und einem Valutahandel erpresst worden war, wird diskutiert.[1] Der erweiterte Suizid des Chefarztes und seiner Frau schlug hohe Wellen in der Öffentlichkeit, denn durch Meyers Wirken war das Krankenhaus Westend über die Grenzen Berlins bekannt. Welchen Hintergrund dieses Ereignis nun auch hatte: Es nahm Maria die Unbeschwertheit, mit der sie bislang in Berlin gelebt hatte.

Im Januar 1933 waren die Nationalsozialisten an die Macht gekommen. Als Assistenzärztin im Krankenhaus Westend stand Maria Daelen mit beiden Beinen fest im Leben, und mit ihren Freunden und Bekannten gab sie sich dem pulsierenden Großstadtleben hin. Spätestens als die Nationalsozialisten an die Macht kamen, nahm auch Maria wahr, dass sich in Berlin vieles veränderte. Womöglich hatte sie bereits 1931 die antijüdischen Krawalle auf dem Kurfürstendamm, ganz in der Nähe ihrer Wohnung, erlebt.[2]

Als sich Maria Ende März 1933 zur Erholung von einer Krankheit bei ihrem Vater in Wiesbaden aufhielt, schrieb sie ihrer Mutter: »Ich finde es so unbeschreiblich, dass man aus einem Parteiabzeichen eine Staatsfahne machte. Die Leute hätten sich doch wirklich mit der Abschaffung der schwarz rot goldenen Fahne begnügen können. Ich war noch nie so politisch interessiert wie jetzt; aber ich bin es nur im negativen Sinne, weil ich mich in meinem ganzen Denken u. Fühlen in krassester Opposition zum heutigen Deutschland befinde.«[3] Nach ihrer Erholung, so fuhr Maria fort, will sie wieder arbeiten, fragte sich aber auch, »wie lang Hitler den Frauen noch die städtischen Stellen« lassen wird. »Es ist eine dolle Zeit«, schrieb sie, »und ich fühle mich äusserst unglücklich u. ungeeignet im ›neuen Deutschland‹ zu leben«.[4]

Seit November 1929 war Maria Daelen zunächst als Medizinalpraktikantin und später als Assistentin im Städtischen Krankenhaus Westend in Berlin tätig.[5] Das Krankenhaus galt aufgrund seiner modernen technischen Ausrüstung und der hygienischen Bedingungen als »Krankenhaus-Musterbau«. Während des Ersten Weltkriegs wie auch im noch kommenden Zweiten Weltkrieg diente das Krankenhaus Westend als Reservelazarett. Die Chirurgische Abteilung, in der Maria seit 1930 arbeitete, war 1910 gegründet worden und stand seitdem unter der Leitung des Chirurgen Arthur Woldemar Meyer. Meyer erwarb sich hohen Respekt durch seine große Anzahl gelungener Embolektomien nach Trendelnburg.[6] Zudem legte er moderne Standards zur Behandlung in der septischen Handchirurgie fest. Als Meyer im November 1933 durch Suizid aus dem Leben schied, übernahm Erich Neupert die Leitung der Chirurgischen Abteilung.

Das Krankenhaus Westend war Anfang des Jahrhunderts im Stil der Deutschen Renaissance erbaut worden und bestand aus acht rotgeklinkerten und mit Sandsteinversatz geschmückten Pavillons. Im Zentrum der Pavillonanlage beeindruckte neben dem Badehaus das große Operationshaus der Chirurgie, das über einen septischen und einen aseptischen Operationssaal verfügte.[7] Hier arbeitete Maria als Assistenzärztin.[8] Wenige Wochen vor seinem Suizid schrieb Meyer Maria Daelen, die damals an die Charité wechselte, noch ein beeindruckendes Zeugnis: Bei allen im Krankenhaus würde sich Maria Daelen »der grössten Achtung und Wertschätzung« erfreuen. Sie habe »mit Erfolg und besonderem Geschick« eine große Anzahl Operationen aller Art, auch schwere Bauchoperationen, durchgeführt. Über ihre »menschlichen und persönlichen Eigenschaften« sei »kein Lob zu viel gesagt«, sodass sämtliche Mitarbeiter ihren Weggang sehr bedauern würden, von den Patienten ganz zu schweigen.[9]

Der Machtwechsel brachte für die medizinische Landschaft in Berlin große Veränderungen mit sich. Am 7. April 1933 trat das Gesetz zur Wiederherstellung des Berufsbeamtentums in Kraft, nach dem alle Personen als »nichtarisch«, also als »jüdisch« kategorisiert wurden, deren Eltern- oder Großelternteil »jüdischer« oder »mosaischer« Konfession zugerechnet werden konnte.[10] Das Gesetz gab zudem eine Handhabe, Kollegen aus verschiedensten Gründen zu entlassen, zum Beispiel wegen »politischer Unzuverlässigkeit«. »Nichtarischen« Professoren und Ärzten wurde nicht nur die Lehrbefugnis entzogen, man schloss sie auch aus Vorständen und Ausschüssen der ärztlichen Standesvereinigungen aus, oftmals vorauseilend noch vor Inkrafttreten des Gesetzes. Ab dem 22. April 1933 war es Ärzten »nichtarischer« Abstammung dann auch untersagt, in den gesetzlichen Krankenkassen versicherte Patienten zu behandeln. Als am 30. September den jüdischen Ärzten auch die Approbation entzogen wurde, konnten sie ihren Beruf nur noch als Krankenbehandler für jüdische Patienten ausüben. Diese Maßnahmen bedeuteten für die Ärzte oftmals den Verlust jeglicher Existenzgrundlage.

Auch im Krankenhaus Westend wurden 1933 alle jüdischen Ärzte entlassen. Aus Solidarität schloss sich Dr. Albrecht Tietze, Assistenzarzt der I. Inneren Abteilung unter Professor Umber, seinen jüdischen Kolleginnen und Kollegen an und verließ mit ihnen die Klinik. Tietze, der in den folgenden Jahren eine Widerstandsgruppe im Polizeikrankenhaus Berlin aufbaute, bekam 1970 für seine Solidaritätsbekundung den Ehrentitel »Gerechter unter den Völkern« durch die israelische Gedenkstätte Yad Vashem verliehen. Als neuer »dirigierender Arzt« kam Robert Grawitz, der bereits als »Privatassistent« bei Prof. Umber auf der I. Inneren Abteilung des Krankenhauses gewesen war und bis 1936 die neu eingerichtete

III. Innere Abteilung leitete.[11] Grawitz wurde in den folgenden Jahren Teil der medizinisch-wissenschaftlichen Funktionselite im Nationalsozialismus und bekleidete als SS-Arzt eine der drei mächtigsten Positionen im SS-Sanitätsdienst.

Als Albrecht Tietze im April 1933 gemeinsam mit seinen jüdischen Kollegen das Krankenhaus verließ, habe sich auch Maria Daelen, so heißt es in einigen Nachkriegsdokumenten, an dieser Solidaritätsbekundung beteiligt und auf diese Weise gegen die Entlassung der jüdischen Ärzte protestiert.[12] Sie selbst beschrieb den Vorfall nach 1945 in einer eidesstattlichen Erklärung im Entnazifizierungsverfahren von Albrecht Tietze so: Tietze habe seine (antinationalsozialistische) Einstellung bereits 1933 an den Tag gelegt, aufgrund derer er aus dem Westend-Krankenhaus entlassen worden war. Auch sie selbst sei im gleichen Krankenhaus wie Tietze im April 1933 »hinausgeworfen« worden wegen ihrer »politischen Überzeugung und ihrer gerechten ärztlichen Haltung gegenüber den Verwundeten der damaligen Straßenkämpfe«.[13] Ihre Entlassung »wegen antinationalsozialistischer Einstellung« fand nach 1945 dann auch Eingang in ihre Personalakten.[14]

Inwieweit Maria Daelen sich tatsächlich gegen die Entlassung der jüdischen Ärzte gestellt hatte, lässt sich nicht verifizieren. In ihrem Lebenslauf nach 1945 – also in einer Zeit, als widerständige Handlungen die eigene Person in ein positives Licht stellen konnten – schrieb sie, dass sie ihre Tätigkeit im Westend-Krankenhaus »infolge der politischen Ereignisse […] aufgegeben« habe.[15] Ob sie tatsächlich gemeinsam mit ihren jüdischen Kollegen demonstrativ das Krankenhaus verlassen hatte und daraufhin entlassen wurde oder aus Protest gegen die Personalentscheidungen des Krankenhauses eigenständig ihre Stelle gewechselt hat, ist unsicher. Jedenfalls war ihr Wechsel zur Charité auch ein Wechsel im Weiterbildungsfach: Nach über drei Jahren brach Maria ihren chirurgischen Facharzt ab und wechselte in die Innere Abteilung der Charité, begann also ihren Facharzt für Inneres. Welche Gründe hinter diesem Wechsel lagen, ob politische, karrieristische oder rein fachärztliche, muss ungeklärt bleiben.

Ab dem 1. April 1933 arbeitete Maria Daelen als Volontärsassistentin an der II. Medizinischen Klinik der Charité unter Professor Gustav von Bergmann.[16] Auch in der Charité hatte der Machtwechsel 1933 seine Spuren hinterlassen. Gustav von Bergmann selbst hatte vorauseilend alle jüdischen Angestellten entlassen. Als Direktor der II. Medizinischen Klinik und Prodekan ließ er am 28. März 1933 eine außerordentliche Sitzung aller Mitglieder der Medizinischen Fakultät einberufen. Von Bergmann teilte mit, dass er allen »nicht besoldeten Kräften seiner Klinik, soweit sie jüdischer Abstammung sind, dienstlich mitgeteilt habe, dass sie am Freitag, dem 31. März, definitiv auszuscheiden hätten«.[17] Unter den Anwesenden gab es keinen Protest.

1933 und in den folgenden Jahren wurden über 160 Mitglieder der Medizinischen Fakultät, also über 40 Prozent, vertrieben – fast alle, weil sie Juden oder »Nicht-Arier« waren.[18] Gegen Homosexuelle, Angehörige der Linksparteien oder zum Nationalsozialismus in Opposition stehende Liberale und Konservative wurde an der medizinischen Fakultät – anders als an anderen Fakultäten – nicht vorgegangen.[19] Insgesamt lässt sich sagen, dass die Medizinische Fakultät wie viele andere Institutionen die Veränderungen durch den Systemwechsel widerspruchslos hinnahm und sich »schnell und nahtlos in das neue System integriert« hat.[20] In den folgenden Jahren sollten nicht wenige Ärzte in leitender Position an der Charité »in die Legitimation und Vorbereitung massenhafter Verbrechen eingebunden« sein, was auch den nicht beteiligten Kollegen bekannt wurde.[21]

In der Inneren Medizin der Berliner Medizinischen Fakultät wurden 52 Dozenten entlassen.[22] In der II. Medizinischen Klinik der Charité, wo Maria Daelen am 1. April ihre Stelle antrat, schieden im Jahr 1933 vier von zehn planmäßigen Assistenzärzten und zwei außerplanmäßige Assistenzärzte aus, weil sie als jüdisch galten. Die Neubesetzungen, so Vossen, hatten das Ziel, den Anteil von NSDAP-Mitgliedern unter dem ärztlichen Personal zu erhöhen, gleichzeitig auch Personen zu begünstigen, die sich politisch nicht profiliert hatten.[23] Es ist nicht auszuschließen, dass auch Marias neue Volontärsassistentenstelle aufgrund der Entlassungen jüdischer Mitarbeiter frei geworden war.[24]

Die Vertreibungen in der Charité wie am Krankenhaus Westend waren für alle dort tätigen Menschen sichtbar. Einige der vertriebenen Ärzte, mit denen Maria in Kontakt gewesen sein dürfte, fanden in den folgenden Jahren den Tod, wie zum Beispiel Emil Heymann. Der Professor der Chirurgie und Chefarzt der chirurgischen Abteilung des Augustahospitals Berlin beging nach Entzug seiner Lehrbefugnis am 19. Oktober 1935 im Januar 1936 Suizid. Auch Richard Freund, Professor der Gynäkologie und Geburtshilfe an der Charité-Frauenklink – ein Fach, auf das sich auch Maria vor 1933 spezialisiert hatte –, beging nach Einsetzen der Judendeportationen Suizid in Berlin. Wie Maria auf solche Ereignisse reagiert hat oder wie ihre Haltung zu den Geschehnissen war, darüber gibt sie keine Auskunft. An den Suizid ihres Chefarztes Professor Meyer habe sie sich jedoch, so ihre Nichte Felicitas Reusch, stets erinnert: Er war ein einschneidendes und prägendes Ereignis in ihrem Leben.[25]

Während ihrer Zeit in der Charité kam Maria Daelen auch mit dem Chirurgen Ferdinand Sauerbruch zusammen, der über die Grenzen Berlins hinaus bekannt war, hochrangige NSDAP-Mitglieder behandelte und sich von der nationalsozialistischen Politik vereinnahmen ließ. Er hatte 1930 Marias Stiefvater, den Vizepräsidenten des Reichstags Siegfried von Kardorff, operiert.[26] Bei der Kundgebung deutscher Hochschullehrer zur Reichstagswahl am 12. November 1933 sprach sich Sauerbruch »als Vertreter der medizinischen Wissenschaft, die wie kein anderer Stand volksgebunden ist«, für die politischen Ziele der neuen Reichsregierung aus.[27] Ab 1937 war Sauerbruch Fachspartenleiter für allgemeine klinische Medizin im Reichsforschungsrat, was ihm den berechtigten »Vorwurf der gutachterlichen Verstrickung in das NS-System der Menschenversuche« einbrachte und ihm vor allem im Entnazifizierungsverfahren nach 1945 angelastet wurde.[28] Die Westalliierten setzten ihn auf die »Wanted List«, ein Verzeichnis der Personen, die begangener Kriegsverbrechen verdächtigt wurden.[29] In neueren Studien wird jedoch betont, Sauerbruch habe einigen überlieferten Aussagen zufolge dem NS-Regime durchaus ablehnend gegenübergestanden. So kommentierte er mit Bezug auf die NS-Erbgesundheitslehre auf einem Ärztekongress im September 1936: »Der neue Weg, der jetzt empfohlen wird, ist kein Weg.«[30] Bei aller Ambivalenz lässt sich an Sauerbruch zeigen, dass es für Klinikleiter durchaus Spielraum gab. In der II. Chirurgischen Klinik konnten einige »nichtarische« Mitarbeiter durch Einsatz Sauerbruchs noch bis zum Herbst des Jahres 1935 weiterarbeiten.[31]

Maria Daelen und ihre Kollegin Ruth Lohmann waren in der II. Medizinischen Klinik die einzigen Frauen im Rang eines Assistenzarztes.[32] Der Frauenanteil an der Gesamtärzteschaft lag 1932 reichsweit immer noch bei nur sechs Prozent, in Berlin bei zehn Prozent.[33] Die einzige weibliche planmäßige (außerordentliche) Professorin in der Medizinischen Fakultät der Universität Berlin war bis 1945 Rhoda Erdmann.[34] Bereits 1932 hatte Brünings Notverordnung vorgesehen, dass Frauen, deren Ehemänner erwerbstätig waren, als »Doppelverdiener« aus öffentlichen Stellen zu entlassen seien.

Die Nationalsozialisten setzten die Diffamierung berufstätiger akademischer Frauen weiter fort. In ihrem oben genannten Brief an ihre Mutter im März 1933 hatte Maria diese Entwicklungen bereits befürchtet.[35] Die neue NS-Ärzteführung verkündete, dass wegen gegenwärtiger Überfüllung des Berufsstandes die Frauen ihren männlichen Kollegen Platz machen müssten, dass Ärztinnen in beamteten Positionen gekündigt und einem Teil der verheirateten Ärztinnen die Kassenpraxis entzogen werde. Kliniken lehnten daraufhin die Einstellung von Ärztinnen ab.[36]

Das betraf auch Maria Daelen. Sie erhielt zum 1. April 1933 zwar eine Volontärsassistentenstelle, ihren Fähigkeiten und Aufgaben im klinischen Betrieb nach hätte sie aber eine Assistentenstelle erhalten können. Besoldete Stellen sollten jedoch nur noch mittellose Medizinerinnen erhalten, was bei Maria nicht zutraf. Da sie aber in den ersten Monaten ihrer Arbeit offenbar überzeugte, beantragte von Bergmann im Oktober 1933 beim Preußischen Minister für Wissenschaft, Kunst und Volksbildung, Maria Daelen den Status einer »wissenschaftlichen Assistentin ohne Bezüge« zu verleihen.[37] Sie habe nicht nur »sehr gute Kenntnisse«, sei »sehr gewissenhaft und fleissig«, so Bergmann, sondern sie sei »hoch intelligent« und habe »durch ihre sympathische Art nicht nur bei Kollegen, [sondern] gerade auch bei den Schwestern und dem übrigen Personal grosses Vertrauen sich erworben, nicht zuletzt auch bei den Kranken, die sehr an ihr hängen«. Von Bergmann hatte durch die Entlassungen infolge der nationalsozialistischen Politik viele neu eingestellte Kräfte. Neben diesen, so seine Argumentation, brauche er aber auch Ärzte, die bereits eingearbeitet seien: Maria Daelen als »besonders wichtige und erfolgreiche Mitarbeiterin« sei gerade deshalb sehr geeignet.

Der Antrag wurde bewilligt, Maria arbeitete fortan als wissenschaftliche Assistentin ohne besoldete Stelle.[38] Das gute Verhältnis zu von Bergmann zeigte sich auch darin, dass sie für ihn als Vorlesungsassistentin arbeitete. Im Laufe ihrer Zeit an der Charité festigte sich das gute Verhältnis, sodass Maria auch nach 1945 noch Kontakt mit von Bergmann pflegte.[39] Zudem fungierte sie an der Charité als Vertreterin des Oberarztes der Poliklinik.[40] Mit dem Oberarzt der Chirurgie, Prof. Hermann Krauss, der unter Ferdinand Sauerbruch Karriere machte, arbeitete Maria aufgrund ihrer chirurgischen Ausbildung eng zusammen und schrieb ihm nach 1945 ein Entlastungszeugnis.[41]

Nach Anerkennung ihres Facharztes für Innere Krankheiten und Röntgenologie durch die Ärztekammer Berlin 1937 eröffnete Maria Daelen Anfang 1938 eine eigene ärztliche Praxis für Innere Krankheiten und Röntgenologie.[42] Dies tat sie entgegen dem rückläufigen Trend, der dazu führte, dass 1942 nur noch gut 23 Prozent der 9426 Ärztinnen in Berlin eine eigene Praxis hatten, während es 1932 noch 75 Prozent gewesen waren.[43] Hintergrund waren auch die Maßnahmen gegen jüdische Ärztinnen: 300 von 1500 Kassenärztinnen wurden 1933 wegen »nichtarischer« Abstammung ausgeschlossen. Johanna Bleker zufolge hatten nicht nur die männlichen Kollegen, sondern auch die Ärztinnen den »Verrat an den verfolgten Kolleginnen konsequent verdrängt«.[44]

In ihrer Zeit als Fachärztin mit eigener Praxis half Maria Daelen als Belegärztin im Krankenhaus Franziskus aus, einer Privatklinik, die bis zu seinem Suizid von Professor Arthur Woldemar Meyer geleitet worden war. Sie behandelte dort die klinischen Fälle. In der Frauenklinik des Kaiserin-Augusta-Krankenhauses war sie gleichzeitig als beratende

Internistin tätig.[45] Auch in der Poliklinik der Psychiatrischen und Nervenklinik der Charité arbeitete sie zeitweise unter ihrem Kollegen und Freund Professor Jürg Zutt.[46] Zudem arbeitete sie ab 1943 bis Kriegsende als ehrenamtliche Ärztin in den Schwangeren- und Säuglingsfürsorgestellen der Gesundheitsämter Charlottenburg und Spandau. Die Gesundheitsämter mussten zur Umsetzung der nationalsozialistischen Erb- und Rassengesetze und der damit verbundenen neuen Aufgaben erheblich erweitert werden. Vielen Ärztinnen bot sich hier eine neue Tätigkeit. So waren 1942 von 9426 Ärztinnen bereits 54 Prozent im Angestelltenverhältnis, während es 1932 nur 21 Prozent gewesen waren.[47] Insgesamt blieb es aber schwierig, Mediziner für den öffentlichen Gesundheitsdienst zu gewinnen, zumal sich die Personalsituation nach Kriegsbeginn erneut verschärfte.[48] Bewerbungen vor allem von unverheirateten Ärztinnen, also jemandem wie Maria, galten als »sehr erwünscht«. Auch die Übernahme der Ärztinnen in das Beamtenverhältnis wurde erleichtert, was jedoch nicht für verheiratete Ärztinnen galt, da sie an ihre vom NS-Staat erwarteten Mutterpflichten gebunden waren. Der Zugang zu Leitungsstellen der Gesundheitsämter, also den Positionen der Amtsärzte und stellvertretenden Amtsärzte, blieb den Ärztinnen aber weiterhin verwehrt.

Für Maria Daelen war das nicht von großer Bedeutung, hatte sie doch ihre eigene Praxis und war dadurch finanziell günstig gestellt und unabhängig.[49] Ihre Vorgesetzten im Gesundheitsamt waren die Amtsärzte Dr. Spranger (Charlottenburg) und der ehemalige Sozialdemokrat Dr. Franzmeyer (Spandau).[50] Maria versorgte dort Schwangere und Säuglinge, was in Zeiten der NS-Politik hinsichtlich »Erbgesundheit« und Zwangssterilisationen eine nicht unbelastete Tätigkeit sein konnte. Mit dem Gesetz zur Vereinheitlichung des Gesundheitswesens von 1934 waren den Gesundheitsämtern die Mütterberatungs- sowie die Säuglings- und Kleinkinderfürsorge zugewiesen worden.[51] Auf diese Weise erhielt die Gesundheitsbürokratie Zugriff auf weite Teile der Bevölkerung. Hilfsärzte und Fürsorgerinnen sollten die Säuglingsfürsorge unter dem Primat der »Erb- und Rassenpflege« durchführen. So reichten diese Stellen auch

Sterilisationsanzeigen ein, wenn in den Sprechstunden oder durch Hausbesuche Kinder auffielen, die sie für »erbkrank im Sinne des Gesetzes« hielten. Auch in die Selektionen im Rahmen der »Kindereuthanasie« waren die Gesundheitsämter als Erfassungszentralen involviert.[52]

Maria Daelen wird die Vorgaben der nationalsozialistischen Erbgesundheitspolitik für die Arbeit in den Gesundheitsämtern aufgenommen haben müssen. Anzunehmen ist jedoch, dass sie den Nationalsozialismus nicht nur im Allgemeinen, wie oben in ihrem Brief an ihre Mutter geäußert, sondern auch in Bezug auf seine Gesundheitspolitik ablehnte. Über ihre ablehnende Haltung gegenüber dem NS-Regime berichten auch ihre Freunde. Der französische Botschaftsangehörige und spätere Botschafter Roland de Margerie erhielt von einem Parteimitglied der NSDAP eine Loge bei einer Parteiveranstaltung und lud Maria ein, ihn zu begleiten. Nach einer Ansprache von Joseph Goebbels tobten die Massen in Erwartung des »Führers«, der dann unter großem Jubel mit dem Auto in das Stadion einfuhr. Seine Freundin Maria habe ihre Ablehnung und Empörung nur durch ihre Blicke mitteilen können. Sie hörten entsetzt zu, ohne ein Wort auszutauschen.[53]

Margerie berichtete auch, dass Maria Daelen aufgrund ihrer Bekanntschaft mit ihm und seiner zahlreichen Besuche im Krankenhaus Probleme bekommen habe, die sie damit zu beheben versuchte, dass sie einen Bekannten, den Grafen Dohna einlud, ihm das Krankenhaus zu zeigen. Dieser sei so pompös in SS-Uniform erschienen, dass die zweifelnden Stimmen ab da verstummten.[54]

In Maria Daelens großer Familie wurde das Jahr 1933 recht unterschiedlich erlebt – je nach politischer Ausrichtung. Marias drei Jahre älterer Bruder Vital trat kurz nach der Machtübernahme der Nationalsozialisten am 1. Mai 1933 in die NSDAP ein.[55] Gegenüber seinem Bekannten Herbert Müller-Werth, Schriftleiter der *Westfälischen Zeitung*, zeigte er offen, was er von der »nationalen Erhebung« hielt: Er stelle sich »100 % hinter die NSDAP« und werde »in jeder Form, auch aktiv mitarbeiten«. Es sei die »Pflicht der Intelligenz«, so Vital, sich »in die Gleichschaltung einzuschalten«.[56]

66

Wie Maria mit ihrem Bruder in dieser Zeit sprach und umging, ist nicht belegt. Jedenfalls brach sie nicht aufgrund seiner politischen Überzeugung den Kontakt zu ihm ab. Und auch mit Herbert Müller-Werth korrespondierte Maria, gemeinsam mit dem Stabsarzt Dr. Siegfried Müller, der wie sie in der II. Medizinischen Klinik der Charité arbeitete.[57] Vital Daelen fuhr im September 1934 zum Reichsparteitag in Nürnberg und berichtete Müller-Werth begeistert, dass Nürnberg »ein ganz grosses Erlebnis« gewesen sei. »Auf die vielen Fragen, die Dich und alle denkenden Menschen beschäftigen, kann man dann nach meiner festen Überzeugung eine beruhigende Antwort erteilen, wenn es Hitler gelingen wird, sich einen Stab von vaterlandsliebenden Menschen zu bilden, die diese wohl disziplinierten Männer nur für Deutschland marschieren lassen, nicht für irgendwelche Sonderzwecke.«[58]

Marias Bruder Vital war nicht der einzige Nationalsozialist in der Familie. Viele der Angehörigen, die auf dem 1927 entstandenen Hochzeitsbild von Katharina von Kardorff-Oheimb und Siegfried von Kardorff zu sehen sind, wenden sich ab 1933 dem Nationalsozialismus zu. Marias Vater Felix Daelen, Besitzer der Glyco-Metallwerke in Wiesbaden, und ihr zwei Jahre jüngerer Bruder Paul Felix Daelen beantragten gemeinsam die NSDAP-Mitgliedschaft in der Ortsgruppe Wiesbaden und erhielten die Mitgliedsnummern 2367679 und 2367680.[59] Der Arzt Dr. Oskar Ackermann, Vater von Vitals Ehefrau Barbara und zugleich Schwiegervater von Marias Halbschwester Elisabeth, trat ebenfalls zum 1. Mai 1933 in die Partei ein.[60] Marias ältere Schwester Katja, damals schon verheiratete Gäfgen, sowie ihre Halbschwester Elisabeth waren nicht der Partei beigetreten. Katja schrieb ihrer Mutter, dass sie aufgrund ihrer »Einstellung« bei den »riesen Fackelzüge[n] mit all der Begeisterung« nicht »mitjubeln« könne. Ihre jüdischen Freunde in Frankfurt gingen »einer traurigen Zeit entgegen«, so Katjas Vorahnung.[61]

Katharina von Kardorff-Oheimb stand dem Nationalsozialismus ebenfalls kritisch gegenüber. Marias oben zitierter Brief an ihre Mutter zeigt, dass sie sich mit ihr über die politischen Entwicklungen offen austauschen konnte. Nach der »Machtergreifung« stellte Kardorff-Oheimb ihre politische Tätigkeit für die nächsten zwölf Jahre ein. Bereits vor 1933 war die prominente Politikerin immer wieder medial und öffentlich diffamiert worden. Im März 1932 hatte Kardorff-Oheimb in einem Artikel im »Berliner Tageblatt« mit dem Titel »Frauen müssen Hindenburg wählen« die zu erwartenden Auswirkungen einer Wahl Hitlers auf die Frauenemanzipation benannt. Sie warnte davor, dass die Frauen wieder in ihre »unsagbare hilflose und unbedeutende Stelle in Familie und Staat zurücksinken« und ihr Wahlrecht verlieren werden.[62]

Nach 1933 verschwand die einstige Reichstagsabgeordnete fast vollständig aus der Öffentlichkeit.[63] Als Vorsitzende eines politischen Vereins und als Präsidentin bzw. Vizepräsidentin zweier Frauenklubs musste Kardorff-Oheimb die Gleichschaltung der bestehenden Frauenorganisationen miterleben.[64] Sie zog sich zunehmend in die Privatheit zurück und lebte »in innerer Ablehnung des Regimes, sowohl zu Unterstützern und Profiteuren des Systems als auch zu unmittelbar Verfolgten in Beziehung stehend«, in ihrem Haus in Grunewald.[65] Dasselbe tat ihr Ehemann Siegfried von Kardorff, der bereits im Frühjahr 1932 aufgrund seiner Weigerung, das Misstrauensvotum gegen Brüning mitzutragen, aus der DVP-Fraktion ausgeschlossen worden war. Nachdem er mit politischen Freunden jeglicher Couleur seinen siebzigsten Geburtstag groß gefeiert hatte, verließen die Kardorffs 1943 ihr Haus im Grunewald. Staatssekretär Walter Kriege aus dem Justizministerium habe sie gewarnt, so Katharina von Kardorff-Oheimb, da Mitgliedern des Justizministeriums nach der Geburtstagsfeier untersagt worden sei, weiter im Haus der Kardorffs zu verkehren, und dem Paar die Vernehmung durch die Gestapo drohe.[66] Die letzten Kriegsjahre lebten die Kardorffs in Templin und Ahrensdorf.

Über die politischen Veränderungen seit 1933 tauschten sich Maria und ihre Mutter lange Zeit kaum schriftlich aus, jedenfalls sind nur wenige Briefe aus dieser Zeit überliefert. Erst Anfang der 1940er Jahre wird der Briefkontakt wieder enger. Ein interessantes Dokument ist eine Persönlichkeitsanalyse mittels ihrer Handschrift, die im Jahr 1942 angefertigt wurde.[67] Der Gutachter sah anhand von Veränderungen in Marias Schriftart eine entscheidende Entwicklung ihrer Persönlichkeit in den frühen 1930er Jahren: War in den Briefen aus den 1920er Jahren noch eine »etwas naive und frische Schwungkraft, Genußfähigkeit und Aktivität, die übersteigert war«, zu erkennen, so sollen ihre Briefe ab 1934 zeigen, wie sich ein anderer Gemütszustand Platz gemacht habe. Man erkenne, so der Schriftanalytiker, dass Maria »Stunden der Niedergeschlagenheit und Erschöpfung kennengelernt« habe.

Wege in den Widerstand

Das Jahr 1933 und der Machtwechsel zu den Nationalsozialisten lagen nur kurze Zeit zurück, als Marianne Breslauer diesen Blick Marias einfing. Maria Daelen arbeitete in der Charité und überlegte, eine eigene Praxis zu eröffnen. Das Bild entstand, kurz bevor Marianne Breslauer aufgrund ihrer jüdischen Wurzeln in die Schweiz emigrieren musste. Andere Freunde Marias, die in Berlin verblieben, waren aus adligen Kreisen und der Berliner Oberschicht. Verstärkt wurden diese weitverzweigten Verbindungen durch ihre seit 1935 bestehende Beziehung mit dem Dirigenten Wilhelm Furtwängler.

In diesen Jahren verkehrte Maria Daelen in Kreisen, die dem Widerstand gegen das nationalsozialistische Regime nahestanden.[1] Hier traf Maria auf Personen, die dem NS-Regime in verschiedenen Abstufungen kritisch gegenüberstanden, sei es als Dissidenz, Selbstbehauptung, Verweigerung oder offene Opposition. Darunter waren unter anderem der deutsche Diplomat Albrecht Graf von Bernstorff, der Leiter der Zentralabteilung des Amts Abwehr und spätere Generalmajor Hans Oster, der Jurist Hans Bernd Gisevius, der Versicherungskaufmann Otto Hübener und der Komponist Gottfried von Einem. Ihnen fühlte sich Maria verbunden.

Im Winter 1939 verliebte sich Albrecht Graf von Bernstorff in die Ärztin Maria Daelen, bei der er auch in Behandlung war, und hoffte auf eine ernste Beziehung mit ihr. Insbesondere ihre intellektuellen Qualitäten und ihre Unabhängigkeit beeindruckten ihn.[2] Doch Maria war anderweitig gebunden und liebte, wie von Bernstorff sagte, »ihren ruhmbedeckten Musiker«: »Der Karnevalstraum«, so von Bernstorff, war »ausgeträumt«.[3] Sie blieben gute Freunde und einander bis zu seiner Verhaftung 1943 verbunden. Gemeinsam mit Naky Uexküll versuchte Maria Daelen ihm während seiner Haftzeit zu helfen.[4]

Ein weiterer Freund aus diesem Kreis war der Komponist Gottfried von Einem. Bei ihm in der Berliner Brückenallee trafen sich abends regelmäßig von Bernstorff, General Oster, Fabian von Schlabrendorff und Maria Daelen.[5] Auch von Schlabrendorff gehörte zum Widerstand. Er wird beim Attentatsversuch Henning von Tresckows im März 1943 die Bombe in Hitlers Flugzeug deponieren, dessen Zünder jedoch versagt.[6] Schlabrendorff heiratete im März 1939 Luitgarde von Bismarck, eine Schwester von Lianne von Bismarck, die wiederum mit Gottfried von Einem verheiratet war. Mit Schlabrendorff verband Maria eine Freundschaft, die das Kriegsende überdauern sollte.

Als Ärztin tat Maria Daelen das ihr Mögliche, um den Widerstand in welcher Form auch immer zu unterstützen. Sie half Personen, der Einberufung in den Kriegseinsatz zu entgehen, indem sie entsprechende Gesundheitszeugnisse schrieb. Als Gottfried von Einem im September 1944 die Einziehung zur Wehrmacht drohte, schrieb ihm Maria als Fachärztin für Inneres einen »Fachärztlichen Bericht«. Wegen der »immer wieder rezidivierenden Lungenaffektionen«, so ihr Urteil, sei »eine längere Arbeitspause in Höhenluft dringend notwendig«.[7] Mithilfe weiterer Unterstützer, unter anderem über die Reichsmusikkammer, gelang es von Einem tatsächlich, sich dem Einsatz zu entziehen.[8] Von Einem wurde selbst zum Unterstützer und Helfer für Verfolgte und Untergetauchte, unter anderem im Widerstandskreis »Gruppe Emil«.[9] Die Freundschaft zwischen Gottfried von Einem und Maria Daelen hielt bis ins hohe Alter an und schlug sich auch in seinem Schaffen nieder: 1948 widmete er ihr neben anderen Kompositionen das Lied »Abend«, eines der »Fünf Lieder aus dem Chinesischen für mittlere Stimme und Klavier« (op. 8).[10]

An den Abenden bei von Einem begegnete Maria Werner Egk. Der Komponist, Leiter der Fachschaft Komponisten in der Reichsmusikkammer, war ihrem Lebensgefährten Wilhelm Furtwängler eng verbunden.[11] Als auch Egk im November 1944 die Einziehung zur Wehrmacht drohte, verfasste Maria erneut ein ärztliches Attest mit dem Zusatz »In ein Krankenhaus einzuweisen, notfalls Landaufenthalt«.[12] Ebenfalls der Künstlerszene entstammt Marias Bekanntschaft Werner Finck, Schauspieler, Kabarettist und Gründer der »Katakombe« in Berlin. Finck wurde vom NS-Regime beobachtet und unterdrückt. Sein Kabarett wurde im Frühjahr 1935 geschlossen, Goebbels verfügte den Ausschluss aus der Reichs-kulturkammer.[13] Um ihn vor dem Zugriff der Gestapo zu schützen, ver-steckten Maria Daelen und Wilhelm Furtwängler ihn für mehrere Tage in ihrem Haus in Saarow-Pieskow, wie Maria 1946 berichtete.[14]

In diesem Haus gingen Freunde und Bekannte aus Berlin ein und aus. In einem Gästebuch, das leider nicht überliefert ist, sollen sie sich allesamt verewigt haben.[15] Auch General Hans Oster, Otto Hübener und Erwin Planck, die aufgrund ihrer Widerstandstätigkeit im April 1945 hingerichtet wurden, verkehrten in Marias Kreisen.[16] Mit dem Versiche-rungskaufmann Otto Hübener verbrachten Hans Bernd Gisevius und Maria lustige Abende, so erinnern sich beide nach 1945.[17] Und mit Hilfe von Hans Oster trug Maria während der Bombardierungen Berlins noch Patienten »durch Rauch und Flammen«.[18] Er verkehrte womöglich eben-falls im Saarower Landhaus.[19]

Maria Daelen traf Hans Oster bereits bei ihrer gemeinsamen Be-kannten Ursula von Dewitz.[20] Auf ihrem Gut in Krumbeck, das von der Gestapo überwacht wurde, verkehrten einige Persönlichkeiten aus dem Widerstand.[21] Schon vor 1933 waren Maria und zahlreiche Bekannte aus ihrem Kreis, auch Wilhelm Furtwängler mit seiner ersten Frau Zitla Lund, Gäste bei Ursula von Dewitz. Über Marias Mutter Katharina von Kardorff-Oheimb, mit der Ursula von Dewitz in ihrem politischen Einsatz für die Frauenbewegung verbunden war, kam die »ebenso geist- wie reizvolle Ärztin« Maria in diesen Kreis.[22] Maria erinnerte sich an den besonderen Silberschatz, die Möbel und das wertvolle Porzellan.[23] In Krumbeck traf man sich zur Jagd und verbrachte unterhaltsame Abende miteinander, so auch Hans Oster, dieser »famose Mann«, wie sich von Dewitz erinnerte.[24] Von Hans Oster gab es wieder Verbindungslinien zu Erwin Planck und Graf von Schwerin.[25]

Aufgrund ihrer Tätigkeiten gegen das NS-Regime und spätestens nach dem gescheiterten Attentat auf Hitler am 20. Juli 1944 wurden viele von Marias Freunden festgenommen und im Hausgefängnis der Geheimen Staatspolizei in der Berliner Prinz-Albrecht-Straße oder in der Untersu-chungshaftanstalt in der Lehrter Straße inhaftiert. Maria setzte sich für die inhaftierten Freunde ein, vor allem gemeinsam mit ihrer Freundin Alexandra von Alvensleben. Mit Lexi, wie Alexandra von Alvensleben, spätere Roloff, genannt wurde, verbrachte sie viel Zeit. Maria führte Lexi in die Kreise um von Bernstorff ein. Beide besuchten mit von Bernstorff und anderen regelmäßig Konzerte der Berliner Philharmoniker unter der Leitung von Wilhelm Furtwängler. Anschließend lud von Bernstorff die Freunde zum Abendessen zu sich nach Hause ein und entwickelte auch für Lexi reges Interesse.[26]

Alexandra von Alvensleben war seit 1934 mit dem Direktor der Nordsee Deutsche Hochseefischerei Bremen-Cuxhaven AG, Wilhelm Roloff, verheiratet. Ihr Vater Werner von Alvensleben – Anfang der 1930er Jahre noch mit guten Kontakten zur Führungsspitze der NSDAP – fiel nach 1933 in Ungnade, wurde am 30. Juni 1934 verhaftet und begann sich gegen den Nationalsozialismus zu engagieren.[27] Lexi und über sie auch ihr Mann Wilhelm waren verwandtschaftlich wie freundschaftlich eng verwoben mit den unterschiedlichen Widerstandskreisen.[28] So war Lexi unter anderem die Cousine von Libertas Schulze-Boysen, die zur Widerstandsgruppe »Rote Kapelle« gehörte und am 22. Dezember 1942 in Berlin-Plötzensee hingerichtet wurde, sowie die Cousine von Graf Heinrich von Lehndorff-Steinort. Lexi und ihr Mann Wilhelm gingen in Marias Haus in Bad Saarow ein und aus.[29]

Sechs Tage nach dem gescheiterten Attentat auf Hitler am 20. Juli 1944 wurde Wilhelm Roloff von zwei Gestapobeamten verhaftet.[30] Lexi, die sich auf dem heimatlichen Gut Fichtenhof bei Bremen befand, eilte nach Berlin. Ihr Ziel war es, zu ihrem Ehemann sowie ihrem Vater, der bereits seit Juni 1944 in Haft war, Informationen über ihren Aufenthaltsort und die Anklagepunkte zu erfahren. Als Maria Daelen Anfang August im Zimmer der Belegärzte im Franziskus-Krankenhaus arbeitete, erreichte sie ein Anruf ihrer Kollegin Charlotte Pommer aus dem Staatskrankenhaus der Polizei. Wilhelm hatte ihr den Kontakt »M.-Fu.« gegeben, der eindeutig auf Maria hinwies, die mit Furtwängler, genannt »Fu«, liiert war.

»Einer Ihrer herzkranken Patienten befindet sich in meiner Behandlung. Ich bitte um ein Vergleichs-EKG« – Maria verstand Pommers verschlüsselte Nachricht sofort und fuhr mit Lexi zum Treffpunkt. Im Bewusstsein der Gefahr solcher konspirativen Treffen trat Maria vor das Café Salvarsan an der Charité und blickte ins Schaufenster. Charlotte Pommer trat heran, ebenfalls in das Schaufenster schauend, und berichtete über Roloffs Suizidversuch, seine Verlegung ins Staatskrankenhaus und von Hermann Quetting, vernehmender Beamter des Reichssicherheitshauptamtes und tätig in der sogenannten Sonderkommission 20. Juli.[31]

Maria gelang es, Verbindung zur Gestapo-Dienststelle in der Meinekestraße aufzunehmen, Quetting mit Alkohol und in dieser Zeit hoch begehrten Lebensmitteln zu bestechen und ihn zu Roloff auszuhorchen. Roloff selbst traf sie mehrmals im Staatskrankenhaus – trotz strengsten Verbots und unter Mitwisserschaft von Albrecht Tietze, leitender Arzt der Inneren Abteilung –, um »politische Rücksprachen« zu halten.[32] Dem Einsatz von Tietze war es schließlich zu verdanken, dass Roloff insgesamt dreieinhalb Monate seiner Haft im Staatskrankenhaus verbringen konnte. All dies trug dazu bei, dass Roloff der ersten und zweiten Hinrichtungswelle des Jahres 1944 entkam und überlebte.

Albrecht Tietze war der Kopf dieser Widerstandsgruppe im Staatskrankenhaus.[33] So kam es, dass Maria über diese Gruppe viele Freunde und Bekannte wiedersah und sie unterstützte. Ein Bekannter aus dem Freundeskreis um Hans Bernd Gisevius war General Fritz Lindemann. Er war am 3. September 1944 aufgrund seiner Beteiligung am gescheiterten Attentat festgenommen worden, hatte durch ein Fenster zu fliehen versucht und war dabei von der Gestapo durch mehrere Schüsse schwer verletzt worden. Lindemann wurde daraufhin ins Staatskrankenhaus der Polizei überführt.[34] Maria erfuhr von Lindemanns Aufenthaltsort von Charlotte Pommer und benachrichtigte seine Frau Lina von Friedeburg.[35] Lindemann erlag seinen Verletzungen am 22. November im Polizeikrankenhaus.

Eine besondere Verbindung Marias bestand zu ihrem engen Freund Heinrich Graf von Lehndorff-Steinort. Als Unterstützer des Attentats vom 20. Juli 1944 konnte er zunächst flüchten, wurde aber einen Tag später aufgegriffen und in das »Hausgefängnis« der Gestapo in der Berliner

Prinz-Albrecht-Straße gebracht.[36] Maria begleitete seine Haftzeit und besorgte ihm immer wieder Obst und Zigaretten. Am 4. September wurde Lehndorff-Steinort vom Volksgerichtshof zum Tode verurteilt und am selben Tag in Berlin-Plötzensee hingerichtet. In seinem Abschiedsbrief, den seine Frau Gottliebe Anfang 1945 von SS-Mann Wolff im Hotel Adlon überreicht bekam, richtete Lehndorff seine letzten Worte nicht nur an seine geliebte Frau, sondern dankte auch seiner »treuen Freundin« Maria Daelen.[37]

Maria Daelens Aktivität im Widerstand ist nicht leicht einzuordnen. Wie beschrieben, artikulierte sie ihre Abneigung gegen das Regime gleich 1933 in einem Brief an ihre Mutter. Und wenn man der Erzählung folgt, sie habe gemeinsam mit ihren jüdischen Ärzte-Kollegen aus Protest gegen deren Entlassungen das Krankenhaus verlassen, so spricht daraus eine klare Haltung gegen die nationalsozialistische Politik der Ausgrenzung jüdischer Mitbürger. In ihrer späteren Unterstützungsarbeit verfolgte sie jedoch, wie zu vermuten ist, keine höhere politische Vision mit ethisch-moralischem Anspruch wie etwa die Widerständler des 20. Juli. Ihr Antrieb scheint sich vielmehr aus der Sympathie für ihr nahestehende Personen und dem unbedingten Willen zum Helfen ergeben zu haben.[38]

Die letzten Kriegsjahre waren für Maria Daelen wie für die meisten Menschen in Berlin eine Schreckenszeit. Am 18. November 1943 begann die »Luftschlacht um Berlin«, die mit weiteren 16 Großangriffen bis zum März 1944 andauern sollte. Eine der heftigsten Bombardierungen erlebten die Berliner in der Nacht vom 22. auf den 23. November 1943. Bei diesem Angriff brannten ganze Stadtviertel nieder, der Asphalt unter den Brandbomben kochte, mehrere Tausend Menschen starben, Hunderttausende wurden obdachlos.[39]

Als am Abend des 22. November die Alarmsirenen losgingen, war Maria Daelen bei ihren Patienten.[40] In einem Brief an ihre Mutter erzählt sie, wie sie in ihr Auto stieg und zu ihrer Wohnung und Praxis in der Keithstraße fuhr, eine Nebenstraße der Kurfürstenstraße. Sie kam jedoch nur bis zur Corneliusbrücke an der Spree, wo sie ihr Auto abstellte. Die Eckhäuser auf beiden Seiten der Keithstraße brannten, brennende

Balken stürzten von den Häuserfronten auf die Straße. Mit ihrem Auto brachte sie, so berichtet Maria, »Kinder und Frauen aus dem quälenden Rauch u. der tollen Hitze heraus«. Immer wieder fuhr sie zurück, um weiter nach Leuten zu suchen. Hinter einer Litfaßsäule schützte sie sich vor herunterstürzenden Trümmern. Als ihre Freunde und Nachbarn Marianne und Burga aus der Straße herausgelaufen kamen, brachte Maria sie im Auto zu Bekannten, die sie glücklicherweise alle aufnehmen konnten. Maria selbst fuhr noch einmal zurück in ihr Viertel. Sie wollte ins Franziskus-Krankenhaus, das gleich in der Nachbarstraße ihrer Privatwohnung lag, und nach ihren Patienten schauen. Das Krankenhaus stand noch. Von dort kämpfte sich Maria noch einmal von der anderen Seite zu ihrer Wohnung vor und hatte Glück: Der Weg in ihre Wohnung war frei. Es war dunkel, heiß und qualmig. Maria raffte Bettdecken und Laken zusammen. Das brennende Hinterhaus gab ihr Licht. Nachdem ihr nichts mehr einfiel, was sie mitnehmen konnte, nahm sie für die Nachbarn auch noch deren Bettzeug mit. Das Inferno war für Maria ein schreckliches Erlebnis: »Ich fühle mich wie ein Tier, so ängstlich u. still dabei, das den Tod erwartet.«

In dieser Nacht verlor Maria Daelen alles, was sie in Jahren aufgebaut hatte, ihre Praxis und ihre Privatwohnung. Aber sie war dankbar, dass sie am Leben war, wie sie ihrer Mutter schrieb, und dankbar, dass auch ihre Mutter diese Schreckensnacht überstanden hatte. Maria war gleich am nächsten Morgen zu deren Wohnung gefahren und hatte mit Erleichterung erfahren, dass ihre Mutter bereits nach Templin abgereist war. Auch ihr Vater Felix Daelen war von den Angriffen auf Wiesbaden betroffen, hatte aber immer Glück und blieb unversehrt. In der Nacht vom 22. November 1943 blieb vielen Berlinern dieses Glück verwehrt. An der Ecke Keithstraße/Kurfürstenstraße, nur wenige Hundert Meter von Marias Wohnung entfernt, war der öffentliche Luftschutzbunker getroffen worden, über hundert Menschen starben. Die Kaiser-Wilhelm-Gedächtniskirche am Ku'damm verlor in dieser Nacht ihre Kirchturmspitze.

In den beiden Bombennächten zwischen dem 22. und dem 24. November 1943 verloren 450 000 Menschen in Berlin ihre Unterkunft.[41]

Otto Hübener sagte Maria, sie müsse sich gleich wieder etwas aufbauen.[42] Maria ging auf die Suche nach einem neuen Quartier und bezog eine Wohnung im Wildpfad außerhalb der Innenstadt, die jedoch etwas später ebenfalls durch Bombentreffer niederbrannte. Auch ihre Praxis am Ku'damm, die sie neu eingerichtet hatte, und ihre dritte Wohnung im Grunewald wurden in den folgenden Monaten komplett zerstört.[43] Sie verlor auf diese Weise immer wieder ihr materielles Hab und Gut. Anders als viele ausgebombte Berliner, die auf die Zuweisung einer neuen Unterkunft warten mussten, konnte Maria aufgrund ihrer finanziellen Absicherung immer wieder ein neues Quartier beziehen oder sich zur Überbrückung auch ein Zimmer im Hotel Adlon leisten.[44]

Gefahr drohte jedoch auch wegen ihrer Aktivitäten im Widerstand. Bereits seit Oktober 1933 war sie beim Geheimen Staatspolizeiamt (Gestapa) als »spionageverdächtig« gemeldet.[45] Aufgrund ihrer Beziehungen zu Personen wie de Margerie, von Bernstorff, von Lehndorff, Otto Hübener oder General Oster wurde sie von der Gestapo beobachtet und verfolgt.[46] Ihre aktive Hilfe für Verfolgte und Inhaftierte erhärtete den Verdacht gegen sie. Ende 1944 spitzte sich die Lage zu. Im Januar 1945 wurde Maria Daelen – vermutlich auch aufgrund ihrer Unterstützung bei der Flucht von Hans Bernd Gisevius – von der Gestapo verhört.[47] Die Beamten verlangten dabei, dass Maria nun endlich den »Ariernachweis« erbringen solle, sonst werde sie unter die »Fraglichen« oder »Jüdischen« eingereiht. Das sei ihr egal, soll Maria geantwortet haben, und parierte mit den Worten: »Ich sehe eh schon aus wie der Wunschtraum von Goebbels.« Sie sei auch bereit, zu widerrufen, falls der Propagandaminister etwa anderer Ansicht sei.[48] Anschließend ging Maria, so die Erzählung ihrer Freundin Ingar Brüggemann, zur Klinik zurück, wo der Pförtner sie jedoch warnte: Die Gestapo sei bereits da gewesen, sie solle gleich untertauchen. Maria sei daraufhin nicht mehr nach Hause zurückgekehrt.[49] Sie entschied sich zur Flucht in Richtung Süden.[50]

Die Situation in Berlin in den letzten Kriegsmonaten war chaotisch, Lebensmittel waren rar. Ihre Freundinnen Lexi und Charlotte Pommer erfuhren von Dr. Jürgen Zutt, Marias befreundetem Arzt, von noch vorhandenen Vorräten in Marias Haus in Saarow.[51] Maria selbst hatte ihr Haus vor ihrer Flucht nicht mehr aufsuchen können. Saarow-Pieskow stand kurz davor, zum Aufmarschgebiet der sowjetischen Armee zu werden. Lexi und Pommer fuhren kurzerhand raus aufs Land. Im Haus lag auf dem Flügel das Gästebuch mit all den Einträgen von Marias Freunden, die teilweise schon nicht mehr lebten oder in Haft saßen. »Wenn das die Gestapo lesen würde!«, entfuhr es Lexi beim Durchblättern der vielen, teilweise sehr offen geschriebenen Einträge.[52] Noch im April 1945 wurden das Haus in Bad Saarow und Marias Praxisräume durchsucht und ihre Wirtschafterin festgenommen.[53]

Lexi Roloff und Charlotte Pommer wurden am 10. März 1945 aufgrund ihrer Unterstützung bei der Flucht von Hans Bernd Gisevius inhaftiert, konnten sich jedoch mit einer List befreien.[54] Wenige Wochen danach brach Lexi Roloff mit ihrem Mann Wilhelm und vielen anderen aus ihrer Familie, unter anderem der Witwe Gottliebe von Lehndorff und Marion Gräfin Dönhoff, zum heimatlichen Gutshaus Fichtenhof bei Bremen auf.[55] Andere Freunde von Maria wie Margot Lind hatten es nicht geschafft, Berlin rechtzeitig zu verlassen, und harrten die letzten Kriegstage in der Stadt aus.[56] Sie litten unter Hunger und den täglichen Bombenangriffen. Als junge Frauen waren sie den Übergriffen russischer Soldaten hilflos ausgeliefert. Dem Chaos trotzend, gelang es Margot Lind noch einmal, Otto Hübener kurz vor seiner Hinrichtung im Gefängnis zu besuchen.

Zu diesem Zeitpunkt war Maria Daelen bereits in St. Anton am Arlberg angekommen. In einem Brief vom 11. März 1945 berichtete sie ihrer Mutter von der »dramatischen Flucht«.[57] Sie habe Alarme und Tieffliegerangriffe überlebt. »Mit einem Auftrag« sei sie nach München gelangt und von dort weiter auf Irrwegen nach St. Anton.[58] Sie blieb dort bis zum Herbst 1945 und ging dann unerlaubt über die Grenze in das amerikanisch besetzte deutsche Gebiet.[59] Für fünf Wochen arbeitete sie im Krankenhaus des UNRRA-Camps in Dillingen an der Donau.[60] Die amerikanischen Ärzte dort forderten sie schließlich auf, das Internierungslager im Landkreis Garmisch-Partenkirchen ärztlich zu betreuen und zu organisieren. Bis Ende Februar 1946 blieb Maria Daelen in Bayern.

Im Dienst des neuen Staates

Auch das sind Spuren des zurückliegenden Krieges: Maria Daelen, die Frau mit dem großen Modebewusstsein, das auf allen Fotografien vor dem Krieg so deutlich zu erkennen ist, trägt einen einfachen Rock und schlichte Schuhe. Das Jackett scheint ihr zu groß zu sein. Die Herren, in deren Mitte sie sitzt, sind Kollegen aus dem Betriebsrat. Seit 1946 war Maria im Staatsdienst tätig und arbeitete in der Medizinalabteilung des hessischen Innenministeriums. Es verwundert nicht, dass Maria, die Menschen so rasch für sich gewinnen konnte und im Hier und Jetzt stets engagiert auftrat, im Betriebsrat des Ministeriums aktiv war.[1]

Aus Berlin war Maria Daelen Anfang des Jahres 1945 geflüchtet. Es war eine entbehrungsreiche Zeit, die auch bei ihr Spuren hinterließ. Sie war abgemagert und blass, versuchte aber, ihre Energie und ihre Lebenslust beizubehalten.[2] Über Österreich und Bayern, wo sie bis Februar 1946 das Internierungslager im Raum Garmisch-Partenkirchen ärztlich versorgt hatte, gelangte sie nach Wiesbaden. Ihr Bruder Paul Felix Daelen war zu diesem Zeitpunkt bereits dort, ihr Vater hatte zeitlebens in Wiesbaden gewohnt, und auch Maria hatte hier einen Teil ihrer Kindheit verbracht. Wiesbaden war vom Bombenkrieg weitgehend verschont geblieben. Dies alles können Gründe gewesen sein, warum es Maria nach Hessen zog. Hier bewarb sie sich im Innenministerium Großhessens, das sich gerade im Aufbau befand und seit dem 1. November 1945 von Hans Venedey geführt wurde. Venedey war in das erste Kabinett unter dem parteilosen Karl Geiler berufen worden. Er stand für eine Überwindung der historischen Spaltung der Arbeiterbewegung in SPD und KPD und engagierte sich für die SED in der sowjetisch besetzten Zone. Auf ihrem ersten Parteitag der Nachkriegszeit in Hannover im Mai 1946 schlug die SPD jedoch eine andere Richtung ein. Ihr Vorsitzender Kurt Schumacher fuhr einen antikommunistischen Kurs. Die SPD in Großhessen folgte diesem Kurs, sodass Venedey im Juli 1946 die Regierung und auch die SPD verlassen musste.[3] Die US-amerikanische Militärregierung bestimmte als neuen Hessischen Staatsminister des Innern ab August 1946 Heinrich Zinnkann, der dann ab dem 6. Januar 1947 unter dem ersten demokratisch legitimierten Ministerpräsidenten Christian Stock (SPD) das Ministerium für Inneres und Wiederaufbau leitete und schließlich 1951 bis 1954 als Innenminister unter Ministerpräsident Georg-August Zinn amtierte.[4] Unter Zinnkann arbeitete Maria Daelen bis zu ihrem Wechsel ins Bundesinnenministerium.

Leiter der Medizinalabteilung im hessischen Innenministerium war seit Ende Oktober 1945 Wilhelm von Drigalski. Die Abteilung war am 12. Oktober 1945 auf amerikanische Anweisung re-etabliert worden. Somit war die deutsche Gesundheitsverwaltung zuerst auf Länderebene wieder eingesetzt.[5] Drigalski war Hygieniker, hatte ab 1923 Vorlesungen über Rassenhygiene gehalten, leitete ab 1925 das öffentliche Gesundheitswesen Berlins als Medizinalrat, war 1933 entlassen worden und arbeitete 1937 bis 1939 als Schiffsarzt.[6] Als Leiter der Medizinalabteilung empfahl er dem hessischen Innenminister Hans Venedey Maria Daelen. Er kenne sie aus seiner Arbeit aus den Jahren 1925 bis 1933. Sie sei ihm zudem von vielen Seiten empfohlen worden.[7] Zum 25. März 1946 wurde Maria als Referentin bei der Medizinalabteilung des Innenministeriums eingestellt. Sie begann mit Vergütungsgruppe III.TO.A. und erhielt im Dezember 1947 ihre erste Höhergruppierung.[8]

Die Anfangsjahre des Landes Hessen prägten komplexe Netzwerke von Personen aus Politik, Wirtschaft und Gesellschaft. Diese Netzwerke waren – anders als in den ersten Jahrzehnten der Bundesrepublik unter Adenauer – vor allem von der SPD geprägt. Die SPD hatte sich in Hessen neben Parteien wie der CDU, KPD und LDP besonders schnell etablieren können. Ehemalige SPD-Parteimitglieder wurden zügig reaktiviert. Die amerikanische Militärregierung baute ein vertrauensvolles Verhältnis zur Partei auf und berief viele Repräsentanten der SPD in Verwaltungspositionen, wie unter anderem den Justizminister Georg August Zinn.[9] Diese Netzwerke waren hilfreich, wenn man nach 1945 in den Staatsdienst wollte. So wurde Wilhelm von Drigalski von Ministerpräsident Karl Geiler als Ministerialrat und Leiter des neu etablierten staatlichen Gesundheitswesens ins hessische Innenministerium geholt.[10] Wenig später sprach sich Geiler auch für Maria Daelen aus und unterstützte ihren Eintritt in den hessischen Staatsdienst.[11] Sie war mit Geiler näher bekannt, womöglich über ihre Mutter.[12]

Die Seilschaften unterstützten einander beim Wiedereinstieg nach 1945 und konnten der amerikanischen Militärregierung behilflich sein bei der Beantwortung der Frage, wer ein Nazi war und wer nicht. Die Entnazifizierung des Gesundheitswesens war neben der Seuchenbekämpfung, der Sicherung der Gesundheitsversorgung und der Ernährungslage ab 1946 eine der wichtigsten Aufgaben, die die amerikanische Militärregierung vorantreiben wollte, und ab 1950 dann auch eine der Hauptaufgaben der demokratisch gewählten Regierung unter Christian Stock.[13] In den ersten Nachkriegsmonaten war die Entnazifizierung noch geprägt von einem uneinheitlichen und unkoordinierten Vorgehen der Besatzungsmacht.[14] Die Direktive vom 7. Juli 1945 und das sogenannte Gesetz Nr. 8 der amerikanischen Militärregierung vom 26. September 1945 führten zu Entlassungen aller Parteimitglieder, die vor dem 1. Mai 1937 der NSDAP beigetreten waren, unterschieden aber nicht zwischen »aktiven« und »nominellen« Nationalsozialisten, wie es die deutschen Landesregierungen und andere Besatzungsmächte befürworteten. Zudem hatten die massenhaften Entlassungen schwerwiegende Folgen für den öffentlichen Dienst und die Funktionsfähigkeit der Behörden und der Wirtschaftsunternehmen in Hessen.[15]

Das Gesetz zur Befreiung von Nationalsozialismus und Militarismus, das am 5. März 1946 vom Länderrat der amerikanischen Zone verabschiedet wurde, bezog die Deutschen nun in die Verfahrensabwicklung mit ein, trug aber weiter die Handschrift der amerikanischen Militärregierung und führte die starren Kategorien (Hauptschuldige, Belastete, Minderbelastete, Mitläufer und Entlastete) fort. Vor allem bei der Entnazifizierung des Gesundheitswesens musste eine Balance gefunden werden zwischen Entlassungen von belasteten Ärzten einerseits und Aufrechterhaltung der Gesundheitsversorgung andererseits.[16] Die »Verschiebung« von belasteten Ärzten aus dem öffentlichen Gesundheitswesen in die »freie Praxis« kombinierte schließlich das politische Ziel der Entnazifizierung mit der pragmatischen Notwendigkeit, eine medizinische Grundversorgung sicherzustellen.[17] Bis zum Frühjahr 1948 wollte die amerikanische Militärregierung die Entnazifizierung beendet sehen, was die deutschen Spruchkammern unter hohen Zeitdruck setzte. Es galt nicht nur, Verfahren gegen führende NS-Funktionäre zu führen, sondern auch Verfahren gegen einfache Mitglieder einzuleiten, die bisher Beschäftigungsverbot hatten und wieder gebraucht wurden, sowie die über zwei Millionen Nichtbetroffenenbescheide auszustellen, die die entsprechenden Personen zur Vorlage bei Behörden und Arbeitgebern benötigten.[18]

Zu diesen Personen gehörte auch Maria Daelen. Den Fragebogen mit 131 Fragen, der seit der Direktive vom 7. Juli 1945 zur Ermittlung der individuellen Belastung der Deutschen diente, hatte sie im März 1946 ausgefüllt. Als das »Gesetz zur Befreiung von Nationalsozialismus und Militarismus« in Kraft trat, füllte Maria im April den aufgrund des neuen Gesetzes veranlassten Meldebogen erneut aus. Auch hier gab sie an, kein Mitglied der NSDAP gewesen zu sein. In der Spalte zum NS-Ärztebund schrieb sie die Anmerkung »1938 eingetreten in Bund Deutscher Ärzte«.[19] Sie merkte hier auch an, dass sie »von der Mil.-Regierung als Angestellte des Innenministeriums – Medizinalabteilung – genehmigt« worden sei.[20] Am 10. August 1946 erfolgte dann der Bescheid der Spruchkammer Wiesbaden, demzufolge Maria aufgrund ihrer Angaben im Meldebogen »von dem Gesetz zur Befreiung von Nationalsozialismus und Militarismus vom 5.3.46 nicht betroffen« sei.[21]

Weniger reibungslos ging es bei Marias Vorgesetztem Wilhelm von Drigalski. Ihm wurde vorgeworfen, als Leiter der Medizinalabteilung stark NS-belastete Mediziner wie Gerhard Rose, Walter Schnell und Otmar von Verschuer in Hessen in die Ämter zu heben.[22] Seine neue Mitarbeiterin Maria Daelen bemühte sich neben anderen Fürsprechern um seine Entlastung. Sie bat ihre Mutter, ein Empfehlungsschreiben für

Drigalski zu verfassen. Als ehemalige Reichstagsabgeordnete der Deutschen Volkspartei hatte ihre Stimme Gewicht. Ihre Mutter telegrafierte sogleich ans Innenministerium.[23]

Im April 1947 wurde Drigalski schließlich von der Spruchkammer Wiesbaden angeklagt. Die Personalabteilung des Innenministeriums, so heißt es in den Spruchkammerakten, habe den Eindruck gewonnen, dass Drigalskis Personalpolitik »politisch belastete Personen in den Staatsapparat hineinpumpe«. Im Innenministerium und auch bei einigen Wiesbadener Ärzten, so die Erklärung weiter, gehe das Wort herum, Drigalski habe »in seiner Abteilung eine Feldherrnhalle aufgezogen«.[24] Die Spruchkammer forderte, Drigalski in die Stufe II (Betroffene) einzureihen. Drigalski versuchte gegen den Leiter der Spruchkammer, Friedrich Mörchen, vorzugehen und sah dahinter ein Intrigenspiel. Mörchen war es dann vermutlich, der Drigalskis Spruchkammerverfahren ins Rollen brachte.

Die amerikanische Militärregierung zeigte im Verfahren ihre »unverkennbar positive Einstellung« gegenüber Drigalski – womöglich auch beeinflusst von Drigalskis gutem persönlichen Verhältnis zu den Public Health Officers der amerikanischen Militärregierung in Hessen.[25] Im Juli 1947 wurde das Spruchkammerverfahren gegen Drigalski eingestellt: Da er kein NSDAP-Mitglied gewesen und aus politischen Gründen von den Nationalsozialisten entlassen worden war, fiel er nicht unter das Befreiungsgesetz.

In der Europäischen Akademie Schlüchtern, die 1948 gegründet wurde, zeigen sich die personellen Verflechtungen besonders deutlich. Ihr Präsident war Ministerpräsident Karl Geiler, der Drigalski ins Innenministerium geholt hatte.[26] Drigalski war Mitglied der Akademie-Sektion »Europäisches Gesundheitswesen«, gemeinsam mit dem Rassenhygieniker Walter Schnell und dem »Euthanasie«-Gutachter Werner Catel. Im Jahr 1949 versuchten sie, sich durch das Bundesministerium des Innern als neuen Bundesgesundheitsrat anerkennen zu lassen. Diese Gesundheitssektion der Akademie sei aber, so der damalige Leiter der Gesundheitsabteilung im Bundesinnenministerium, Franz Redeker,

»sehr bedenklich« und für ein Ministerium »nicht bündnisfähig«.[27] Als 1949 gegen Werner Catel schließlich Vorwürfe von Kollegen bezüglich einer Verstrickung in den NS-Staat laut wurden, setzte sich Drigalski bei Kultusminister Erwin Stein ein, der die Vorwürfe ebenfalls für unzutreffend einordnete, aber leider nichts machen könne, weil das Landespersonalamt hier dazwischenfunke.[28] Drigalski, der sich selbst solchen Anschuldigungen ausgesetzt sah, wolle sich für Catel einsetzen und dafür sorgen, dass dieses »Nest« an Denunzianten »mit allen Mitteln ausgeräuchert« wird. Als Drigalski 1950 starb, verfasste Karl Geiler einen Nachruf, der alle belastenden Momente in der Biografie Drigalskis ausblendete.[29]

In der hessischen Gesundheitspolitik waren medizinische und personelle Fragen anfangs stark ineinander verflochten. Auch Ministerpräsident Karl Geiler erschien zunächst unbelastet, arbeitete aber in Gesundheitsfragen mit dem »Euthanasie«-Beteiligten Walter Schnell und dem Rassenhygieniker Werner Catel zusammen. Gemeinsam waren sie, wie erwähnt, in der Europäischen Akademie Schlüchtern tätig. Von der Medizinalabteilung erhielt Catel 1947 – also als Maria bereits dort tätig war und das Tuberkulosereferat führte – die Leitung der Kindertuberkuloseheilstätte Mammelshöhe bei Kronberg im Taunus übertragen.[30] Hier probierte er an den Kindern ohne Einwilligung der Eltern das Tuberkulosepräparat TB I 698 aus, von dem bekannt war, dass es Kinder deutlich schlechter vertrugen als Erwachsene. Drei Kinder kamen bei der Therapie ums Leben. Nachdem Catels Oberärztin Dr. Santo interveniert und weitere Sterbefälle verhindert hatte, informierte ihr Ehemann Erwin Santo, ebenfalls Mediziner, die Ärztekammer Frankfurt am Main sowie die Medizinalabteilung im Innenministerium.[31] Franz Volhard, Direktor der Medizinischen Universitätsklinik Frankfurt und mit Catel bekannt, schrieb daraufhin ein Gutachten, das den Beschwerdeführer abqualifizierte und eine gerichtliche Untersuchung für nicht notwendig erklärte.[32] Für die Frankfurter Ärztekammer und die Medizinalabteilung des hessischen Innenministeriums war der Fall mit diesem Gutachten Ende des Jahres 1947 abgeschlossen.[33]

86

Inwieweit Maria Daelen in diesen Vorfall involviert war, kann nicht sicher gesagt werden. Sie war mit Werner Catel und auch mit Franz Volhard gut bekannt.[34] Eine Untersuchung des Falls und die Auseinandersetzung mit den dabei berührten allgemeinen Fragen ärztlicher Ethik wäre – auch angesichts des kurz zuvor gelaufenen Nürnberger Ärzteprozesses – angezeigt gewesen. Die personellen und fachlichen Verflechtungen und die gegenseitige Unterstützung verhinderten neben anderen Faktoren jedoch, dass die Medizinalabteilung entsprechend handelte. So bewahrheitete sich der Ausspruch von Werner Catel, den er nach Auskunft von Erwin Santo gegenüber seiner Frau geäußert haben soll: »Beschweren Sie sich nur, ich habe die ganze Regierung hinter mir.«[35]

Nach Auflösung aller NS-Organisationen wie auch der Reichsärztekammer durch die amerikanische Besatzungsmacht begann der Neuaufbau der ärztlichen Standesorganisationen. Die Ärzteschaft befürchtete, Drigalski könne versuchen, die Ärztekammer der Medizinalabteilung unterzuordnen, daher reorganisierten sich die hessischen Ärzte schließlich von der lokalen Bezirkskammerebene her.[36] Die amerikanische Militärregierung setzte als Präsidenten Paul Hofmann ein, einen verfolgten jüdischen Arzt. Seine Vorstellung einer großhessischen »Ärzteschaft« statt Ärztekammer scheiterte jedoch an der Ministerialbürokratie und seinen Standeskollegen. Bis heute ist Paul Hofmann in der Erinnerungsgeschichte der Landesärztekammer Hessen kaum vorhanden.[37]

Die Medizinalabteilung Groß-Hessens und die vier Ärztekammern forderten bereits 1946 ein neues Publikationsorgan für die Ärzteschaft in Hessen. Nach zähen Verhandlungen mit der amerikanischen Militärregierung erschien das neue *Hessische Ärzteblatt* zum 1. Januar 1949. Forscher nutzten es als Publikationsorgan, unter ihnen waren jedoch auch NS-belastete Mediziner. So publizierte Hugo Spatz, der im Nationalsozialismus an Menschenversuchen in den Konzentrationslagern beteiligt war, im neuen *Ärzteblatt*.[38] Auch sogenannten Spätheimkehrern bot das *Ärzteblatt* eine Plattform, ohne den Grund ihrer längeren Gefangenschaft zu hinterfragen. Demgegenüber erhielten aus dem Exil zurückkehrende Ärzte, NS-Opfer oder jüdische Ärzte kaum Beachtung. Wie in vielen anderen Ländern gingen auch in Hessen Mediziner, die vor 1945 in NS-Verbrechen verstrickt gewesen waren, wieder ihren Forschungen nach und bekamen auf Tagungen und Kongressen oder in Zeitschriften wie dem *Hessischen Ärzteblatt* wieder »eine Bühne geboten«.[39]

Maria Daelen stand mit solchen Personen in Kontakt, zum Beispiel mit Werner Catel, mit dem sie 1948 TBC-Impfungen durchführte. Maria war seit ihrem Eintritt in das hessische Innenministerium im März 1946 für die Themen Ernährungsfürsorge, Mütterberatung, Säuglingsfürsorge, Krüppelfürsorge und Schulkinder sowie seit Oktober 1947 für das Referat »Tuberkulosefürsorge« zuständig.[40] Bereits in der ersten Besatzungsphase zwischen 1945 und 1947 waren vor allem die Bereiche der lokalen Gesundheitsfürsorge wiederaufgebaut worden, hier vor allem die Sicherung bei der Tuberkulosefürsorge.[41] In dieser Phase lief die deutsch-amerikanische Kooperation überraschend gut, da die gemeinsame Seuchenbekämpfung einen »starken Integrationspunkt« bot für deutsche Amtsärzte und amerikanische »medical officers«. Der Gesamterfolg der amerikanischen Besatzung war eng mit der Gesundheitspolitik im ersten Besatzungsjahr verknüpft.[42]

Bis zu den Landtagswahlen vom Januar 1947 hing die Gesundheitsabteilung des hessischen Innenministeriums von der amerikanischen Ländermilitärregierung als letztverantwortlicher Entscheidungsinstanz ab. In der nachfolgenden Zeit arbeiteten deutsche und amerikanische Stellen weiterhin eng zusammen. Ab Oktober 1947 übernahm Maria Daelen das Referat »Tuberkulosefürsorge«. Ihre ersten Planungen sahen vor, dass jeder Landkreis eine provisorische Tuberkulosekaserne einrichten sollte, in der jeweils ca. 100 Fälle aufgenommen werden konnten.[43] Das war den Amerikanern zu umständlich. Sie befürworteten eine pragmatischere Vorgehensweise, damit die Bekämpfung so gut und so schnell wie möglich erledigt werden könne. Maria Daelen passte ihre Planungen an. Nur wenige Monate später, am 19. Januar 1948, begann die Tuberkuloseschutzimpfung in Frankfurt, die sie mit Werner Catel durchführte. Auf der 1. Nachkriegstagung der Deutschen Tuberkulosegesellschaft im Oktober desselben Jahres stellten beide die hessischen Impfungen ausführlich vor.[44] Für die Landesbildstelle Hessen übernahm Maria die Regie für einen Dokumentarfilm über die Tuberkulose. »Achtung TB!« sollte in fünfzehn Minuten über die Gefahren der Krankheit und die Impfmöglichkeiten aufklären.[45]

Große Seuchen waren bereits in den ersten Nachkriegsmonaten überraschenderweise ausgeblieben. Selbst die Tuberkulose konnte in den folgenden Jahren erfolgreich eingedämmt werden. Für die amerikanischen Besatzungsoffiziere war dies das Ergebnis der guten Arbeit der Gesundheitsbehörden.[46] Die Tuberkulosefürsorge war dabei ein besonderer Kristallisationspunkt. Nach Dagmar Ellerbrock fanden drei zentrale Entwicklungen der Nachkriegsjahre in ihr zusammen: die erfolgreiche deutsch-amerikanische Kooperation, die internationale Reintegration der Deutschen und ein neues deutsches Demokratieverständnis.[47]

Transatlantische Anfänge

Nach den entbehrungsreichen Nachkriegsjahren ging es endlich wieder bergauf. In Maria Daelens Gesichtsausdruck mag man diesen zuversichtlichen Blick in die Zukunft erkennen. Freundlich und erwartungsvoll blickt sie jemanden außerhalb des Bildes an, ihr offenes Lachen begleitet das Gespräch. Maria hat sich zurechtgemacht: Am Hals trägt sie ein sorgsam gefaltetes weißes Tuch, eine silberne Brosche hat sie auf ihr Jackett gesteckt. Sie sitzt auf einem aufwendig geschnitzten Holzstuhl aus dem Historismus, wie man ihn nur aus Schlössern und reich geschmückten Gutshäusern kennt. Im Hintergrund lassen sich die Umrisse eines Kamins, einer Uhr auf dem Sims und eines breiten Sessels erkennen. In welcher Situation sich Maria hier befindet, ist leider nicht bekannt. Vielleicht hält sie sich bei ihren adeligen Freunden auf, zu denen sie weiterhin Kontakt hatte. Vielleicht handelt es sich aber auch um einen Besuch im Rahmen ihrer neuen beruflichen Tätigkeit, vielleicht sogar in Frankreich oder in der Schweiz.

In den ersten Nachkriegsjahren war es nur wenigen Menschen möglich, das Land zu verlassen. Die Besatzungsmächte kontrollierten den Reiseverkehr. Marias Orientierung hinaus in die Welt zeigte sich jedoch gleich in den ersten Jahren nach Kriegsende. 1947 machte sie erste Flugreisen, unter anderem nach Genf und Rom. Die Belastung schien ihr nicht viel auszumachen. Noch mit 75 Jahren flog Maria nach New York und freute sich über die neue große Beinfreiheit in der Lufthansa-Maschine für ihre langen Beine. Das internationale Flair des Fliegens schien Maria anzuziehen.[1]

Ihre erste transatlantische Reise ging 1948 in die USA. Verbindungen zur amerikanischen Militärregierung hatte Maria Daelen bereits 1945 in Garmisch-Partenkirchen geknüpft, als sie die ärztliche Versorgung im Internierungslager sicherstellte. Und auch im hessischen Innenministerium blieb der Kontakt zur amerikanischen Militärregierung zwangsläufig bestehen. Von 1946 bis 1949 vertrat sie das Land Hessen im Gesundheitsausschuss des Süddeutschen Länderrates der US-Zone in Stuttgart.[2] 1948 wurde Maria Daelen ausgesucht, am Cultural-exchange-Programm, einer dreimonatigen Studienreise in die USA, teilzunehmen. Nachdem die formale Demokratisierung in den amerikanischen Besatzungszonen abgeschlossen war, ging es nun darum, die demokratischen Strukturen mit Inhalt zu füllen.[3] So reisten, finanziert von der Rockefeller Foundation, amerikanische Experten nach Deutschland, um Vorträge zu halten und deutsche Kollegen über die neuesten Entwicklungen in der Medizin zu berichten, während ausgewählte deutsche Ärzte, oftmals mithilfe privater amerikanischer Organisationen, in die USA reisen sollten.[4] Bei dieser Studienreise ging es nicht nur um eine fachliche Fortbildung der deutschen Ärzte, sondern vor allem auch um das Ziel der Demokratisierung.

Die Kandidaten ergaben sich oft aus dem komplexen Kommunikationsnetz zwischen amerikanischen und deutschen Stellen wie den Vertretern der Ministerien und Behörden der Länder im Landeskomitee.[5] Maria entsprach den Auswahlkriterien sehr gut, sie war jung, hatte sehr gute Fachkenntnisse und einen entlastenden Spruchkammerbescheid. Sie wollte – auch das eine Bedingung für die Teilnahme – nach dem USA-Aufenthalt wieder nach Deutschland zurückkehren. Zudem sei Maria Daelen, wie ihr Vorgesetzter Drigalski formulierte, »politisch völlig unbelastet und eine Persönlichkeit, für die die Landes Militär-Regierung besonders bemüht sein wollte«.[6] »Solche Voraussetzungen«, fährt er fort, »werden wir kaum wieder bei einem anderen Bewerber finden.« Nach Drigalskis Meinung sei das deutsche Gesundheitswesen »dringend darauf angewiesen«, »vom Ausland zu lernen«. Besonders auf dem Feld der Tuberkulosebekämpfung, die Maria verantwortete, wisse man nichts von den neuesten Erkenntnissen im Ausland. Die Studienreise sei ein Auftrag, bei »dem sich die Aufwendungen tatsächlich einmal um ein sehr Vielfaches rentieren werden.«

Am 16. November 1948 flog Maria Daelen – wieder einmal als einzige Frau – mit sechs Ärzten, Amtsärzten und einem Verbindungsarzt der

Militärregierung in einem viermotorigen Armeeflugzeug von Frankfurt nach Paris, über die Azoren, Neufundland nach Westover, dem Einwanderungshafen der Vereinigten Staaten, und anschließend weiter nach Washington.[7] Die Gruppe reiste von dort weiter durch die USA über Boston, New York, Baltimore und Atlanta, besuchte staatliche Gesundheitsstellen, Krankenhäuser und Universitäten.[8] Maria beeindruckte die Zusammenarbeit von Medizinalbeamten und der Ärzteschaft in den USA, sie sei dort »selbstverständlich und fruchtbar«. Die Gesundheitsbeamten, so Maria weiter, würden »niemals ein Gesetz oder einen wesentlichen Erlaß herausgeben, ohne die freie Ärzteschaft zu befragen«.[9] Auch der weitreichende Gebrauch von statistischen Erhebungen durch die amerikanischen Gesundheitsbehörden beeindruckte Maria.[10] Für die präventive Gesundheitspolitik erschienen ihr diese Instrumentarien von großer Bedeutung. Dass ihre Einschätzung richtig war, zeigte sich in den 1960er Jahren, als sich in der Bundesrepublik die Sozialmedizin durchsetzte und dabei die Nutzung moderner statistischer Instrumentarien, wie sie die US-amerikanischen Gesundheitsbehörden seit Langem anwendeten, zu einem Grundpfeiler wurde.[11]

Auf der Reise sollten sich die deutschen Mediziner auch über das amerikanische Public-Health-System informieren. In der Harvard School of Public Health nahmen sie zwei Wochen lang am regulären Unterricht teil, um danach weitere zehn Wochen in anderen Public-Health-Einrichtungen zu verbringen.[12] Hintergrund hierfür waren Bestrebungen der amerikanischen Militärregierung, nach Sicherung der Gesundheitsversorgung in den ersten Nachkriegsjahren institutionelle Reformen im deutschen Gesundheitswesen anzustoßen. Die öffentlichen Gesundheitsdienste in den beiden Ländern waren jedoch sehr unterschiedlich geprägt, bedingt unter anderem durch separate Entwicklungen in der Weimarer Zeit und im nationalsozialistischen Gesundheitssystem, und die Implementierung des amerikanischen Public-Health-Systems in das deutsche Gesundheitssystem war nur schwer möglich. Hinzu kam der föderale Staatsaufbau, der von der amerikanischen Militärregierung gefördert wurde, einen zentral organisierten Public-Health-Sektor jedoch behinderte. Der Kulturtransfer zwischen Amerikanern und Deutschen in diesen Jahren ist gleichwohl nicht zu unterschätzen, wie man auch an den Studienreisen sehen kann. Er »brachte eigene Traditionslinien zurück«, wie Ellerbrock formuliert, »akzentuierte fremde Vorstellungen um, entwickelte Kombinationsmodelle«. Dies führte schließlich »zu einem gemeinsamen Bestand politisch relevanter Deutungsmuster«, die »in beiden Kulturen Anschlussmöglichkeiten besaßen und besitzen«.[13]

Maria Daelen war vom Austausch beeindruckt und förderte die Weiterbildung von Ärzten in den USA noch viele Jahre weiter.[14] Der Kontakt zu Kollegen und Freunden vom Fach wie aus dem gesellschaftlichen Leben blieb noch länger bestehen. Sie begegnete dem deutsch-amerikanischen Bankier und Förderer der deutsch-amerikanischen Beziehungen Eric M. Warburg und der Ärztin und Anästhesistin Jean Emily Henley in New York.[15] Maria war während des Aufenthaltes dort erkrankt und musste in einem Krankenhaus stationär behandelt werden.[16] Hier lernte sie Henley kennen und berichtete ihr von den veralteten Narkosetechniken in Deutschland. Beide verband nicht nur der Beruf, sondern auch das musische Interesse: Henley hatte Anfang der 1930er Jahre Bildhauerei in Paris studiert und ein Künstlerdasein gelebt, von dem Maria von Kind auf geträumt hatte.[17]

Maria bat Henley, nach Deutschland zu kommen und dort in ihrem Fach zu arbeiten.[18] Im Mai 1949 traf Henley mit einem auf zehn Tage befristeten Visum der amerikanischen Botschaft in Bern bei Maria in Wiesbaden ein.[19] Sie war in der Gießener Universitätsklinik tätig und verlängerte immer wieder ihr Visum, was die Amerikaner aufmerksam werden ließ. Schließlich beauftragten sie Henley, als »Consultant in Anesthesia« weiter in der amerikanischen Besatzungszone zu arbeiten und deutsche Ärzte in modernen Narkosetechniken zu unterweisen.[20] Aus ursprünglich zehn Tagen wurden mehrere Monate. Als Maria im November 1950 an einer Lungenentzündung erkrankte, war es Jean Henley, die sie wieder gesund pflegte.[21]

Die beiden erfolgreichen Frauen stehen nicht nur exemplarisch für den engen deutsch-amerikanischen Austausch im medizinischen Bereich.[22] Ihr Beispiel zeigt auch, wie sich Maria Daelen an Vorbildern für die berufstätige und »moderne« Frau in den USA orientierte. Frauen in Medizinberufen waren in den vorangegangenen Jahrzehnten auch in den USA nicht selbstverständlich.[23] Die Harvard Medical School hatte sich lange Zeit dagegen gewehrt, Frauen auszubilden.[24] Und am Peter Bent Brigham Hospital in Boston war Henley noch 1942 eine von wenigen Ärztinnen. Maria Daelen und Jean Henley waren als Frauen im männerdominierten Arztberuf ähnliche Wege gegangen und fühlten sich von daher verbunden. Die nun voranschreitende Emanzipation der amerikanischen Frauen nahmen viele deutsche Teilnehmerinnen der Austauschprogramme positiv auf und brachten neue Anregungen und Netzwerke nach Hause mit, während die Männer das neue Rollenverständnis eher ablehnten.[25]

Mitte der 1990er Jahre konzipierte der Historiker Anselm Doering-Manteuffel das Deutungsmuster der »Westernisierung«, um die wechselseitige Beeinflussung zwischen Europa und den USA bis hin zur Einbindung der Bundesrepublik und anderer europäischer Staaten in einen einheitlichen Wertekontext zu erklären.[26] Zwar hätten auch deutsche Traditionen aus der Zeit vor 1933 die Nachkriegszeit geprägt, so Doering-Manteuffel, dennoch habe man sich »ideologisch stark am übermächtigen Vorbild der USA« orientiert.[27] In Marias engen Kontakten zu US-Amerikanern bereits direkt nach Kriegsende, in ihrem intensiven Austausch mit erfolgreichen US-amerikanischen Frauen sowie in ihrer Funktion als Trägerin eines medizinischen Wissenstransfers zwischen den beiden Ländern lassen sich Aspekte dieser »Westernisierung« erkennen. Maria war Teil eines transatlantischen Netzwerkes geworden, das neben den formellen fachlichen Kontakten die deutsch-amerikanischen Beziehungen der Nachkriegszeit auch auf informeller Ebene prägte.[28]

Wieder zurück in Deutschland, boten sich Maria interessante Tätigkeiten im hessischen Innenministerium, denen sie mit Leidenschaft nachging. Im November 1950 wurde sie Oberregierungs- und -medizinalrätin und Beamtin auf Lebenszeit.[29] Im Juli 1952 legte sie ihre staatliche Prüfung als Amtsärztin ab.[30] Hinzu kamen zahlreiche Veröffentlichungen, beispielsweise wissenschaftliche Berichte über die Tuberkuloseschutz-impfung.[31] In ihrer Beurteilung hieß es, dass Maria »gewissenhaft und pflichtbewusst« sei und mit »sozialem Empfinden« und »ausgezeich-neten fachärztlichen Kenntnissen« »überdurchschnittliche dienstliche Leistungen« vollbracht habe. Ihrer Mutter schrieb sie Ende 1949, dass die Arbeit ihr Freude mache und es ihr gut gehe. »Gottlob«, so Maria weiter, gehe sie aber nicht »im Bürokratischen unter«.[32] Denn die Beam-tenlaufbahn war für Maria in vielen Momenten nicht eben eine solche Herzensangelegenheit wie ihre Profession als Internistin: »Beamtentum ist eine Angelegenheit, die mir nun einmal nicht liegt und in die ich hin-eingeplumpst bin.«[33]

Nach ihrer Beziehung zu Wilhelm Furtwängler hatte Maria Daelen in den ersten Nachkriegsjahren keinen neuen Partner, pflegte aber ihre persönlichen Verbindungen zu Freunden und Bekannten sorgsam. Sie gab auch finanzielle Unterstützung, zum Beispiel der Schriftstellerin Ma-ria von der Osten-Sacken, die während des Krieges bei Maria in der ärzt-lichen Praxis gelebt hatte.[34] Maria blieb auch nach Kriegsende finanziell abgesichert, nach dem Tod ihres Vaters 1944 war ihr ein großes Erbe zugefallen. Hilfe für andere sah Maria als ihre Pflicht an, materiell wie ganz praktisch. Während ihrer Zeit im UNRRA-Camp Dillingen nutzte sie die Möglichkeit, nach vermissten Personen zu suchen. So fand sie für den befreundeten Komponisten Werner Egk die Sängerin Irina Kladivova, die Egk dringend für die Rolle der Archisposadie in seinem Werk »Abra-xas« benötigte, das am 6. Juni 1948 im Münchner Prinzregententheater uraufgeführt wurde.[35] Für ihre Bekannte Ursula von Dewitz schrieb sie eine eidesstattliche Erklärung, dass sie mit ihr seit vielen Jahren bekannt sei, und bestätigte das umfangreiche Inventar in Schloss Krumbeck und dessen angenommenen Wert.[36] Immer wieder meldeten sich bei Maria auch Bekannte, die einen medizinischen Rat benötigten, unter anderem Margaret von Hessen.[37]

Auch mit ihren Freunden aus der Berliner Zeit pflegte Maria Daelen weiterhin Kontakt. So hielt sie enge Verbindung zur Witwe Gottliebe von Lehndorff und besuchte sie ab und zu in München.[38] Wenn sie in ihr

»geliebtes Berlin« fuhr, besuchte sie unter anderem Margot Lind, ihre Freundin aus der Clique um Annemarie Schwarzenbach. Mit ihr sprach sie dann viel über die gemeinsamen Freunde, auch über Hans Gisevius, wie sie ihm selbst in Briefen berichtete.[39] Eine wichtige Vertraute war die Schauspielerin Käthe Dorsch, die Maria schon seit ihrer Berliner Zeit kannte. Immer wieder kam Käthe Dorsch für mehrere Tage nach Wiesbaden oder lud Maria nach Berlin ein, etwa zu ihrer Premiere in »Chéri« von Colette.[40] Bis in die letzten Tage vor Dorschs Tod 1957 hatten beide Frauen intensiven Briefkontakt.[41] Käthe Dorsch hatte Marias Unglück mit Furtwängler, den sie selbst kannte, mitverfolgt und stand ihr zur Seite. Auch Marias schwierige Beziehung zu ihrer Mutter war immer wieder Gesprächsthema. Käthe Dorsch berichtete viel von ihren Auftritten am Wiener Burgtheater.

Weitere Briefkontakte waren Karl Maria Hettlage oder Hans von Raumer, in der Weimarer Republik Reichsminister für Wirtschaft.[42] 1949 wurde André François-Poncet, mit dem Maria Daelen in Berlin des Öfteren in Kontakt gewesen war, zum Hohen Kommissar der französischen Zone ernannt. Auf ihr Glückwunschschreiben hin lud François-Poncet sie nach Bonn ein.[43] Auch der deutsche Journalist Gösta von Uexküll, der verfolgten Juden bei der Flucht geholfen hatte und deshalb vor der Gestapo nach Schweden geflüchtet war, schrieb Maria regelmäßig und tauschte sich mit ihr über die politischen Verhältnisse aus. Abende mit Maria und ihren Freunden empfand Gösta von Uexküll als »wirkliches Labsal«.[44]

Einer der wichtigsten Weggefährten Maria Daelens war Roland de Margerie. Sie kannten sich seit 1926, hatten die 1930er Jahre in Berlin verbracht und sich während des Krieges oft gesehen, als Roland de Margerie bereits als französisches Botschaftsmitglied in London weilte.[45] Gleich nach Kriegsende nahmen beide wieder Kontakt auf. Margerie war wieder zurück in Paris und trug noch immer ein kleines, blaues Emaille-Kreuz bei sich, das ihm Maria geschenkt hatte und das sie bereits als Kind getragen hatte.[46] Sie waren gegenseitig im Bilde über berufliche Stationen – etwa dass er Botschafter am Heiligen Stuhl und in Madrid wurde oder sie in den Bundesdienst wechselte – und tauschten sich über ihre Erfahrungen in den USA aus.[47] Die politischen Entwicklungen in beiden Ländern und die deutsch-französischen Beziehungen waren oft Gesprächsstoff, aber auch private Dinge. So wusste Maria von Margeries Unzufriedenheit mit seinem Beruf als Diplomat und stand ihm bei, als es in seiner Ehe mit Jenny de Margerie immer schwieriger wurde. Margerie dankte Maria für ihren Beistand, sie sei für ihn »einer der zwei oder drei nahestendsten Menschen«: »Wenn es nicht Dich und die Kinder gäbe, wäre mein Leben wirklich völlig sinnlos geworden.«[48] Häufig besuchten sich Roland de Margerie und Maria Daelen gegenseitig in Bonn, Wiesbaden oder Paris, gelegentlich auch gemeinsam mit Fabian von Schlabrendorff.[49] Die Freundschaft blieb stets sehr eng – »ich umarme dich, Liebling, in alter Liebe«[50] – , fand jedoch kaum Eingang in seine Memoiren. Denn das »Wichtigste in einem Leben«, so Margerie, »bleibt geschwiegen«.[51]

Wichtig für Maria war auch ihre Freundschaft mit Fabian von Schlabrendorff. Die beiden hatten sich in den 1930er Jahren im Kreis um Gottfried von Einem und General Oster kennengelernt. 1939 heiratete Fabian von Schlabrendorff Luitgarde von Bismarck, deren Schwester wiederum mit von Einem verehelicht war. Seit 1950 unterhielten sie eine leidenschaftliche Beziehung, die einige Jahre andauern sollte. In einem langen Brief schilderte Schlabrendorff seiner »heissgeliebten Lingo« seine Gefühle. Er empfinde vor allem drei Dinge für sie, nämlich Bewunderung, Dankbarkeit und Liebe.[52] Man müsse Maria einfach bewundern, weil sie »so schön, so geistreich, so aufgeschlossen, so grosszügig und so kameradschaftlich« sei. Zudem besitze sie eine wirkliche Güte, sodass man sich im Umgang mit ihr »so reich und so dankbar« fühle. Er liebe sie wegen ihres Herzens, erklärte Schlabrendorff: »Und dieses Herz ist auch mit Eigenschaften erfüllt, die des Geistigen entraten und die den Dingen dieser Welt verhaftet sind. Ich denke an Deine Freude am Alkohol, an Deiner Lust an der Orgie in jedem Bereich, an Dein Behagen, zu scherzen und zu spielen, an Deinen Genuss am Leben, kurz gesagt: an das Epikuräische in Dir.« Zahlreiche Briefe zeugen von einer sehr intensiven und leidenschaftlichen, aber auch rastlosen und unruhigen Beziehung, die

Mitte der 1950er Jahre endete. Schlabrendorff blieb aber bis zuletzt ihr Freund und juristischer Berater.[53]

So blieb ihr Dasein als »alleinstehende« Frau kennzeichnend für Maria Daelens Privatleben bis zur Heirat mit Ludwig Strecker 1967. In den 1950er Jahren war es vor allem die sogenannte Normalfamilie, in der die Ehefrau Kinder gebar, nicht erwerbstätig war und ihr Gatte als Ernährer und Autorität fungierte, die gesellschaftlich anerkannt war und staatlich gefördert wurde.[54] Dabei war 1950 von den 17,7 Millionen volljährigen Frauen (ab 21 Jahren) in der Bundesrepublik ein Drittel unverheiratet, unter diesen rund 3,4 Millionen ledig.[55] Maria Daelens Lebenskonzept war also keine Ausnahme, verstieß aber gegen das vorherrschende Primat der Ehe. Ihre finanzielle wie persönliche Eigenständigkeit und Unabhängigkeit schien diese nicht konforme Lebensart jedoch zu überstrahlen. Jedenfalls liegen keine Äußerungen Marias vor, denen zufolge sie mit den gesellschaftlichen Normen in Konflikt geraten war, im Gegenteil. Als sie erwog, Ludwig Strecker zu heiraten, reagierte Roland de Margerie – wohl auch aus Eifersucht – entsetzt: »Um Gottes willen, heirate nicht!« Es sei nur im Fall wirklicher Liebe der Mühe wert, so Margerie, ansonsten würde sie zu viel aufgeben: »Du bist einer der wenigen Menschen, die wirklich unabhängig sind.«[56]

Marias Familie war Ende des Zweiten Weltkriegs in alle Winde verstreut. Ihren Vater Felix Daelen hatte sie im Oktober 1944 verloren. Da ihr Bruder Vital mit den eigenen Geschäften der Albert-Werke beschäftigt war und ihre Schwester Katja in der Schweiz weilte, waren es Maria und ihr Bruder Paul Felix, die nach 1945 die Familie Daelen vertraten und sich um die Glyco-Werke des Vaters kümmern konnten.[57]

In dieser Zeit beschäftigte auch die Entnazifizierung Marias große Familie. Ihr Bruder Vital Daelen, der als überzeugtes NSDAP-Mitglied dem System gedient hatte und die Albert-Werke führte, war an seinem Wohnort Klingenberg-Trennfurt interniert worden. Die Anschuldigungen gegen ihn empfand er als ungerecht, habe er mit dem Beitritt zur Bewegung doch nur »etwas Gutes« tun wollen und gehöre daher »zu dem Teil der Bevölkerung, der am meisten betrogen worden« sei.[58] Seine

Mutter Katharina, mit der er seit dem Streit um die Albert-Werke ein schwieriges Verhältnis hatte, sah das anders und unterstützte ihn nicht bei seiner Entnazifizierung. In Marias Augen erschwerte sie die Entlastung Vitals sogar und warf ihr deshalb vor, sie sei »unmenschlich« und »unmütterlich«.[59] Sie distanzierte sich für einige Zeit von ihrer Mutter.

Als sich Maria Daelen in Wiesbaden niedergelassen hatte und das Leben wieder in geordneten Bahnen verlief, hatte sie auch persönlichen Kontakt mit ihrer Schwester Katja, die aus der Schweiz anreiste und ihre Geschwister besuchte.[60] Zu ihrer Halbschwester Elisabeth dagegen blieb Maria weiterhin auf Distanz – dass Wilhelm Furtwängler sie, Maria, für Elisabeth verlassen hatte, war noch immer allzu präsent. Elisabeth und Wilhelm Furtwängler sprachen ihrerseits vor Dritten kaum über Maria.[61] Als Maria hörte, dass ihre Mutter einmal wieder von Schwiegersohn Furtwängler in die Schweiz eingeladen wurde, reagierte sie spitz: Sie freue sich, dass sie eine »schöne Zeit« mit ihrem »verflossenen Furtwängler« gehabt habe.[62] Der Schmerz acht Jahre zuvor saß immer noch tief. Bei ihren Fahrten in die Schweiz, während derer sie Katja besuchte, sah sie Elisabeth dann auch nur einmal kurz »mit Strohhut u. blonden Locken […] im Auto vorbeiziehen«.[63]

Gesundheitspolitikerin in Bonn

Es ist ein Beamtenzimmer, wie man es erwartet: nüchterner Schreibtisch, schlichte Formen, Papier in Stapeln. Kunstdrucke an den Wänden, pflegeleichte Pflanzen auf dem Fensterbrett, eine zierliche Vase auf dem Tisch versuchen das Ambiente aufzuheitern, vergeblich. Ordnung, Hierarchie und Schriftlichkeit prägen die bundesrepublikanische Verwaltungskultur. Eines ist dennoch besonders auf diesem Bild: Es ist kein Beamter, sondern eine Beamtin, die der Mitarbeiterin diktiert.

Die Frauen befinden sich in Maria Daelens Büro im Bundesgesundheitsministerium. Nach sieben Jahren Aufbau des Gesundheitswesens in Hessen hatte es Maria in die Bundespolitik gezogen, zunächst ins Innenministerium, dann ins Gesundheitsministerium. Verlockende Angebote zuvor hatte sie ausgeschlagen: So hatte Prof. Dr. Ernst Wilhelm Meyer, deutscher Botschafter in Indien, Maria Daelen die Referentenstelle für Kultur- und Gesundheitsfragen bei der Mission in Neu-Delhi angeboten. Maria war zunächst begeistert gewesen, bot es doch die Chance, an etwas Großem und Bedeutsamem mitzuwirken. Das Ausland hatte die Reisende und Rastlose immer schon interessiert. Dennoch lehnte Maria ab, weil sie die Arbeit in Deutschland vorziehe.[1]

1953 wurde das Bundesinnenministerium auf sie aufmerksam. Der stellvertretende Leiter der dortigen Gesundheitsabteilung und Leiter des Referats IV 1 »Allgemeine Angelegenheiten des Gesundheitswesens«, Friedrich Koch, kannte sie bereits aus Hessen, wo er als Medizinalreferent im Regierungspräsidium Darmstadt tätig gewesen war. Er schlug vor, Maria Daelen nach Bonn zu holen.[2] Sie bewarb sich und begann Ende Juli 1953 unter seiner Leitung ihre Arbeit als Hilfsreferentin. In Bonn suchte sie sich eine Wohnung. Ihre erste Adresse in der Ittendorfer Allee war sehr gut gelegen und vor allem für Autofahrer wie Maria gut erreichbar. Ein Jahr später zog sie in die amerikanische Siedlung an der Europastraße. Aufgrund ihrer guten Beziehungen zu den Amerikanern konnte sie in eines der schicken und großzügigen amerikanischen Häuser ziehen, die eigentlich nur für Mitarbeiter der US-Botschaft vorgesehen waren.[3]

Im Bundesinnenministerium arbeiteten damals nur wenige Frauen. Bis in die späten 1960er Jahre hinein war Maria Daelen dort eine von nur neun Frauen in Leitungsposition, was weniger als drei Prozent der Gesamtzahl an Leitungspositionen entsprach.[4] Die Arbeit auf Bundesebene sei zwar interessant, schrieb Maria ihrer Freundin Lexi im Februar 1954.[5] Sie sei aber gleichzeitig »bürokratischer, korrekter, fantasieloser, engherziger« und umgebe sich mit »dem Schein einer jeden größeren Behörde eines größeren Landes«. »Aber der Schein«, so fuhr sie fort, »ist ja auch nicht immer nur von Pappe, sondern er scheint ja auch wirklich breiter, d. h., strahlt auf die Arbeit aus und hat einen größeren Radius«.

Leiter der Abteilung Gesundheitswesen war zum Zeitpunkt von Maria Daelens Eintritt Franz Redeker, der 1954 die Leitung an Otto Buurman übergab. Beide waren Vertreter der Wiederaufbaugeneration, die das Bundesinnenministerium in den 1950er Jahren stark prägte.[6] Sie bewegten sich zwischen Aufbruchsstimmung und neuer Gestaltung einerseits und Sicherung von Altbewährtem andererseits. Mit Behördenarbeit war Maria Daelen bereits durch ihre Tätigkeit im hessischen Innenministerium vertraut. Im Bundesinnenministerium traf sie nun auf Kollegen, deren Vergangenheit zum Teil deutlich NS-belastet war.[7] Da war Abteilungsleiter Otto Buurman, der während des NS-Regimes als HJ-Arzt tätig gewesen war und 1941 die Leitung der Gesundheitsverwaltung im Generalgouvernement in Krakau übernommen hatte.[8] Im gleichen Jahr hielt Buurman auf der Arbeitstagung der Gesundheitsverwaltung des Generalgouvernements in Bad Krynica einen Vortrag über Fleckfieber. Die Teilnehmer der Konferenz, darunter zahlreiche Angehörige der Medizinalverwaltung des Generalgouvernements sowie Ärzte der Wehrmacht, SS und Polizei, besprachen dort unter anderem Maßnahmen zur Seuchenbekämpfung – ein Punkt, der bekanntlich eng mit dem Übergang von der Gettoisierung von Juden zu deren Vernichtung verbunden war.

Wie Buurman und fünf weitere Kollegen Marias war auch Wilhelm Hagen im Generalgouvernement tätig gewesen. Er hatte das Warschauer Gesundheitsamt geleitet und die seuchenpolizeiliche Empfehlung zur Einrichtung des Warschauer Gettos gegeben. Nun leitete er das Referat Gesundheitsfürsorge. Der Leiter des Referats Rechtsangelegenheiten im Gesundheitswesen – und als Unterabteilungsleiter unmittelbarer Vorgesetzter von Maria Daelen – Fritz Bernhardt hatte vor seiner Tätigkeit im Bundesinnenministerium als NSDAP-Mitglied und Militärverwaltungs-Oberrat in der Oberfeldkommandantur Gent im besetzten Belgien gearbeitet und war somit an Verfolgungsmaßnahmen gegen die jüdische Bevölkerung Belgiens beteiligt.[9] Zu vermuten ist, dass sich aus diesen früheren Tätigkeiten in den besetzten Gebieten vor 1945 wichtige Erfahrungsgemeinschaften ergeben hatten, die nun bei der Arbeit im Bundesinnenministerium verbanden.

Maria Daelens direkter Vorgesetzter ab 1957 war Abteilungsleiter Josef Stralau.[10] Er war nur wenige Jahre jünger als Maria und hatte wie sie Medizin studiert. Dem Nationalsozialismus stand er zugewandt gegenüber, 1935 trat er in die SA und 1937 in die NSDAP ein. Ein Jahr später wurde er in Oberhausen zum Amtsarzt ernannt und diente im Zweiten Weltkrieg als Truppenarzt an der West- und Ostfront sowie bei der Luftwaffe in den besetzten Gebieten. Nach Stationen unter anderem als Sozialdezernent der Stadt Köln wurde Stralau als Nachfolger von Abteilungsleiter Otto Buurman ins Bundesinnenministerium geholt.

Über seine Tätigkeit im Nationalsozialismus wurde wenig gesprochen – überhaupt, so die Erinnerung von Wilhelm Mensing, damals persönlicher Referent des Staatssekretärs, tauschte man sich untereinander wenig über die Vergangenheiten der Kollegen aus.[11] So wurde auch Stralaus Tätigkeit als Amtsarzt in Oberhausen nicht thematisiert, wegen der noch im Jahr 1989 ein Verfahren gegen ihn lief. Er wurde beschuldigt, in seiner Funktion als stellvertretender Amtsarzt an der Tötung von mindestens sieben Kindern und Jugendlichen im Alter von drei bis 17 Jahren in der Heil- und Pflegeanstalt Vinzenzhaus beteiligt gewesen zu sein. Das Verfahren gegen ihn wurde eingestellt.[12] Seine Prägung zeigte sich auch in der Personalsituation der Abteilung. Während seiner Tätigkeit als Leiter stieg der bis dahin konstante Anteil ehemaliger NSDAP-Mitglieder von etwa 30 Prozent auf 50 Prozent.[13]

Maria Daelen kam nicht aus diesen Erfahrungsgemeinschaften, sondern hatte als Ärztin in Krankenhäusern gearbeitet. Anders als ihre Kollegen hatte sie das nationalsozialistische Regime abgelehnt und dem Widerstand nahegestanden. Sie hatte ihre Möglichkeiten genutzt, um Widerstandskämpfer des 20. Juli zu unterstützen. In der Gesundheitsabteilung war sie die Einzige mit einer solchen Widerstandserfahrung. Und nach 1933 verdrängte oder zur Emigration gezwungene Ärzte gab es im Bundesinnenministerium nicht.[14] Marias Haltung zu dieser Situation in der Behörde war jedoch – wie schon im hessischen Innenministerium – eher pragmatisch.

Als Hilfsreferentin blieb Maria Daelen erst einmal im Hintergrund. In nur wenigen sachpolitischen Vorgängen zeichnete sie verantwortlich mit ihrem Namen. Als das Thema Internationales Gesundheitswesen, das bislang im Referat IV 1 behandelt worden war, ein eigenständiges Referat erhalten sollte, sah Maria ihre Chance gekommen. Sie bewarb sich um die leitende Position, die anfangs kommissarisch Friedrich Koch innehatte, erhielt im Juli 1955 die Leitung des Referats übertragen und wurde zur Regierungsmedizinaldirektorin ernannt.[15]

Marias Referat war die Verbindungsstelle für die internationalen Organisationen wie WHO, WEU und Europarat im Bundesinnenministerium bzw. ab 1962 im Bundesgesundheitsministerium und koordinierte alle Vorgänge rund um das internationale Gesundheitswesen. Diese Vorgänge betrafen das gesamte Gebiet des Gesundheitswesens, sodass Marias Referat eine Parallele zur gesamten Gesundheitsabteilung bildete.[16] Es organisierte die zahlreichen Sitzungen in den internationalen und europäischen Gremien, Maria bearbeitete die Beiträge der Bundesrepublik zum Bericht der WHO über die Weltgesundheitssituation.[17] Zudem wurden zahlreiche Gesuche, meist um finanzielle Unterstützung, zum Beispiel für Forschungsreisen, an sie herangetragen. Die Zahl dieser Anfragen stieg im Laufe ihrer Tätigkeit immer mehr an, was den Abteilungsleiter Otto

Buurman veranlasste, zu mehr Ordnung bei der Bearbeitung zu mahnen.[18] Auf diesem Feld lernte Maria die ärztliche Szene noch intensiver kennen. Auch wandten sich ehemalige Kollegen aus Hessen an sie mit der Bitte um finanzielle Unterstützung durch das Bundesministerium.[19]

Maria Daelen stand Personen, die im Nationalsozialismus Karriere gemacht hatten und nun nahtlos in der Bundesrepublik weiterwirkten, nicht grundsätzlich ablehnend gegenüber. Mit Werner Catel, mit dem sie 1948 in Hessen die TBC-Impfungen vorgenommen hatte, führte sie eine persönliche Korrespondenz fort. Catel war sogar eingeweiht in Marias langjährige Beziehung mit Wilhelm Furtwängler und bekundete in einem sehr persönlichen Brief sein Beileid, als dieser 1954 verstarb.[20] Ob Maria wusste, dass Werner Catel bei »Euthanasie«-Maßnahmen gegen Kinder als Gutachter tätig gewesen war, kann nicht gesagt werden. Seine Vergangenheit war aber zum Teil bekannt, so ließ etwa der frühere Leiter der Gesundheitsabteilung Franz Redeker in einer Besprechung im Oktober 1949 offen verlautbaren, dass er sich mit »Massenmördern« wie Catel nicht an einen Tisch setze.[21] Redeker verfolgte diesen Anspruch jedoch nicht konsequent, sondern zog ein paar Jahre später genau solche NS-belasteten Ärzte als Berater heran. Maria Daelen stellte der Kontakt zu Werner Catel offenbar nicht vor eine Gewissensfrage, Im Gegenteil: Man veröffentlichte gemeinsam und duzte sich (»Lieber Werner«).[22] In der ärztlichen Szene war es üblich, nicht nach der Vergangenheit von Kolleginnen und Kollegen zu fragen, sondern sich gegenseitig »in Ruhe zu lassen«. Die Forschung spricht hier von Selbstexkulpation der Ärzte nach 1945.[23]

Im neuen Staat gab es andere Prioritäten: Als Vertreterin der deutschen Gesundheitspolitik nach außen musste Maria Daelen Expertise beweisen und für die Bundesrepublik die besten Wissenschaftler heranziehen, um im internationalen Wettbewerb mithalten zu können. Wie ihr früherer Vorgesetzter im hessischen Innenministerium, Wilhelm Drigalski, beklagt hatte, war Deutschland aufgrund seiner Isolation während des Nationalsozialismus in der Forschung völlig zurückgeblieben.[24] Es galt, den internationalen Partnern baldmöglichst wieder auf Augenhöhe zu begegnen. So blendete Maria auch bei Werner Villinger, Kinder- und Jugendpsychiater, seine Tätigkeit als Gutachter bei den »Euthanasie«-Maßnahmen der »Aktion T4« vor 1945 aus, als sie ihn einlud, auf dem Weltgesundheitstag den Festvortrag zum Thema »Frohe Menschen in unserer Zeit« zu halten.[25] Ihr Anliegen war es, die deutsche Forschung als Aushängeschild vorzuzeigen. Denn Villinger galt als Koryphäe seines Faches, war nach 1945 Dekan der Medizinischen Fakultät und schließlich Rektor der Universität Marburg sowie Präsident der Deutschen Vereinigung für Kinderpsychiatrie geworden.

Marias starker Pragmatismus und ihre Gegenwartsbezogenheit machten den Umgang mit den Fachkollegen, der immer von Herzlichkeit, Direktheit und Verbindlichkeit geprägt war, leicht. Ihr Wesen war offen und einnehmend. So finden sich in ihren Dokumenten aus dem Bundesministerium immer wieder Hinweise, dass sie mit den Fachkollegen nicht nur zu »dienstlichen Belangen« Kontakt hatte, sondern wohl auch privat im stetigen persönlichen Austausch war.[26]

Unter Delegierten der Weltgemeinschaft

Genf, Palais des Nations, 134 Männer, fünf Frauen – eine in weißem Kostüm. Wie immer, wenn Maria Daelen auftrat, stach sie hervor. Auch hier, auf dem Gruppenfoto der 12. Vollversammlung der Weltgesundheitsorganisation 1959, inmitten von Vertretern der Staaten aus aller Welt und dem Generalsekretär der Vereinten Nationen Dag Hammarskjöld, leuchtet Maria im weißen Kostüm rechts aus den hinteren Reihen hervor – lachend, selbstbewusst und elegant.[1] Für das Bundesinnenministerium war sie das »Fenster zur Welt«. Als Verbindungsfrau für die Weltgesundheitsorganisation (World Health Organization, WHO), die Westeuropäische Union (WEU) und den Europarat hielt sie die Fäden der westdeutschen Integration im internationalen Gesundheitswesen in der Hand. Sicherlich musste Maria erst in diese Rolle hineinwachsen, aber durch ihre offene, herzliche Art und ihr selbstbewusstes Auftreten verschaffte sie sich Gehör. Ihre ärztliche Fachkenntnis erleichterte ihr dabei den Umgang mit den Kollegen aus Wissenschaft und Politik. Sie war das »Gesicht« nach außen und ging in ihrer Rolle auf.

Maria Daelen organisierte die deutsche Mitwirkung an internationalen Konferenzen und Sitzungen zum Thema Gesundheit, die europa- und weltweit stattfanden. Die Organisation, Abstimmung und Wahrnehmung der alljährlichen Versammlungen der über 80 WHO-Mitglieder bei der Vollversammlung, die Tagungen der Ausschüsse und Unterausschüsse der WEU und Regionaltreffen im Rahmen des Europarats füllten Marias Arbeitsalltag mehr als aus.[2] Hier galt es zum Beispiel, als ständige Beraterin des Europarates auf den Sitzungen des Gesundheitsausschusses mit den übrigen europäischen Mitgliedsstaaten Positionen für die Sitzungen der WHO im gleichen Jahr abzustimmen. Zudem fanden in den internationalen Organisationen laufend Beratungen zu Spezialthemen statt, etwa Drogen oder Nuklearstoffe, für die Maria Experten und

Berater vorschlug und als Verbindungsfrau den Austausch zwischen den Delegationen koordinierte.[3]

Als Maria Daelen in das Bundesinnenministerium eintrat, war die Bundesrepublik bereits Mitglied der WHO. Drei Jahre nach Gründung der WHO 1948 als einer der wichtigsten UN-Sonderorganisationen wurde die Bundesrepublik als vollwertiges Mitglied aufgenommen. Die Arbeit in den Organen – WHO-Vollversammlung, Exekutivrat und WHO-Sekretariat – war zunächst Aufgabe des Referats I der BMI-Gesundheitsabteilung gewesen. In der Vollversammlung, die einmal jährlich tagt, wurde die Bundesrepublik von Abteilungsleiter Franz Redeker bzw. später von Otto Buurman vertreten. Diese neue Präsenz in den europäischen und internationalen Organisationen erforderte zunehmende Koordinierungsarbeit, sodass Mitte der 1950er Jahre ein neues Referat für diese Aufgaben geschaffen wurde.[4]

In ihrem Referat »Internationales Gesundheitswesen« konnte bzw. musste Maria vergleichsweise selbstständig agieren. Die Themen des internationalen Gesundheitswesens fanden in den 1950er Jahren im Ministerium kaum Beachtung. Staatssekretär Walter Bargatzky war in seiner Arbeit im Ministerium nur wenig an internationalen Fragen interessiert.[5] Er unternahm fast keine Dienstreisen. Die Themen der WHO und europäische Gesundheitsfragen kamen nur selten auf seinen Tisch.[6] So kann sich auch Bargatzkys ehemaliger persönlicher Referent, Wilhelm Mensing, kaum daran erinnern, Maria Daelen auf den Fluren des Staatssekretärs gesehen oder gar Vorgänge aus ihrem Referat behandelt zu haben.[7] Maria konnte die Organisation internationaler Fragen somit selbstständig mit den außerministeriellen Stellen – auch mit den zuständigen Referaten im Auswärtigen Amt – abstimmen und voranbringen. Mit den internationalen Themen bearbeitete Maria ein eigenes Feld, das nur wenig Berührungsfläche mit der Arbeit ihrer Kollegen hatte. Die schwache Einbindung in die hierarchischen Abläufe des Ministeriums kam Maria sicherlich entgegen, lag ihr doch seit jeher an selbstständigem Arbeiten.

Maria Daelens Premiere auf internationalem Parkett war die 9. WHO-Vollversammlung 1956 in Genf. Stand sie vorher mit ihren Arbeiten noch im Hintergrund und musste sich gegenüber den anderen Referatsleitern noch bewähren, erschien Maria in Genf nun erstmals als Delegierte der bundesdeutschen Regierung und meldete sich zu vielen Verhandlungspunkten zu Wort.[8] Die Vorbereitungen für ein solches Gremium waren umfangreich. Maria veranlasste die Vorbesprechungen mit dem Auswärtigen Amt anlässlich der Aufnahmegesuche von Marokko, Sudan und Tunesien um WHO-Mitgliedschaft oder schlug deutsche Experten zur Besetzung der anstehenden Arbeitsgruppen vor. Wichtige Vorgänge, so sah es die Verwaltungsstruktur des BMI vor, oblagen weiterhin dem Abteilungsleiter, dem Maria in Form von Vorlagen und Vermerken zuarbeitete.[9] Vor allem die neuen internationalen Themen begeisterten Maria. Hier versuchte sie Akzente zu setzen, indem sie etwa das Thema der Public Health Schools für die Beratungssitzungen der Vollversammlung vorschlug.[10] Dabei wollte sie nicht nur Themen in der WHO voranbringen, sondern auch die deutsche Bevölkerung über die Arbeit der WHO informieren. Sie hielt viele Vorträge über die Weltgesundheitsprobleme, beispielsweise zum Kampf der WHO gegen die weltweit grassierende Malaria.[11]

Zurück nach Genf 1956. Die Delegierten der 9. Vollversammlung trafen sich vom 7. bis 23. Mai. Das neue Gebäude der WHO war noch nicht fertiggestellt, sodass die Delegationen im Palais des Nations zusammenkamen. Die deutsche Delegation umfasste den Abteilungsleiter Otto Buurman, den Unterabteilungsleiter und Leiter des Referats Rechtsangelegenheiten Fritz Bernhardt, die Leiterin des Referats Internationales Gesundheitswesen Maria Daelen sowie die Berater Professor Nauck, Direktor des Tropeninstituts in Hamburg, und Dr. Studt aus dem nordrhein-westfälischen Innenministerium. Die Tage in Genf waren bestimmt von zahlreichen Vollversammlungen, Treffen des Committee on Programme and Budget und einzelnen Technical Discussions. Während in den Vollversammlungen Buurman sich als Chef der deutschen Delegation zur Wort meldete, war Maria vor allem zuständig für das Committee on Programme and Budget. So äußerte sie sich in der fünften Sitzung des Komitees am 16. Mai und trug vor, die deutsche Delegation unterstütze den Vorschlag, dass jedes WHO-Mitglied einen Bericht über die Gesundheitslage seines Landes abgebe.[12] Ab 1959 wurde diese Maßnahme verstetigt, indem seither alle vier Jahre der »Weltgesundheitsbericht« erscheint – erst über ihn gelangte die WHO in den Besitz genauer Informationen zur globalen Gesundheitslage.

Die Technical Discussions der 9. Vollversammlung 1956 fanden am 11. und 12. Mai statt. Thema war die Schwesternschaft und ihre Ausbildung und Rolle im Gesundheitswesen. Maria diskutierte mit Delegierten anderer Staaten darüber in einer kleinen Arbeitsgruppe, die dann der Vollversammlung berichtete.[13] Während ihre deutschen Kollegen teilweise früher abreisten, hatte Maria Daelen in den gesamten zwei Wochen der Vollversammlung aktiv mitzuwirken. Zurück in Bonn, verfasste sie einen 21-seitigen Bericht über die Vollversammlung, den Buurman im Namen der deutschen Delegation dem Minister vorlegte.[14]

Die WHO war eine der ersten internationalen Organisationen, in denen die junge Bundesrepublik mitwirkte. Die 1950er Jahre waren noch von einer gewissen Zurückhaltung der deutschen Delegation geprägt, denn die Aufnahme der Bundesrepublik in die WHO 1951 hatte auch kritische Stimmen auf den Plan gerufen, die noch einige Jahre nachhallten. Während die Regierung der USA den Beitritt der Bundesrepublik im Dienst einer stärkeren Westintegration forciert hatte, wiesen amerikanische Gesundheitsexperten beim State Department darauf hin, dass die deutschen Mediziner »immer noch stark von nazistischem Gedankengut beeinflusst« seien.[15] So wurde auch Maria Daelen von Kollegen in der WHO darauf hingewiesen, dass sie sich als Deutsche zurückhalten solle. Ein zu forsches Auftreten nach der jüngsten Vergangenheit sei nicht angebracht.[16]

Die deutsche Delegation hielt sich in den ersten Jahren denn auch zurück und blieb im Hintergrund. Als sich die Bundesrepublik 1956 dann zur Wahl in den Exekutivrat der WHO aufstellen ließ, bekam man nicht genügend Stimmen. Es sei jedoch ein »erfolgreicher Anfang« gemacht, meinten Delegierte anderer Staaten.[17] Und bereits im nächsten Jahr gelang die Wahl für die Dauer von drei Jahren in den Exekutivrat, dem zweithöchsten Organ der WHO. Wie vorgesehen, entsandte die Bundesrepublik mehrere Fachleute in den Exekutivrat, unter anderem Marias Kollegen, den Leiter des Referats Hygiene und Seuchenbekämpfung Arnold Habernoll.[18] Für Maria bedeutete die Wahl in den Exekutivrat noch mehr Reisen nach Genf und andernorts, da neben der alljährlichen Weltgesundheitsversammlung zweimal im Jahr der Rat zusammentrat. Im Januar traf sich die deutsche Delegation, bestehend aus Experten und Maria Daelen, mit den anderen Mitgliedern des Exekutivrats, um die Weltgesundheitsversammlung im Mai vorzubereiten. Direkt im Anschluss an die Vollversammlung trat der Rat erneut zusammen, vor allem um die praktische Umsetzung der Beschlüsse und Programme einzuleiten.[19] 1959 übernahm die Bundesrepublik unter Habernoll sogar den Vorsitz im Exekutivrat.

Die Situation innerhalb der WHO war geprägt von der weltpolitischen Gesamtsituation. Im Februar 1961 schrieb Maria Daelen an ihre Mutter: »Heute ist letzter Arbeitstag; es ging heiss zu u. blieb keineswegs im medicinischen u. gesundheitlichen Rahmen, sondern die grosse Politik, Spannung zwischen Ost u. West, kam bei vielen Punkten zu Tage.«[20] Dass man sich im Kalten Krieg befand, war deutlich zu spüren. So sehr die WHO bemüht war, sich aus den »politischen« Konflikten herauszuhalten, konnte sie doch nicht verhindern, dass auch sie zu einem »Tummelplatz der Propaganda« wurde. So beschreibt Roger Pethybridge, Professor für Russland-Studien an der Universität Swansea in Wales und während der Weltgesundheitsversammlung 1959 als Assistent des sowjetischen stellvertretenden Generaldirektors der WHO tätig, die Streitigkeiten im Rahmen der Versammlung hätten meist auf politischen und nicht auf inhaltlichen Fragen basiert.[21]

Nun war es nicht mehr nur – wie in den Anfangsjahren der Mitgliedschaft – die NS-Vergangenheit, aufgrund derer es der westdeutschen Delegation ratsam erschien, sich zurückhaltend in die internationale Gemeinschaft einzuordnen, sondern vielmehr die Lage zwischen den beiden politischen Systemen. Noch 1966 riet das Auswärtige Amt dem Delegationsleiter Josef Stralau davon ab, dass die Bundesrepublik sich um die Direktorenstelle des Europabüros der WHO bewerbe. Ein deutscher Kandidat wäre »von vorneherein den Angriffen des Ostblocks« ausgesetzt, und eine deutsche Kandidatur würde in der WHO »politische Diskussionen« hervorrufen.[22]

Marias Arbeit für die WHO bestand zunächst vor allem aus der Unterstützung konkreter Gesundheitsprogramme wie des 1955 gestarteten Malaria Eradication Programme, der Niederschrift zahlreicher Berichte für die WHO und der Aufklärungsarbeit im eigenen Land. Sie verfasste die »Berichte der BRD als Beitrag zum Bericht der WHO über die Weltgesundheitssituation« und Berichte über »Aufbau und Wirkungsgeschichte der Welt-Gesundheitsorganisation«.[23]

Die Mitarbeit in der WHO nahm im Laufe der 1960er Jahre für die deutsche Politik einen höheren Stellenwert ein. Als das Ressort Gesundheit Ende 1961 ein eigenes Ministerium erhielt und das Bundesgesundheitsministerium gegründet wurde, war eine der ersten Amtshandlungen der ersten Bundesgesundheitsministerin Elisabeth Schwarzhaupt die persönliche Teilnahme an der 15. Weltgesundheitsversammlung im Mai 1962.[24] Bisher war die deutsche Delegation von einem Abteilungsleiter des Innenministeriums angeführt worden. Nun war die Bundesregierung mit einer Ministerin in der Versammlung vertreten, während die USA, Frankreich und Großbritannien weiterhin Delegationsleiter unterhalb der Ministerebene entsandten. Auf der 20. Weltgesundheitsversammlung 1967 wurde die Bundesrepublik erneut in den Exekutivrat gewählt.[25] Mehrere Sitzungen des Exekutivrats im Jahr 1966, 1967 und 1968 in Genf und Dublin bereitete Maria gemeinsam mit den entsandten deutschen Gesundheitsexperten und den anderen Mitgliedsstaaten vor.

Dennoch blieb die neue Gesundheitsministerin Schwarzhaupt in den ersten Jahren auf nationale Themen konzentriert, unter anderem den »Contergan-Skandal«.[26] Erst durch den Regierungswechsel zur Großen Koalition 1966 und die Ablösung von Staatssekretär Walter Bargatzky durch Ludwig von Manger-Koenig – erstmals ein Mediziner an der Schaltstelle – geriet das Thema Internationales Gesundheitswesen vermehrt in den Fokus. Manger-Koenig war ein Befürworter des öffentlichen

Gesundheitswesens und interessierte sich besonders für die internationalen Belange des Gesundheitswesens. Als 1968 die Aufnahme der DDR in die WHO diskutiert wurde, schaltete Staatssekretär Manger-Koenig sich aktiv ein. Man befürchtete, die Aufnahme der DDR könne ein weiterer Schritt sein in Richtung internationaler staatlicher Anerkennung der »SBZ«, wie damals im Westen noch viele das Land nannten. Bereits in den Jahren zuvor hatten das Auswärtige Amt und das Bundesgesundheitsministerium die DDR-Aktivitäten in diese Richtung sehr genau beobachtet. Als die Zeichen immer eindeutiger wurden, informierte Maria Daelen im August 1967 Staatssekretär Manger-Koenig, dass mit einem Aufnahmeantrag in der 21. Vollversammlung im nächsten Jahr zu rechnen sei. Bereits jetzt habe die »SBZ« einen »großen und funktionierenden Arbeitsstab« für die WHO. Im Falle einer Mitgliedschaft könnte die Gesundheitspolitik der Bundesrepublik »verhängnisvoll ausgespielt« werden.[27]

Aus außenpolitischer Sicht spitzte sich dadurch vor allem ein politisches Problem zu: die Nichtanerkennungspolitik der Bundesregierung gegenüber der DDR, die brüchig zu werden schien. Die DDR forcierte ihre Bemühungen, Mitglied der Weltgesundheitsorganisation zu werden. Damit wollte sie einen Präzedenzfall schaffen mit Blick auf die Aufnahme der DDR in weitere Sonderorganisationen der Vereinten Nationen und des damit einhergehenden Gewinns an staatlicher Legitimität.[28] Die WHO eignete sich gut dafür, denn gegen ein Engagement für ein so überstaatliches Gut wie die Gesundheit konnte inhaltlich niemand etwas einwenden. Angesichts der Lage wurden mehrere Vorbereitungssitzungen unter Leitung des Auswärtigen Amtes zusammengerufen, in denen man sich einig war, eine Mitgliedschaft der DDR um jeden Preis verhindern zu wollen. Maria nahm an diesen Sitzungen teil. Im Dezember 1967 berichtete sie über den Besuch des Direktors des Europabüros, Dr. Kaprio, im Auswärtigen Amt, der sich über die Haltung der Bundesregierung informieren wollte.[29]

Am 8. Mai 1968 sollte die WHO-Versammlung beginnen. Vertreter der Bundesrepublik und Sprecher der deutschen Delegation war der Leiter der politischen Abteilung im Auswärtigen Amt, Paul Frank. Er sollte vorab von Bundeskanzler Kurt Georg Kiesinger und Außenminister Willy Brandt auf der Klausurtagung auf Schloss Heimerzheim die politische Haltung mitgeteilt bekommen. Als dies nicht geschah und Frank freie Hand erhielt, da – so die Erinnerung Franks – kein Regierungsmitglied die bisherige Nichtanerkennungspolitik aktiv aufgeben wollte, fuhr Frank nach Genf und versuchte vor Ort, alle diplomatischen Register zu ziehen, um eine Aufnahme zu verhindern.[30] Vor der Versammlung besuchte er den Vertreter der Sowjetunion, der ihm ein positives Zeichen gab, und die afrikanischen Delegationen. Parallel dazu rief das Auswärtige Amt kurz vor Beginn der Versammlung in einem Memorandum zur Ablehnung des Antrags auf, da es sich bei der »sogenannten Deutschen Demokratischen Republik« um keinen »Staat« im Sinne der Verfassung der WHO handele und sie somit nicht als Mitglied aufgenommen werden könne. Eine Aufnahme der »DDR« würde zur »Vertiefung der Trennung Deutschlands« beitragen. Die WHO sei eine »rein fachlich orientierte Sonderorganisation«, die nicht »über eine politische Frage entscheiden sollte«.[31]

Als die Delegierten am 8. Mai zusammentraten, kam es vor allem auf eine überzeugende Rede Franks vor der Vollversammlung an. Die Vertretung der Bundesregierung war mit einer zwölfköpfigen Delegation angereist, darunter wie immer Maria Daelen. Geleitet wurde sie von Staatssekretär Manger-Koenig und Paul Frank. Die Länder, die die Aufnahme der DDR befürworteten, allen voran der Antragsteller Polen, brachten vor allem das Prinzip der Universalität internationaler Organisationen vor, das die Aufnahme der DDR begründe. Paul Frank betonte in seiner Rede dagegen, dass die WHO nicht »negativ präjudizieren« dürfe, was einer »allgemeinen Friedensordnung oder jeder anderen ausgehandelten Lösung vorbehalten bleiben« müsse.[32] Als Frank seine Rede mit der Aufforderung schloss, gegen die Resolution zu stimmen, verließen immer mehr afrikanische Delegierte den Plenarsaal, um der Abstimmung fernzubleiben. Der Antrag erhielt schlussendlich keine ausreichende Zahl der Stimmen und wurde abgelehnt. Erst 1973, nachdem beide deutsche Staaten in die Vereinten Nationen aufgenommen worden waren, wurde auch die DDR Mitglied der WHO.

Die Einheit Deutschlands war bereits 1968, zum Zeitpunkt des gescheiterten Antrags, verloren. Dass die WHO hier aber noch einmal zur
Bühne für außenpolitische Grundsatzverhandlungen wurde, war womöglich auch für Maria Daelen neu und besonders interessant. Für sie
war es die letzte WHO-Versammlung, die sie als Director of International
Health Relations und Delegationsmitglied mitgestaltete.

Gesundheit für alle

»Erster Tag der Arbeit ist in vollem Schwung. Die berühmten Afrikanerinnen sind alle wundervoll angezogen u. voller prächtiger Farbenkostüme gold- u. silberdurchwirkt u. dazu phantastische Kopfbedeckungen, Turbane, Schleifen u. hohe Türme« – und mitten unter den Frauen steht Maria Daelen und schaut lachend in die Kamera.[1] Einziger Mann in der Frauengruppe ist der äthiopische Kaiser Haile Selassie. Mit begeisterten Worten berichtete Maria 1969 ihrem Ehemann Ludwig Strecker in einem Brief aus Äthiopien vom Frauenseminar in Addis Abeba. Ihr Freund Dr. Otto »Peter« Jäger und weitere Mitstreiter in der Entwicklungshilfe hatten dieses Seminar organisiert, um äthiopische Frauen in Fach- und Führungspositionen auszubilden. Maria sollte als Expertin dort sprechen.

Dr. Otto »Peter« Jäger war seit 1962 als Leiter der Seminarabteilung der Deutschen Stiftung für Entwicklungsländer und bereits vorher als Senior Adviser der Weltgesundheitsorganisation im Irak und in Äthiopien tätig gewesen. Maria Daelen und Peter Jäger arbeiteten während ihrer Zeit im Bundesgesundheitsministerium, aber auch noch danach immer wieder zusammen. Hintergrund des Seminars war ein Programm des Bundesministeriums für wirtschaftliche Zusammenarbeit und der Deutschen Stiftung für internationale Entwicklung, das die Aus- und Fortbildung in Entwicklungs- und Transformationsländern förderte.

Die Entwicklungshilfe im Bereich Gesundheitswesen war ein Schwerpunkt von Marias Arbeit im Bundesgesundheitsministerium. Dies hatte auch mit den Schwerpunkten der WHO zu tun, die in den 1950er und 1960er Jahren vor allem auf der Bekämpfung der Malaria sowie zunehmend auf der Hilfe für Entwicklungsländer lagen.[2] Während die politische Verantwortung für die Entwicklungshilfe beim Auswärtigen Amt lag und vom Bundesministerium für wirtschaftliche Zusammenarbeit koordiniert wurde, wurden die Gesundheitsprojekte fachlich vom Bundesgesundheitsministerium verantwortet und dort von Maria bearbeitet. Seit 1959 waren über 100 Projekte im Gesundheitsbereich durchgeführt bzw. eingeleitet worden.

Es waren diese sehr konkreten Projekte, die Maria neben ihrer Tätigkeit in den europäischen und internationalen Organisationen besonders interessierten. Die Gesundheitsthemen lagen Maria »am Herzen«.[3] Sie war auf ihren Reisen immer wieder berührt von der Armut und der teils ausweglosen Situation der Menschen in den Entwicklungsländern. Ihrer Mutter schildert sie ihre Eindrücke: »Man macht sich keine Vorstellung von dem Elend, der Armut, dem Schmutz, der neben dem glanzvollen Leben von einigen ganz wenigen drastisch absticht.«[4]

Neben dem eingangs genannten Frauenseminar in Äthiopien wurde der konkrete Aufbau eines Krankenhauses in der äthiopischen Stadt Bahardar am Tana-See initiiert. Federführend für die Durchführung des Projekts war das Bundesgesundheitsministerium in ständiger Absprache mit dem Auswärtigen Amt und dem Bundesschatzministerium. Maria Daelen betreute den Bau des Krankenhauses, kalkulierte die Entsendung der Ärzte und hielt engen Kontakt mit den Fachkräften vor Ort, beispielsweise mit dem Ärztepaar Dr. Schäuffele. Als das neue Felega-Hiywot-Krankenhaus am 30. April 1963 feierlich eingeweiht wurde, nahm Maria jedoch nicht teil, sie reiste stattdessen nach Genf, um an der 16. WHO-Vollversammlung teilzunehmen.[5] Die entsandten Ärzte vor Ort äußerten ihr großes Bedauern darüber und luden Maria erneut ein, sie in Äthiopien zu besuchen.[6]

Im Rahmen der technischen Entwicklungshilfe unterstützte die Bundesregierung ab 1962 die Vereinigte Arabische Republik beim Bau eines Bilharziose-Forschungsinstituts in Kairo. Zur Bilharz-Gedenkwoche im Mai 1962 reiste Ministerin Elisabeth Schwarzhaupt persönlich nach Kairo und hielt eine Rede, die Maria Daelen ihr geschrieben hatte. Sie legte ihr die Rede direkt vor – ohne Zutun des Abteilungsleiters und Staatssekretärs.[7] Als Berater für den Bau und die Ausstattung des Instituts kontaktierte Maria Professor Dr. H. Vogel am Tropeninstitut in Hamburg. Zu ihm reisten schließlich auch die beiden ägyptischen Leiter des Bilharziose-Instituts. Während Maria als Referentin weiterhin an den interministeriellen Besprechungen zum Bau des Instituts teilnahm, übernahm ab 1963 ihr Kollege Ministerialrat Dr. Dierkes in Vertretung für Maria zunehmend dessen konkrete Planung.

Über Maria Daelens Tisch gingen weitere Projekte wie ein Hygiene-Institut in Togo. Dabei kam es auf eine erfolgreiche interministerielle Koordination und vor allem auf die gute Zusammenarbeit mit den Regierungen der Partnerländer an. Die Umsetzung eines solchen Projekts konnte Jahre in Anspruch nehmen. So hatte die Regierung der Republik Togo bereits im August 1960 die Bundesrepublik um technische Hilfe beim Aufbau eines zentralen Hygiene-Instituts als Kernstück des öffentlichen Gesundheitsdienstes gebeten.[8] Maria veranlasste, dass ein Gutachter nach Togo entsandt wurde, der einen Machbarkeitsbericht schreiben sollte, und schlug hierfür Dr. Heinz Seeliger vom Hygiene-Institut der Universität Bonn vor. Im intensiven Austausch mit Seeliger und Experten vor Ort wie dem Arzt Dr. Fritz Ronnefeldt im togoischen Tsévié entwickelte Maria Daelen das Bauprojekt und stimmte mit dem Leiter des Health Laboratory Services der WHO, Dr. René Sansonnens, die Initiativen der WHO in Togo ab.[9]

Auf Grundlage von Seeligers Gutachten und Marias Kalkulation der baulichen, personellen und laufenden Kosten entschied der Interministerielle Referentenausschuss für Technische Hilfe am 30. Mai 1962, dass für das Projekt 2.731.000 DM zur Verfügung gestellt werden sollten. Marias Vorschlag, sich von deutscher Seite auch an den laufenden Kosten zu beteiligen, lehnte der Ausschuss jedoch ab und erhöhte stattdessen den Betrag der Erstausstattung.[10] Die togoische Regierung zögerte daraufhin, das Abkommen über den Bau des Hygiene-Instituts abzuschließen, weil sie befürchtete, die laufenden Kosten nach Eröffnung des Instituts nicht leisten zu können.[11] Mit der Aussicht auf ein zusätzliches Abkommen zur Finanzierung des laufenden Betriebs nach dem Bau des Instituts unterzeichnete die Regierung Togos das Abkommen dann doch am 30. Mai 1965. Nach Abschluss des Baus im Jahr 1967 kam die Bundesrepublik für die vier folgenden Jahre des Betriebs und die Entsendung deutscher

Ärzte in den Anfangsjahren auf und verlängerte die Unterstützung immer wieder, bis das Institut im Jahr 1976 an die togoische Regierung übergeben werden konnte.[12] Da war Maria bereits seit knapp zehn Jahren nicht mehr im Dienst. Das Hygiene-Institut in Togo gilt in der Geschichte der frühen deutschen Entwicklungshilfe als Erfolgsprojekt.[13]

Ein weiterer wichtiger Bestandteil der Arbeit Maria Daelens waren Hilfsprojekte in Form der Entsendung deutscher Ärzte und Ärztinnen und Schwestern nach Asien, Afrika und Lateinamerika. Nach den Anfangsjahren dieses Engagements initiierte Maria einen ersten Erfahrungsaustausch aller Beteiligten und organisierte im Oktober 1962 ein dreitägiges Expertengespräch in Berlin.[14] Auch das bereits erwähnte Ärztepaar Dr. Schäuffele, das das Krankenhaus im äthiopischen Bahardar leitete, war anwesend.

In ihren Eröffnungsworten legte Maria Daelen den gut dreißig international tätigen Medizinern dar, welche besonderen Herausforderungen eine Unterstützung der Länder stellt. In Bezug auf die personelle Hilfe sei es wichtig, kontaktfähige und aufgeschlossene Ärzte zu finden, die das Vertrauen der Einheimischen gewinnen könnten. Eine Haltung der Überlegenheit gegenüber den Einheimischen sei unangebracht. Materielle Hilfe und Ausbildungshilfen seien weitere Kernpunkte der bundesdeutschen Entwicklungshilfe im Gesundheitsbereich, die alle zusammen strengen Kriterien der Auswahl und Durchführung unterlägen.

In diese konkreten Entwicklungsprojekte konnte sich Maria mit ihrer ganzen Person einbringen und relativ eigenständig handeln – zumindest im Ministerium. Ergebnisse und Erfahrungen veröffentlichte sie dann in Zeitschriften, etwa über die oben genannte Tagung zum Aufbau des Gesundheitswesens in Entwicklungsländern.[15] Kurz vor ihrem Ausscheiden aus dem Ministerium verlor Maria die Zuständigkeit für die Entwicklungshilfe. Diese wurde nach dem Regierungswechsel 1966 unter der neuen Gesundheitsministerin Käthe Strobel (SPD) in einem eigenen Referat neu organisiert, das ab 1967 Marias Kollege Regierungsmedizinaldirektor Plate leitete. Das internationale Gesundheitswesen blieb jedoch weiterhin Marias Aufgabe.

Dieses Feld war einerseits von diplomatischen Absprachen und multilateralen Aushandlungsprozessen, andererseits von medizinischen Fachfragen geprägt, entsprechend formell und oftmals von reiner Schreibtischarbeit bestimmt.[16] Bei der WHO konnten die Themen auch sehr konkret werden, etwa das globale Malaria Eradication Programme, eines der wichtigsten Vorhaben der Weltgesundheitsorganisation. Auf der 8. WHO-Vollversammlung im Jahr 1955 in Mexiko beschlossen, wurde es zum zentralen Betätigungsfeld der gesamten internationalen Zusammenarbeit im Gesundheitssektor.[17] Maria, die seit Juli 1954 im Referat tätig war, beteiligte sich hier bereits bei den Vorbereitungen. In den folgenden Jahren wurde unter Marias Leitung immer wieder die Beteiligung der Bundesrepublik am Malaria-Programm behandelt. Dabei ging es vorerst um konkrete Beiträge der Bundesrepublik zum Programm. Gemeinsam mit dem Abteilungsleiter legte Maria Daelen hier Vorschläge vor, die in interministeriellen Besprechungen vor allem mit dem Vertreter des Auswärtigen Amtes diskutiert und schließlich zwischen Bundesinnenminister und Bundesfinanzminister geregelt wurden.[18]

Der finanzielle Beitrag der Bundesrepublik war auch Anlass des Besuchs der ehemaligen Gesundheitsministerin Indiens, Prinzessin Amrit Kaur, im Dezember 1959 in Bonn. Im Auftrag des WHO-Generaldirektors warb sie bei einem Empfang, an dem Maria Daelen teilnahm, um einen erneuten Sonderbeitrag der Bundesrepublik in Höhe von 3 Millionen DM.[19] Daraufhin bemühte sich Maria als WHO-Zuständige mit Abteilungsleiter Stralau und Vertretern des Auswärtigen Amtes beim Bundesfinanzministerium um einen neuen Sonderbeitrag der Bundesrepublik. Während in den Vorjahren 1956 und 1958 nur jeweils 200.000 DM gezahlt worden waren, sollte nun der Sonderbeitrag auf 1,5 Millionen DM aufgestockt und dem Generaldirektor der WHO durch Stralau mitgeteilt werden.[20] In den folgenden Jahren kam es jedoch immer wieder zu Streitpunkten mit dem Bundesfinanzminister, der eine Auszahlung verweigerte, sodass der Beitrag immer wieder zu kippen drohte. Dabei wurde die Bundesrepublik stets kritisch beobachtet und mit anderen Beitragszahlern wie den

USA verglichen, was auf den jährlichen WHO-Vollversammlungen auch immer wieder Thema war.

Das Programm stand auch auf Regionalkonferenzen immer wieder auf der Tagesordnung. Als aus dem globalen Programm heraus Initiativen für die nationale Ebene entwickelt wurden und beispielsweise 1958 das National Malaria Eradication Programme für Indien gestartet wurde, läutete dies die Hochphase des WHO-Programms ein. Im November 1959 reiste Maria Daelen für zwei Wochen zur Regionalkonferenz ins äthiopische Addis Abeba, um als deutsche Delegierte mit den WHO-Mitgliedstaaten des Nahen und Mittleren Ostens über Fragen der Malariabekämpfung in Äthiopien, Ägypten, Tunesien, Libyen und im Sudan zu sprechen.[21]

Das globale Malaria-Programm der WHO wurde ein großer Erfolg. Dass seine Durchführung bei der Vielzahl der Interessengruppen – die Planer in Washington, westliche Entwicklungs- und Gesundheitsexperten und die postkolonialen Eliten – überhaupt möglich war, liegt nach Einschätzung Thomas Zimmers daran, dass zu einem bestimmten Zeitpunkt Mitte der 1950er Jahre die Interessen all dieser Player »konvergierten und sich überschnitten«.[22] Trotz vielfältiger und teilweise recht unterschiedlich gelagerter Interessen und Problemwahrnehmungen habe es beim Malaria-Programm eine Schnittmenge gegeben, die es ermöglicht habe, sich auf die schnellstmögliche Eliminierung der Malaria als gemeinsames Ziel zu einigen. Die internationale Gemeinschaft stand tatsächlich geschlossen hinter dem Malaria Eradication Programme.

Für Maria Daelen war die Mitwirkung an einem erfolgreichen Programm wie diesem eine interessante, aber auch sehr fordernde und mit viel Reisetätigkeit verbundene Aufgabe. Vor ihrem Abflug nach Addis Abeba 1959 berichtete sie ihrer Mutter von ihrer Dienstreise nach Äthiopien.[23] Als sie erschöpft und überarbeitet zurückgekehrt war, schrieb sie ihrer Mutter, sie habe dort Filmmaterial gedreht, das sie in größerem Kreis einmal vorführen wolle.[24]

»Auf internationalem Männerparkett«

»Mit Lebenslust und Kunstgenuss, voller Energie und Vitalität« – und gleichzeitig mit Arbeit voll beschäftigt. So wurde Maria Daelen von ihren Freunden wahrgenommen.[1] Die Fotografie zeigt anschaulich Marias Art zu leben in dieser Zeit. Seit vielen Jahren reiste sie zwischen Bonn, Genf, Neu-Delhi und Straßburg hin und her. Wo es Arbeit gab, war auch Zeit für Vergnügungen. Maria war offen für Entdeckungen, unternehmungslustig und erlebte gerne besondere Momente – wie hier vor der Berglandschaft des Mont-Blanc-Massivs. Es war der 15. Mai 1960, die 13. Vollversammlung der Weltgesundheitsorganisation war in vollem Gange, aber für einen Sonntagsausflug war Maria Daelen immer zu haben. Gemeinsam mit ihren Kollegen brach sie in Richtung Chamonix auf. Mit der Zahnradbahn ging es bis zur Zwischenstation auf dem Weg hinauf zum »Adlernest«. Mit der imposanten Bergkette des Mont Blanc und Aiguille du Midi im Rücken posierten sie in heiterer Stimmung auf der Terrasse des mondänen Hotel Bellevue. Maria bewegte sich stets elegant und stolz in den Reihen sie begleitender, oftmals verehrender Männer.[2]

Genf war neben ihrem Wohnort Wiesbaden ein neuer wichtiger Ort in ihrem Leben geworden. Hier hatte sie vier Jahre zuvor erstmals als Delegierte einer WHO-Versammlung die Bundesrepublik vertreten. Das neue Mitglied in der deutschen Delegation wurde aufmerksam registriert: Die »reizende und immer freundliche Maria Daelen« sei eine »freudige Überraschung«. Nicht nur ihr Charme, sondern auch ihre »fundierten Kenntnisse aller gesundheitlichen Probleme Deutschlands und anderer Länder« machten Maria bei den Teilnehmern »besonders beliebt«.[3]

Genf war dabei nur einer von vielen Orten, zu denen sie ständig reiste. Nicht nur in der Bundesrepublik war sie auf Achse, besuchte zum Beispiel in Baden-Baden die Tagung des Internationalen Ärztinnenbundes, sondern war in der ganzen Welt unterwegs. Sie flog mit einem französischen

Düsenjet zur Sitzung des WHO-Exekutivrats nach Neu-Delhi, reiste weiter nach Kalkutta, Ceylon und über Rom wieder zurück nach Deutschland, um kurz danach zum Europarat nach Straßburg aufzubrechen.[4] Bukarest, Edinburgh, Monaco, Rabat, Dublin, Salzburg oder Rom – Maria Daelen war eine moderne und weltgewandte Frau, wie sie es in dieser Zeit wenige gab. Sie lerne die »Welt von allen Seiten« kennen, schrieb sie ihrer Mutter im Oktober 1959 – kurz vor dem Abflug nach Addis Abeba.[5]

Ihre weitverzweigten Netzwerke wusste sie durch ihre gewandte und charmante Art in jedem gesellschaftlichen Kontext zu pflegen. Berufliches und Privates war dabei immer eng ineinander verwoben. Neue Freundschaften ergaben sich, unter anderem mit dem sozialdemokratischen Politiker Carlo Schmid. Sie lernten sich kennen, nachdem Maria Daelen 1953 nach Bonn gekommen war.[6] Es entstand sofort eine intensive Beziehung, in der sich beide sehr nah kamen, wie noch zu sehen sein wird. Sie sprachen über das Privatleben und die Politik, und auch beruflich kreuzten sich ihre Wege, etwa als Carlo Schmid ihr 1962 einen Chefarzt des Hessen-Sanatoriums für einen dreimonatigen Studienaufenthalt in den USA empfahl.[7]

Maria Daelen blieb zudem in Kontakt mit den politischen Kreisen, die sie auch über ihre Mutter Katharina von Kardorff-Oheimb kennengelernt hatte. Zum 90. Geburtstag von Hans von Raumer, in der Weimarer Republik Reichsminister für Wirtschaft, war Maria als Freundin eingeladen. Sie hatte bereits Ende der 1940er Jahre engeren Kontakt mit ihm und feierte nun gemeinsam mit ihrer Mutter und einer Runde von Politikveteranen der Weimarer Republik.[8]

Neben dem Bereich internationaler Gesundheitsfragen, den sie auf Reisen in die USA, Frankreich und die Schweiz studiert hatte[9], galt ihr Interesse auch der Reintegration Deutschlands nach dem Krieg und europäischen Fragen allgemein. Im Sommer 1949 war Maria Daelen Teilnehmerin einer der großen Konferenzen der Bewegung »Moralische Aufrüstung« (Moral Re-Armament), heute »Initiativen der Veränderung«. Womöglich auf Empfehlung des hessischen Kultusministers Erwin Stein, der bereits 1948 mit dem späteren Bundespräsidenten Gustav Heinemann und anderen nach Caux gereist war, erhielt Maria eine Einladung zu dieser Konferenz.[10]

Die Bewegung »Moralische Aufrüstung« war 1938 vom amerikanischen Theologen Frank Buchman gegründet worden und agierte nach 1945 weltweit mit dem Ziel, nach der Katastrophe des Zweiten Weltkriegs die Völker moralisch-sittlich im demokratischen Geist und auf christlicher Grundlage zu erneuern (»change«).[11] Den totalitären Ideologien des 20. Jahrhunderts sollte eine überlegene, positive Weltanschauung entgegengestellt werden. Auf den jährlichen Konferenzen trafen sich Vertreter aus Politik, Gewerkschaften, Medien und dem Geistesleben. Bis 1951 reisten über 4500 Vertreter aus Deutschland nach Caux, darunter im Jahr 1949 Maria Daelen.[12]

Maria beschreibt in ihrem Bericht über die Konferenz, wie in dem Tagungsort, einem ehemaligen Luxushotel über dem Genfer See, die Teilnehmer die Sitzungen mit Podiumsvorträgen gestalteten und auch alles Praktische bis hin zum Kartoffelschälen in der Küche gemeinsam auf die Beine stellten.[13] Die amerikanische Militärregierung unterstützte diese Bewegung und genehmigte in Zeiten der restriktiven Ausreisemöglichkeiten aus den Besatzungszonen die zahlreichen Reiseanträge für Caux. Die Amerikaner sahen in der Bewegung eine regierungsunabhängige Möglichkeit, das »ideologische Vakuum« im Nachkriegsdeutschland zu füllen und, wie es der frühere Militärgouverneur der amerikanischen Zone, Lucius D. Clay, in seiner Grußbotschaft an die Konferenz 1949 formulierte, »die Bitterkeit und den Hass zu beseitigen, die sich aus der Vergangenheit ergeben«.[14] Deutschland nach 1945 stand im Fokus der Caux-Konferenzen und gab den Deutschen die Gelegenheit, auf Augenhöhe mit Vertretern anderer Nationen zusammenzukommen. Prominente Persönlichkeiten wie Bundeskanzler Adenauer, der nordrheinwestfälische Ministerpräsident Karl Arnold oder der DGB-Vorsitzende Hans Böckler kamen nach Caux.[15] Teilnehmer 1949 war auch wieder der Kultusminister Hessens, Erwin Stein. Er sprach über die Zukunft Deutschlands und erste konkrete Maßnahmen, den Gedanken von Caux in das Bildungsangebot hessischer Schulen zu tragen.[16]

Die Bedeutung der Caux-Bewegung für die Politik der Adenauer-Zeit ist noch nicht eindeutig geklärt, ihre Wirkmächtigkeit war aber bereits in den Nachkriegsjahren umstritten.[17] Kritiker betonten die Widersprüche in der Caux-Ideologie, hielten die Bewegung für unglaubwürdig und bezeichneten sie als Sekte.[18] Das Nachrichtenmagazin *Der Spiegel* fragte 1954, ob all die Politiker, Wissenschaftler und Industriellen, die sich zur »Moralischen Aufrüstung« bekannt haben, sich nicht als eine »Ansammlung erschütternder Gimpel, die auf einen faulen Zauber fliegen, weil er die abendländische Kultur zu retten verspricht«, entpuppen würden. Zugleich sah man aber auch das Potenzial der Bewegung für einen verstärkten Dialog zwischen den Staaten.[19]

Das, was man höre und lese über Caux – »vielfach im abschätzigen oder ironisierenden Sinn« –, sei keineswegs berechtigt, so Maria Daelens Einschätzung nach ihrem Aufenthalt in Caux.[20] »Jeder anständige Mensch«, so Maria weiter, müsse »JA« zu der Bewegung sagen. Sie war offensichtlich tief beeindruckt von der gemeinschaftlichen Suche der Teilnehmer nach »Ethos und Menschlichkeit«.[21] Die Übertragung dieser Ideologie in das tatsächliche Leben war jedoch auch für Maria fragwürdig.

In Caux war Maria Daelen wieder eine der wenigen Frauen unter den Teilnehmern.[22] Nicht anders war es im Betriebsrat des hessischen Innenministeriums gewesen, in den sie im gleichen Jahr eingestiegen war und wo sie ebenfalls die einzige Frau unter Männern war.[23] Auch im international geprägten Genf war sie eine Ausnahmeerscheinung: Als eine der wenigen Frauen auf dem von Männern bestimmten Parkett der Weltgemeinschaft stach sie heraus. Nur vereinzelt etablierte sich eine Frau in dieser Zeit in der internationalen Politik oder stieg gar erfolgreich auf.

Eine dieser Frauen traf Maria Daelen an einem späten Novembertag 1966 in ihrem Büro im Ministerium: Ingar Brüggemann. Ihr gemeinsamer Freund Peter Jäger hatte die Frauen miteinander bekannt gemacht. Es war der Tag vor ihrer Abreise zur WHO nach Genf, erinnert sich Ingar Brüggemann. Neugierig fragte Maria sie, warum sie sich in der WHO engagieren wolle. Die beiden Frauen verstanden sich auf Anhieb und unterhielten sich angeregt. Anschließend lud Maria ihre Gäste ins Restaurant Maternus ein, einem bekannten Politikertreff in Bad Godesberg.[24] Es war der Beginn einer tiefen Freundschaft zwischen den Frauen, die bis zu Marias Tod halten sollte. Während man bei der Gremienarbeit in der WHO Distanz wahren musste – als Mitarbeiterin des staatlich neutralen WHO-Sekretariats durfte Ingar Brüggemann während offizieller Termine keinen engeren Kontakt zu Delegierten pflegen –, trafen sich beide vor allem auf den zahlreichen Empfängen in Genf oder ganz privat in Marias Haus im Tessin.[25]

Ingar Brüggemann erinnert sich gerne an die Zeit mit Maria Daelen, als »zwei deutsche Frauen auf dem internationalen Männerparkett« in Genf arbeiteten.[26] Marias englische Sprachkenntnisse seien nicht sehr überzeugend gewesen. Ihre Offenheit und ihr Mut, dennoch ins Gespräch zu kommen, überdeckten jedoch diesen Mangel. Auf Empfängen der deutschen Delegation, die Maria organisierte, verkehrten die Delegationsmitglieder und Persönlichkeiten aus der internationalen Community. Auf der »großen Bühne der WHO«, so Ingar Brüggemann, war Maria zu Hause.[27] Sie hatte einen kleinen Kreis um sich gebildet, der aus den Kollegen der eigenen Delegation sowie deutschsprachigen Kollegen aus dem WHO-Headquarter und dem Exekutivrat bestand. Mit dem französischen Delegierten Professor Aujaleu und dem Regionaldirektor Kaprio freundete sich Maria Daelen an, man verbrachte die Abendessen gemeinsam in Divonne-les-Bains am Genfer See. Marias Warmherzigkeit und gesellschaftliche Gewandtheit hinterließ Eindruck.

So blieben männliche Verehrer nicht aus. Einer der größten war der bereits genannte Peter Jäger. Er hatte bereits bei der Deutschen Stiftung für Entwicklungsländer gearbeitet und war einer der ersten deutschen Ärzte, die sich in der WHO engagierten. Was es bedeutete, sich als Deutscher in der internationalen Gemeinschaft zu bewegen, lernte er gleich zu Beginn seiner Tätigkeit 1952. In der Kantine sah Jäger eine Kollegin, die ihm bereits persönlich vorgestellt worden war: Dr. Viktoria Winnicka, Leiterin des Programms für Mutter und Kind. Als sich Jäger zu ihr an den

Tisch setzte, stand sie demonstrativ auf und verließ den Raum. Da erst erfuhr Jäger, dass Winnicka deutsch-polnische Jüdin war und fünfunddreißig Mitglieder ihrer Familie in deutschen Konzentrationslagern umgekommen waren. Jäger war selbst politischer Gegner und Verfolgter des NS-Regime. Mit Offenheit und Sensibilität schaffte er es, mit Winnicka ins Gespräch zu kommen und eine gute, kollegiale Zusammenarbeit aufzubauen. Mit Maria kam Jäger während der Entwicklungsprojekte in Äthiopien zusammen. Bis kurz vor Marias Tod schrieben sie sich freundschaftliche Briefe, die Peter Jäger mit Kavaliersgeste beendete: »Mit den allerbesten Wünschen küsst deine Hand Dein Dich verehrender Peter Jäger«.[28]

Aber wie war es jenseits solch privater Sympathiebekundungen für Maria, als Frau in dieser Männergesellschaft zu arbeiten? Wie war es, wenn sie als Chefdelegierte im Gesundheitsausschuss des Europarats unter lauter Männern das Wort ergriff? Die Selbstverständlichkeit, mit der ihre Kollegen im beruflichen Kontext von männlicher Dominanz ausgingen, war besonders in den 1950er Jahren überall deutlich zu spüren. Besonders im alltäglichen Miteinander, aber auch im Feld der Begrifflichkeiten wurde Maria damit konfrontiert, wie wenig eine Frau im Beruflichen wahrgenommen wurde. So hat sie immer wieder erleben müssen, dass eine gemischte Gruppe aus männlichen Kollegen und ihr mit »sehr geehrte Herren« angesprochen wurde.[29] Auf den offiziellen Delegiertenlisten gab es weiterhin nur den männlichen Delegierten, »accompanied by his wife«. Die Möglichkeit einer weiblichen Delegierten wurde gar nicht in Betracht gezogen.[30]

Als Maria Daelen 1946 in den hessischen Staatsdienst eintrat, hatte sich in der Frage der Gleichstellung an männlich geprägten Argumentationsmustern nichts geändert. Die sogenannte Zölibats- oder Verheiratungsklausel für weibliche Beamte aus dem 19. Jahrhundert galt bis Mitte der 1950er Jahre fort, was bedeutete, dass bei Heirat und damit wirtschaftlich gesicherter Versorgung die Frau aus dem öffentlichen Dienst ausscheiden musste. Das Leitbild der öffentlichen Administration war immer noch der männliche Arbeitnehmer bzw. Beamte.[31] Als Maria zum Bundesministerium des Innern wechselte, erlebte sie das »Gesetz der hierarchisch zunehmenden Männerdominanz« noch stärker: Auf Bundesebene waren besonders wenige Frauen tätig, diese dann höchstens auf Referatsleiterebene. Je qualifizierter die Tätigkeit, desto geringer der Frauenanteil. Je höher die Ebene der Hierarchie, desto größer die Dominanz der Männer. »Eine Frau als Chef? Das haben die Männer nicht gern«, heißt es in einem persönlichen Porträt über Maria Daelen zur Situation der Frau in der Politik, »da wird intrigiert, bis sie kapituliert«.[32]

Konkrete Benachteiligung von Frauen im Verwaltungsdienst lässt sich nur schwer nachweisen, da beispielsweise personalpolitische Entscheidungen häufig unter Verzicht auf Schriftlichkeit getroffen und umgesetzt wurden. Für Derlien ist die mangelnde Präsenz von Frauen in Führungspositionen auf Bundesebene aber als Hinweis auf »eine gezielte Benachteiligung, selektive Fremdrekrutierung und damit Diskrimination der Frau bei Beförderungsentscheidungen« zu werten.[33] Der Aufstieg in die bundesdeutsche Verwaltungselite, also die Ebene der Bundesminister, parlamentarischen wie beamteten Staatssekretäre und Abteilungsleiter, gelang zwischen 1949 und 1999 insgesamt 1060 Personen, darunter nur 22 Frauen und von ihnen zwölf erst nach dem rot-grünen Regierungswechsel 1998.[34] Dass Maria 1955 zur Referatsleiterin ernannt worden war, war also zu ihrer Zeit alles andere als normal. »Die Anerkennung meiner Arbeit kommt langsam, weil ich eben eine Frau bin«, schrieb Maria denn auch im Oktober 1959 an ihre Mutter. »Aber ich habe mich nicht entmutigen lassen.«[35]

Als zwei Jahre später der Ministerposten im neu gegründeten Bundesgesundheitsministerium mit einer Frau besetzt wurde, war das für Maria ein hoffnungsvolles Zeichen. Der starken Einflussnahme der Frauen in der CDU-Bundestagsfraktion war es zu verdanken, dass 1961 mit der Juristin Elisabeth Schwarzhaupt (CDU) erstmals eine Frau ins Bundeskabinett einzog.[36] Die Kompetenzen ihres neuen Ministeriums waren aber eng abgesteckt und der Spielraum für die Gestaltung einer neuen Gesundheitspolitik denkbar klein. Erst mit der Gesetzesänderung von 1969, also nachdem Schwarzhaupt schon wieder ausgeschieden war, wurden die Kompetenzen des Hauses erweitert. Die Bedeutung der Gründung dieses Ministeriums ist somit nicht in einer erstarkten und mit mehr Gewicht ausgestatteten Gesundheitspolitik zu suchen, sondern in dem hinsichtlich der Beteiligung von Frauen in der Bundespolitik entscheidenden personalpolitischen Schritt.[37]

Denn die lang eingeübten und tief verwurzelten Vorstellungen von Geschlechterrollen und der Möglichkeit ihrer Aufweichung und Überwindung veränderten sich in der Bundesrepublik nur langsam und zögernd.[38] 1955 ermöglichte Bundesinnenminister Gerhard Schröder, dass Frauen wie Maria sich künftig als »Frau« ansprechen lassen durften und nicht mehr – wie zuvor für ledige Frauen im Behördenverkehr Pflicht – als »Fräulein«.[39] Das änderte aber nicht viel am patriarchalischen System, wie Maria ihrem Ehemann Ludwig Strecker 1969 aus Addis Abeba berichtete: »Die Männer empfinden die meisten Frauen als Suffragetten u. ich glaube ich bin als Paradepferd mitgenommen worden.«[40]

Dass sich die Vorstellungen der Geschlechterrollen nur langsam wandelten, zeigte sich auch bei Marias Geschlechtsgenossinnen. So stellte angesichts von Marias »ungewöhnlicher« Karriere Martha Hirsch verwundert in einem Brief an Marias Mutter Kardorff-Oheimb fest, sie habe sich nicht vorstellen können, dass »eine Frau mit so viel Schönheit, Charme und Intelligenz« überhaupt »ein seriöser Arbeiter sein k ö n n e«. Über Marias Karriere als Ministerialbeamtin, ihre »unbeschreibliche Tüchtigkeit« und kosmopolitische Reisetätigkeit konnte sie nur staunen.[41]

Mit welchen – vielleicht auch diskriminierenden – Verhaltensweisen Maria Daelen persönlich im männlich dominierten Ministerium konfrontiert wurde, ist nicht konkret überliefert. Stellvertretend können folgende Anekdoten zu Elisabeth Schwarzhaupts Erfahrungen als Ministerin in etwa ein Bild geben. Kanzler Adenauer war schon lange vor der Ernennung Schwarzhaupts als Ministerin gegen eine Frau im Kabinett: »Was sollen wir mit einer Frau im Kabinett?«, soll er gesagt haben. »Dann können wir nicht mehr so offen reden.«[42] Die männliche Kameraderie zeigte sich darin, dass Adenauer vor Kabinettssitzungen partout nicht von seiner Begrüßung »Morjen, meine Herren« abweichen wollte, weil er nicht einsah, sich auf seltsame Neuerungen einlassen zu müssen, nur weil jetzt Schwarzhaupt anwesend war. Was er der neuen Ministerin antwortete, ist bezeichnend für die damalige Haltung gegenüber Frauen in obersten Funktionen: »In diesem Kreis sind auch Sie ein Herr.«[43]

Abschiedsszenen

»Mrs. M. Daelen, M.D., Federal Republic of Germany, was unanimously elected Chairman of the Committee for the XIVth Session.« – Die Versammlung des Committee of Experts on Public Health im Europarat wird eröffnet. Professor Fadil H. Sur, Direktor für Wirtschafts- und Sozialfragen im Sekretariat des Europarats, gratuliert Maria Daelen zur Wahl und bittet sie, den Platz der Vorsitzenden einzunehmen. Maria sitzt aufrecht und erwartungsvoll mit ernstem, aber wachem Blick hinter dem Schild »President«. Die drei Herren, die sie auf dem Podium einrahmen, sind guter Stimmung. Die Wahl des stellvertretenden Vorsitzenden fällt auf Dr. R. Vannugli aus Italien, den Maria bereits von ihrer Arbeit bei der WHO kennt und der rechts neben Maria sitzt. In der dreitägigen Sitzung diskutiert die vom Sekretariat eingesetzte Public Health Division unter anderem über Fragen der Bluttransfusion und der Ausbildung von Krankenschwestern.[1] Maria steuert als Vorsitzende durch die Diskussionen und Beschlüsse. Am Abend des dritten Sitzungstages schließt sie um halb acht die Versammlung mit dem Dank an Sur, Vannugli und die Teilnehmer, Übersetzer und Hilfskräfte.

Dies ist eine von vielen Szenen auf europäischer und internationaler Bühne, die Maria Daelen Respekt und Anerkennung brachten. Unter Delegierten aus aller Welt, ob aus Indien oder Frankreich, Zypern oder Marokko, verlor auch der Geschlechteraspekt womöglich an Gewicht.

Im Bundesgesundheitsministerium wurde Maria Daelen dagegen eher als ungewöhnlich wahrgenommen. Mit ihrer ganzen Art schien sie nicht recht in eine Behörde zu passen, erinnert sich Wilhelm Mensing, damals persönlicher Referent des Staatssekretärs.[2] Der Umgang dort war von Konventionen geprägt, man begegnete sich höflich bis distanziert. Maria fügte sich nicht so einfach den damaligen Vorstellungen von der Rolle einer Frau. Sie war nicht schüchtern, sondern selbstbewusst und trat souverän in jeder Gesellschaft auf. Ihre ganze Statur, groß und schlank, machte Eindruck. Wenn man ihr auf dem Flug begegnete, so erinnert sich Mensing, habe man das Gefühl gehabt, man »stellt sich am besten an die Wand und lässt die Dame vorbeirauschen«. Man begegnete ihr mit größtem Respekt. Nichts an Maria war »behördenhaft«. Während in dieser Zeit alle mit einem biederen Auto zum Ministerium fuhren, brauste Maria – schon immer mit wildem Fahrstil – mit ihrem Mercedes Cabrio vor.

Ihr Selbstbewusstsein war Programm. Wenn jemand sie dabei nicht ernst genommen hätte, so die Einschätzung Mensings, hätte sie das unberührt gelassen. Mit dieser Haltung stieß sie im Ministerium womöglich nicht überall auf Akzeptanz. Vor allem im Austausch mit ihrem Vorgesetzten, Abteilungsleiter Josef Stralau, trafen zwei sehr unterschiedliche Charaktere aufeinander. Trotz aller Selbstständigkeit in ihrem Bereich musste Maria die Vorgänge mit Stralau absprechen, denn Staatssekretär Bargatzky war an Fragen der internationalen Gesundheitspolitik weniger interessiert.

Josef Stralau leitete seit Juni 1957 die Gesundheitsabteilung im Bundesinnenministerium. Er war bis zu Marias Ausscheiden im Jahr 1968 ihr Vorgesetzter. Wie bereits beschrieben, unterschieden sich ihre Haltungen zum NS-Regime sehr voneinander. Ob sich Maria Daelen und Josef Stralau über diese Vergangenheit unterhalten haben, ist zu bezweifeln, zumal Maria, wie bereits erwähnt, eine eher pragmatische Haltung zu NS-belasteten Personen im Arbeitsumfeld einnahm. Als 1961 das Bundesgesundheitsministerium gegründet wurde, sah Stralau seine Chance, den Posten des Staatssekretärs zu erhalten. Ministerin Elisabeth Schwarzhaupt erschien Stralau nach näherem Kennenlernen jedoch »nicht als der geeignete Mann« – und das, obwohl er ihr sogleich großzügig sein eigenes Büro überlassen hatte.[3] Schwarzhaupt erklärte, dass es bei ihrem engsten Mitarbeiter besonders darauf ankomme, »mit ihm klarzukommen«.[4] Zudem war ihr wohl daran gelegen, so die Einschätzung von Mensing, einen Juristen als Staatssekretär zu ernennen, um den Einfluss der Ärzteschaft nicht zu dominant werden zu lassen. Sie wollte nicht den »obersten Lobbyisten als ihren ›Haus-Chef‹ ernennen«.[5]

Stralau kritisierte dies heftig, saß doch schon mit Schwarzhaupt eine Nichtmedizinerin an der Spitze des Ministeriums.[6]

In den 1960er Jahren erwies sich Schwarzhaupts Entscheidung als richtig, denn Stralau diskreditierte sich mit ungeschicktem Verhalten, als er zum Beispiel für eine fehlgeschlagene Geldbeschaffung in Sachen Erste-Hilfe-Raum der WHO verantwortlich gemacht werden musste oder für die Übertragung eines einfachen PR-Manuskripts von Bad Godesberg nach München die Luftwaffe als Postbote einsetzen wollte.[7] Hinzu kam der Skandal um das Medikament Contergan, der der Ministerin angekreidet wurde, obwohl der Fall nur wenige Tage nach ihrem Amtsantritt bekannt geworden war. Vor ihrem Amtsantritt und Gründung des Bundesgesundheitsministeriums war unter anderem Stralau für die Entscheidungsprozesse rund um die Zulassung des Schmerzmittels zuständig gewesen.[8]

Bei der Besetzung des Staatssekretärspostens übergangen worden zu sein, muss Stralau getroffen haben.[9] Seine Unzufriedenheit, unter dem neu ernannten Staatssekretär und Juristen Bargatzky arbeiten zu müssen, traf zusammen mit Maria Daelens ausgeprägter Selbstständigkeit, mit der sie ihr Referat führte. Im August 1963 wurde die Ernennung Marias zur Ministerialrätin eingeleitet.[10] Einen Monat später erhielt Maria Nachricht vom französischen Konsul Fernand Leleux, dass sie mit dem Offizierskreuz des Ordens für Öffentliche Gesundheit (La Croix d'Officier dans l'Ordre de la Santé Publique) ausgezeichnet werde – den Orden, den zeitgleich auch Stralau erhalten sollte.[11] Dies stieß offenbar auf Kritik, sodass die Verleihung des Offizierskreuzes zurückgenommen wurde und Maria Daelen stattdessen »nur« das rangniedrigere Ritterkreuz des Ordens für Öffentliche Gesundheit (La Croix de Chevalier dans l'Ordre de la Santé Publique) erhielt.[12] In einem Brief an Eugène Aujaleu, den Vertreter des französischen Gesundheitsministeriums, zeigte Maria Verständnis dafür, dass sie das Offizierskreuz nicht verliehen bekommt – auch wenn der Rückzug sie getroffen habe.[13] Für sie sei aber entscheidend, dass Aujaleu sie für diesen Orden vorgeschlagen und dies in seinem Gutachten begründet habe. Dieses Gutachten habe für sie den gleichen Wert wie der eigentliche Orden und sei eine Anerkennung ihrer Arbeit für die Gesundheit.

Vier Jahre später erhielten Maria Daelen und Josef Stralau erneut einen Orden, diesmal von der belgischen Regierung. Hier wurde jedoch von Anfang an auf eine Abstufung geachtet: Stralau erhielt das Kommandeurskreuz des Kronen-Ordens (Commandeur de l'ordre de la Couronne), während Maria mit dem Offizierskreuz des Kronen-Ordens (Officier de l'ordre de la Couronne) ausgezeichnet wurde.[14] Dieses Bestehen auf Hierarchie und ihre Abbildung in Form von Orden deutet auf ein schwieriges Verhältnis beider hin. Dass sich beide nicht gut verstanden, berichtet auch Ingar Brüggemann, Marias Freundin bei der WHO.[15]

Die Aufgaben im Bereich Internationales Gesundheitswesen nahmen während Marias Dienstzeit stark zu. Dass dies möglich war, sei Marias Verdienst gewesen, so ihr Vorgesetzter Stralau.[16] Die Arbeitsbelastung war entsprechend hoch. Zwischen den Dienstreisen zur WHO oder zum Europarat blieb oft nur noch Zeit, die nächsten Dienstreisen vorzubereiten und die laufenden Projekte der Technischen Entwicklungshilfe voranzubringen. Als Maria im September 1959 versuchte, Aufgaben an das Nachbarreferat IV A 4 abzugeben, kamen die Unterlagen prompt zurück mit dem Hinweis, das Referat IV A 4 sei völlig verwaist, und deren Aufgaben würden bereits von Referat IV A 2 wahrgenommen. Zusätzliche Aufgaben aus Marias Referat könne er nicht auch noch übernehmen, so der Referent IV A 2.[17] Ein Jahr später wurden schließlich einige Aufgaben aus Marias Zuständigkeit, unter anderem die Förderarbeit auf gesundheitlichem Gebiet wie die WHO-Arbeit in der Bundesrepublik, an andere Referate abgegeben, damit sich Maria um die Vertretung des Ministeriums in den Organisationen und die zunehmenden Entwicklungsprojekte kümmern konnte.[18]

Für Maria Daelen waren die letzten Jahre ihrer Dienstzeit besonders anstrengend. Schon als Kind mit einem Herzfehler belastet, hatte sie gesundheitliche Probleme, die sie mehrfach zu einer Kur zwangen. Ihre Abwesenheit im Referat führte dann sogleich zu Engpässen.[19] Hinzu kam im März 1960 ein Unfall, der größere Folgen nach sich zog. An einem

Tag, an dem Maria Daelen bereits krankgeschrieben war und dennoch zum Dienst kam, fuhr sie abends auf den Empfang des peruanischen Staatspräsidenten in der Godesberger Redoute, trank zu viel und rammte vor dem Bundeskanzleramt eine Ampel. Als ein Busfahrer sie stellen wollte, beging sie Fahrerflucht. Der Fahrer stellte seinen Omnibus quer und stoppte Marias Slalomfahrt auf dem Gehsteig. Maria erlitt Prellungen und eine Gehirnerschütterung. Wegen Trunkenheit am Steuer, die in dieser Zeit bereits streng geahndet wurde, musste sie zwar nicht vor das Disziplinargericht, erhielt aber eine Disziplinarstrafe in Höhe von 1500 DM und musste sich vor dem Bonner Schöffengericht verantworten.[20] Der Unfall schlug in der Presse hohe Wellen, mehrere Zeitschriften bis hin zum Nachrichtenmagazin *Der Spiegel* berichteten. Maria Daelen war stadtbekannt, von ihrem Unfall »wusste man in Bonn«.[21] Maria schien unter dem Presserummel nicht zu leiden, nahm kaum Notiz davon.[22] Dennoch blieb dieser Unfall an ihr haften. Er fand schließlich sogar Eingang in die offizielle Beurteilung ihres Vorgesetzten Stralau im November 1961.[23]

Als 1967 mit dem Regierungswechsel ein neuer Staatssekretär als »Haus-Chef« ins Bundesgesundheitsministerium berufen wurde, der Mediziner Ludwig von Manger-Koenig, ging ein neuer Wind durchs Ministerium. Von der Persönlichkeit und im Arbeits- und Führungsstil unterschied sich Manger-Koenig stark von Bargatzky. Sein Amtsantritt ging mit einer Aufwertung von Marias Arbeit einher.[24] Anders als sein Vorgänger interessierte sich Manger-Koenig sehr für die internationalen Belange in der Gesundheitspolitik, sodass Marias Aktivitäten noch einmal neu Gehör fanden. Nach seiner Zeit im Bundesgesundheitsministerium wechselte Manger-Koenig selbst zur WHO.

Maria Daelen und Manger-Koenig hatten sich spätestens im hessischen Innenministerium kennengelernt. Dort war sie Referentin für die Tuberkulosefürsorge und Manger-Koenig für das Referat Allgemeine Organisation des Gesundheits- und Krankenhauswesens zuständig. Als sie ins Bundesinnenministerium wechselte, stieg Manger-Koenig zum Leiter der hessischen Abteilung Öffentliches Gesundheitswesen auf und blieb dort bis 1964. In dieser Zeit blieben beide weiterhin in kollegialem Kontakt und korrespondierten dienstlich miteinander.[25] Als Manger-Koenig Staatssekretär im Bundesgesundheitsministerium wurde, fuhr er mit nach Genf und nahm selbst an den Vollversammlungen teil (während Bargatzky hier nie präsent gewesen war). Stralau, der bisher oft die deutsche Delegation angeführt hatte, musste nun hinter Manger-Koenig zurücktreten. Vor allem zur 21. WHO-Vollversammlung im Mai 1968, in der über die Aufnahme der DDR als WHO-Mitglied entschieden wurde und die Vollversammlung zur politischen Bühne wurde, ließ sich Manger-Koenig seine Rolle nicht nehmen und führte die zwölfköpfige Delegation an. Maria war Ende 1967 in Pension gegangen, sollte aber bei der Koordinierung dieser wichtigen Vollversammlung nicht fehlen und wurde ab Januar für ein halbes Jahr mit einem Zeitvertrag weiterbeschäftigt.[26] Am 14. Juli 1968 schied sie endgültig aus dem Dienst aus.[27]

Dies bedeutete keineswegs ein Ende ihrer gesundheitspolitischen Aktivitäten. Maria Daelen war in den folgenden Jahren weiterhin gelegentlich präsent, sei es auf dem Congresso Internazionale Di Igiene E Medicina Preventiva in Rom oder auf den Empfängen während der Weltgesundheitsversammlung.[28] Nach einem langen inneren Abschied vom Bundesgesundheitsministerium blieb die internationale Gesundheitspolitik weiter ein Teil von Marias Leben.

Rückzug ins Private

»An der Spitze der Wehmütigen, die Dich so lange entbehrt haben, stehe ich«, schrieb Maria Daelen Ende 1970 an Carlo Schmid und legte dieses Bild ihres Hauses in Georgenborn bei. Nur von hinten und wie nebenbei sieht man Maria in ihrem großen Garten, ein kurzer Moment, fast geheimnisvoll und entrückt. »Sehnsuchtsvoll warte ich auf ein Wiedersehen«, schrieb sie und wünschte ihrem Freund frohe Weihnachten und ein glückliches Neues Jahr 1971.

Über zwei Jahre waren vergangen, seit sie in den Ruhestand getreten war. Trotz einzelner Aktivitäten für Gesundheitsthemen verlegte sich Maria jetzt aufs Privatleben und die Pflege ihrer Freundschaften. Maria Daelen und Carlo Schmid waren sich seit den Bonner Jahren treu verbunden. Beide hatten als Teil des politischen Betriebs während der Adenauer-Zeit den Aufbau der Bundesrepublik mitgestaltet. Carlo Schmid hatte bereits im Parlamentarischen Rat 1948 und 1949 mitgearbeitet und gilt als einer der wirkungsmächtigen Väter des Grundgesetzes.[1] Als Sozialdemokrat war er ab 1949 Mitglied des Bundestages und schließlich Bundesminister in der Großen Koalition ab 1966. Seit sie sich Mitte der 1950er Jahre kennengelernt hatten, besuchten sich Maria Daelen und Carlo Schmid öfter und verbrachten Zeit miteinander.[2] Das politische Geschehen in Bonn war dabei immer wieder Thema. Nachdem es am 16. Dezember 1954 in der Bundestagsdebatte über das Saarstatut zu einer Auseinandersetzung zwischen ihm und Kanzler Adenauer gekommen war, berichtete Carlo Schmid Maria davon. Adenauer hatte geleugnet, dass er das Saarstatut, das die Opposition als De-facto-Abtretung des Saarlandes an Frankreich ansah, den Franzosen zugestanden habe, um die Zustimmung des französischen Ministerrats zum Beitritt der Bundesrepublik zur Europäischen Verteidigungsgemeinschaft zu erhalten.[3] Schmid hatte Adenauer daraufhin mit gezielten Fragen zum Zustandekommen des Abkommens so in die Enge getrieben, dass Adenauer schwer angeschlagen das Rednerpult verließ. »Dass ich ihn Donnerstag zwingen konnte, aufzugeben, verzeiht er mir nicht!«, erzählte Carlo Schmid Maria wenige Tage später.[4] Adenauer versuche nun »Tiefschläge« und lasse sein Presseamt »mit faulen Eiern werfen«. Es habe Adenauer »sehr schwer getroffen«, dass er »vor der Weltöffentlichkeit zugeben musste, dass er nicht mehr konnte – und nun macht er es wie alle seinesgleichen, die schlechte Verlierer sind: er lässt Nach-tusch blasen«. Im Oktober 1955 lehnten die Saarländer das Statut ab. Die Saarfrage hatte das Kabinett Adenauer an den Rand einer Regierungskrise gebracht.[5]

Doch das sei jetzt nicht wichtig, schrieb Carlo Schmid in seinem Brief weiter: »Wichtig ist, dass ich Sie bald sehen werde!« Denn nicht nur in politischer Hinsicht harmonierten Schmid und Maria Daelen gut, sondern auch in ihrer Lebensart.[6] Als lebensfroher und gebildeter Homme de Lettres gab sich auch Schmid gerne den Lebensgenüssen hin. Als sein Sohn Raimund 1954 Suizid beging und Carlo Schmid in eine tiefe Krise geriet, stand ihm Maria stützend zur Seite.[7] Im fortgeschrittenen Alter verband beide dann ihr oft melancholisches Gemüt.

Auch in den folgenden Jahrzehnten schrieben sich Carlo Schmid und Maria Daelen weiter Briefe.[8] Überschwängliche Formulierungen – »Mein Wunsch, dich öfters zu sehen, wird weiterbestehen, weil meine Liebe zu Dir nie vergehen kann« – zeigen, dass die intensive Verbindung bis ins hohe Alter anhielt, auch wenn sich beide nicht mehr so oft sahen.[9] Carlo Schmid widmete ihr ein Porträt von sich »mit der Bitte um gelegentliches geneigtes Gedenken«. Es hing bis zuletzt in Maria Daelens Schlafzimmer.[10] Ab den 1960er Jahren bezog ihre Freundschaft dann auch immer mehr Carlos Lebenspartnerin Hanne mit ein, und Marias Ehemann Ludwig Strecker war in seinen späteren Lebensjahren mit Carlo Schmid eng befreundet.

Ihn, Ludwig Strecker, hatte Maria gleich nach ihrem Eintritt in den Ruhestand geheiratet: Nach jahrelanger Beziehung gingen sie im Dezember 1967 in Mainz den Bund der Ehe ein.[11] Zwanzig Jahre zuvor, am 44. Geburtstag Marias, waren sie sich begegnet.[12] Ein Diner, amerikanische Gäste, Walter Gieseking spielte einen Schlager am Flügel, für

148

Maria komponiert. Eine Begegnung zweier Menschen, die sich den Rest ihres Lebens aneinander binden sollten. Es war für beide kein »coup de foudre«[13], aber für Ludwig Strecker der Beginn seines zweiten Lebens, wie er sich selbst erinnert. Und für Maria war es womöglich die treueste und wichtigste Bindung an einen Mann in ihrem Leben.

Wieder ist es jemand aus dem Musikleben: Ludwig Strecker leitete den Mainzer Musikverlag B. Schott's Söhne. Durch ihn blieb Maria Daelen weiterhin den musikalischen Kreisen verbunden. Für Ingar Brüggemann, Marias langjährige Freundin, waren sie beide ein »wunderbares Paar«.[14] Es war eine »echte Liebesbeziehung«, erinnert sich Ludwig Streckers Enkel Peter Hanser-Strecker.[15]

In den ersten Jahren fühlten sich beide durch gleiche Interessen verbunden. So trafen sie sich 1949 auf der Tagung der »Moralischen Aufrüstung« in Caux in der Schweiz.[16] Maria zog in Wiesbaden in die Wohnung von Ludwig Streckers Bruder Willy, kaufte dann aber ein eigenes Haus in der Nähe, in Georgenborn. In Ludwig Streckers Haus in der Bierstädter Straße bezog sie das Dachgeschoss. Sie machten Ausflüge in den Taunus, gaben Feste und trafen sich mit Freunden. Nach viel Lieben, Streiten und Wiederzusammenfinden entstand eine große Verbundenheit, in der Maria eine Heimat fand. Ludwig Strecker, so Maria, habe sie als Frau gerettet und das verwirklicht, »was sonst mir Traum u. Sehnsucht bleibt«.[17]

Auch an Ludwig Strecker war die Zeit des Nationalsozialismus nicht spurlos vorübergegangen. Strecker, seit 1909 im Musikverlag seines Vaters tätig, hatte 1943 gemeinsam mit seinem Bruder Wilhelm die Leitung von B. Schott's Söhne übernommen und führte den Verlag ab 1956 schließlich alleine weiter. Die Strecker-Brüder banden bekannte zeitgenössische Komponisten an den Verlag, unter anderem Igor Strawinsky, Paul Hindemith und Carl Orff. Auch mit Wilhelm Furtwängler standen die Strecker-Söhne in Kontakt.[18]

In der Zeit des Nationalsozialismus nahm der Schott-Verlag eine ambivalente Haltung ein. Ludwig Strecker war nicht in die NSDAP eingetreten, eine gewisse Nähe der Familie Strecker, insbesondere des Vaters, zum NS-Regime lässt sich aber feststellen. So standen die Eigentümer und

Leiter des Verlags »in verschiedener Weise in einem positiven Verhältnis zum ›Dritten Reich‹ und nahmen kaum kritische Haltungen ein«.[19] Durch Maßnahmen wie die Entlassung des Herausgebers der verlagseigenen Zeitschrift *Melos* und die Einstellung von Heinrich Strobel für die Nachfolgezeitschrift *Neues Musikblatt* versuchte der Schott-Verlag sich mit dem NS-Regime zu arrangieren und auf diese Weise Anfeindungen des NS-Regimes zu entgehen, wie sie die Verlage Universal Edition oder C. F. Peters ausgesetzt waren.[20]

Während verfolgte Komponisten den Verlag nach und nach verließen, intensivierte sich die Beziehung zwischen Ludwig Strecker und dem NS-nahen Komponisten Werner Egk, dessen Kompositionen er verlegte. Nach 1945 half er Egk mit »Persilscheinen« bei der Entnazifizierung.[21] Offiziell distanzierte sich der Schott-Verlag jedoch erst einmal von Egk, indem er in ersten Artikeln in der wiedergegründeten *Melos* zu aktuellen Komponisten und ihren Werken Egk explizit ausliefß. Strecker warb bei Egk, der darüber aufgebracht war, um Verständnis und schrieb ihm, dass sich alles erst »noch einspielen« müsse. »Auch nach meiner Meinung darf man die Vergangenheit nicht in Bausch und Bogen verurteilen«, fuhr er fort, »aber es gehört offenbar zum Stil der Zeit, sich auf diese Weise zu legitimieren.«[22] Diese opportunistische Haltung hatte Maria Daelen während des NS-Regimes nicht eingenommen. Und auch noch später schimpfte sie über die »Scheiß-Nazis«.[23] Ihre Haltung nach 1945 war insgesamt jedoch eine pragmatische, sonst hätte sie auch nicht mit einem »Euthanasie«-Gutachter wie Werner Catel zusammenarbeiten können.

Maria Daelen, die immer viel unterwegs war, berichtete Ludwig Strecker in zahlreichen Briefen aus aller Welt von ihrer Tätigkeit, von den Empfängen der Franzosen, Russen, Schweden oder Schweizer und den Abenden mit Freunden in Genf.[24] Ludwig Strecker fühlte sich in Wiesbaden dann oft einsam. »Kann dich nichts locken?«, klagte er über Marias lange Abwesenheiten vom heimischen »Nestchen«.[25] Ein Tribut an den großen Altersunterschied von zwanzig Jahren war wohl auch, dass Maria einige Unternehmungen wie das traditionelle Skifahren in der Schweiz zu ihrem Geburtstag im Februar mit Freunden machte und nicht mit ihm. Mit dabei waren oft ihre langjährigen Freundinnen aus Berliner Zeiten Ruth von Morgen, nun Verheiratete von Kottwitz, Lisa von Cramm, die Journalistin Lily Abegg, Familienmitglieder oder Freunde aus der Genfer Zeit wie Ingar Brüggemann.[26]

Maria war zunächst unsicher, ob sie mit Ludwig Strecker, der vom Charakter und Wesen doch so anders war als sie selbst, und auch angesichts ihrer durch die Trennung von Wilhelm Furtwängler entstandenen Vorsicht noch einmal eine richtige Bindung eingehen könne. Seine »vorsichtige Art der Liebe« habe aber alle Zweifel weggeblasen und ihr die Sicherheit gegeben, mit dem Bund der Ehe den richtigen Schritt zu gehen.[27] Mit ihrem künftigen Doppelnamen wollte Maria ein Zeichen setzen, ihr eigener Name sollte als erster genannt werden: Daelen-Strecker. Dies war damals gesetzlich aber noch nicht möglich, so musste sie Strecker-Daelen akzeptieren.[28]

Beide hatten den großen Wunsch, sich neben ihrem Wohnort Wiesbaden eine Dependance im nahen warmen Süden zu schaffen. 1958 begannen sie die Suche, bis das mit ihnen befreundete Ehepaar Hindemith sie auf eine Anzeige aufmerksam machte: ein Haus im Tessin an den Hängen der Cimetta mit Blick auf das Maggiatal und den Lago Maggiore.[29] Das Haus und den Garten richtete Maria selbst ein. Die Villa Capriola war für Maria Daelen und Ludwig Strecker von da an ihr gemeinsamer Rückzugsort.

Im Tessin verbrachte Maria vor allem ihre Sommerurlaube und nach Eintritt in den Ruhestand auch längere Zeit des Jahres. Zahlreiche Freunde und Bekannte besuchten das Ehepaar Strecker-Daelen in ihrem Refugium und trugen sich mit großer Dankbarkeit für die schönen Stunden in das umfangreiche, mit Fotos geschmückte Gästebuch des Hauses ein. Zu Besuch kam auch Marias Schwester Katja. Katja lebte in Montagnola am Luganer See und kam des Öfteren in der Villa Capriola vorbei. Die beiden Schwestern kamen sich in diesen späteren Jahren wieder näher.[30]

Überhaupt hatte sich die Situation in Marias großer Familie seit den 1950er Jahren wieder entspannt. Die vielen Konflikte vergangener Jahrzehnte, wie der Erbstreit zwischen Kardorff-Oheimb und ihren Kindern Vital, Elisabeth und Heinz oder das Spruchkammerverfahren gegen Vital 1946, waren beigelegt oder ausgeblendet. Emotional blieb manches Band zerschnitten, doch die Kinder unterstützten die Mutter in ihren letzten Lebensjahren finanziell oder spendierten ihr mal eine Erholungskur.[31] Maria, Elisabeth, Katja und Paul Felix kamen sie besuchen, auch zu ihrem 80. Geburtstag 1959. Nur ihr ältester Sohn Vital fehlte. Mit ihm war die Aussöhnung schwer, zu tief saßen die gegenseitigen Kränkungen vor allem in Verbindung mit Vitals Entnazifizierung. Das Verhältnis zu ihrem Ältesten, so die Freundin Martha Hirsch, mache das Leben von Katharina von Kardorff-Oheimb zur einer »Tragödie«.[32] Überraschenderweise trafen sich beide nach 23 Jahren »Kampf«, wie es Kardorff-Oheimb ausdrückte, 1961 bei einem Diner voller »Hitlerianer«.[33] Mit seiner Nazi-Vergangenheit habe er »eine schwere Last« zu tragen, war der Eindruck Kardorff-Oheimbs.[34] Nach diesem Wiedersehen lud sie Vital und seine Frau Barbara zu sich nach Düsseldorf ein, um sich endgültig auszusöhnen. Denn »kurz gesagt: ich will keinen Krieg mehr haben«, war ihr Wunsch.[35]

Das Gefühl fehlender Achtung und vor allem Dankbarkeit für das, was Katharina von Kardorff-Oheimb ihren Kindern mitgegeben hatte, kam bei ihr immer wieder hoch. Wenn sie Martha Hirsch von ihren Kindern berichtete, zeigte sie offen ihre Verbitterung: »Sie alle genießen das Geld, das aus meiner Fabrik stammt«.[36]

Für Maria Daelen waren das Momente, in denen sie mit ihrer Mutter nur schwer zurechtkam. Sie hatte ihr seit 1945 immer wieder mit Geld und ärztlicher Hilfe ausgeholfen, hatte sich aber auch nie gescheut, ihr Verhalten gegenüber Vital zu verurteilen oder eine ihrer Publikationen zu kritisieren. Dennoch kümmerte sich Maria mit regelmäßigen Briefen und Besuchen am kontinuierlichsten um die Mutter.[37] Außenstehende, die Maria kannten, verwunderte dies nicht, weil man wusste, dass Maria für ihre Mutter »alles […] tun würde, was in ihrer Kraft steht«.[38] Im Gegenzug kamen von Kardorff-Oheimb hin und wieder versöhnliche Töne, wenn sie beispielsweise bei einem Rückblick auf die schönen Berliner

Jahre eingestand, sie habe die Kinder in dieser Zeit »wahrlich gänzlich falsch behandelt«.[39]

Am 22. März 1962 starb Katharina von Kardorff-Oheimb. Ein erfülltes und bewegtes Leben ging nach 83 Jahren zu Ende. Zur Beerdigung kamen Marias Geschwister zusammen. Die Beziehung zu ihrer Halbschwester Elisabeth hatte sich seit der Geschichte mit Furtwängler nie wieder normalisiert. Maria selbst hat sich über die Enttäuschungen dieser Zeit mit kaum jemandem ausgetauscht. Erst als die Komponistin und Pianistin Aleida Montijn, die von Marias früherer Partnerschaft wusste, eine kleine Biografie über Wilhelm Furtwängler schreiben wollte, holte Maria seine Briefe wieder hervor.[40] Die Frauen verband seit der Nachkriegszeit eine enge freundschaftliche Beziehung und vielleicht auch mehr.[41] Aleida Montijn war Hauskomponistin der Städtischen Bühnen in Frankfurt, Maria in der gleichen Zeit in Wiesbaden im Innenministerium. Beide sahen sich immer wieder auf Feiern des Frankfurter Künstler- und Gelehrtenkreises um Max Horkheimer und Regisseur Erwin Piscator, dessen Lebensgefährtin Aleida Montijn war.[42] Montijn kannte auch Furtwängler sehr gut und war mit ihm befreundet. In zahlreichen Briefen tauschten sich die beiden Frauen sehr warmherzig aus. Viele ihrer Stücke, unter anderem das Abendlied »Slang Sli po«, enthielten eine Widmung für Maria Daelen. Einige der Gedichte von Aleida Montijn richteten sich direkt an Maria.[43]

Maria Daelens Sinn für das Musische war immer ein wichtiger Teil ihrer Persönlichkeit, und ihre Kontakte in Musikerkreise blieben nicht auf die »ernste« Musik beschränkt. Über Aleida Montijn kam sie mit dem Komponisten und Musiker Peter Igelhoff zusammen, bekannt für Lieder wie »In meiner Badewanne bin ich Kapitän«. Er war von Maria so begeistert, dass er ihr – »meiner himmlischen Maria« – ein Stück komponierte.[44] Der Swing trug den Titel »Oh Maria!« und war ein schmachtendes, verehrendes Liebeslied.

Am meisten aber faszinierte Maria weiterhin die Malerei. Nicht nur, dass sie sich mit Künstlern wie Marguerite Arp austauschte, sie wollte ihren Wunsch aus Kindheitstagen im Alter endlich wahr werden lassen.

Maria begann zu malen – »unversehens, als hätte sie mit einemmal Versäumtes nachzuholen«, so der Eindruck von Gottfried von Einem.[45] Sie malte oft unter Anleitung der Künstlerin Christa Möhring in Wiesbaden, die ein Atelier besaß. Es sind vor allem Landschaften und Stillleben, deren Stimmung Maria durch Farbe und Stofflichkeit vermittelte. In der Malerei fand Maria noch einmal eine ganz eigene »Ausdruckswelt«. Im Juli 1986 gab Maria Daelen eine erste Retrospektive im Atelier Möhring.[46]

In manchen Bildern spiegelte sich aber auch die Stimmung, die Maria in den letzten Lebensjahren heimsuchte. »Seltsam verrätselte Bilder der Einsamkeit« sah ihr Freund Gottfried von Einem in Marias Werken. Und gleichzeitig war da der Wunsch nach Leben und Spürenwollen, manchmal auch mit zu viel gutem Wein. Ihr Haus verwandelte sich dann in ein großes Lichtermeer aus unzähligen Kerzen.[47] Als am 15. September 1978 ihr Ehemann Ludwig Strecker starb, verstärkten sich noch die melancholischen Momente in Marias Leben. Nach diesem Verlust empfand Maria viel Schmerz und Leere.[48]

Dass Maria nach Ludwigs Tod nicht in Einsamkeit versank, ist sicherlich ihrer langjährigen Haushälterin und Freundin Klara Pöppel zu verdanken, die sich aufopfernd um Maria kümmerte und in einem kleinen Häuschen auf Marias Grundstück wohnte. Sie blieb ihr, der »Chefin«, bis zum Tod treu, sodass Maria mit ihrer Hilfe all die Jahre noch eigenständig leben konnte, in Wiesbaden wie im Tessin.[49] Bis zuletzt war Maria von vielen Freunden und Bekannten umgeben, die sie liebte und die ihr viel Lebensfreude brachten. Am 5. Oktober 1993 starb Maria Strecker-Daelen in ihrem Haus in Georgenborn.

Epilog

Dieses Foto stand zuletzt auf dem Nachttisch von Maria Daelens Ehemann Ludwig Strecker: Maria ernst und still, auch etwas skeptisch im Blick, zugewandt und abgewandt zugleich. Es sind die 1940er Jahre, als das Bild entstand, die Zeit des Nationalsozialismus und des Krieges. Wie Maria Daelen diese Zeit erlebte und was in diesen Jahren in ihr vorging, muss aus den wenigen erhaltenen Spuren herausgelesen werden. Und vieles bleibt im Verborgenen. Wie stand sie wirklich zum Geschehen nach 1933? Warum engagierte sie sich im Widerstand? Was hat die Kindheit ohne die Mutter an ihrer Seite für sie im Leben bedeutet? Wie stand sie zu Liebe und Partnerschaft? Was bedeutete ihr die Arbeit im Ministerium und im internationalen Gesundheitswesen? Wie hatte sie ihr Wirken als Frau dort erlebt?

Einigen dieser Fragen konnte ich Konturen verleihen und manche Splitter des Mosaiks zu Motiven zusammenfügen. Besonders wichtig schien ihr zeitlebens die Unabhängigkeit als Frau – von Konventionen, von der Meinung anderer oder von Männern – zu sein. Der Beruf stand dabei an erster Stelle, in ihn brachte Maria Daelen ihre Motivation, Leidenschaft und Zeit ein, als Ärztin wie als WHO-Delegierte. Sie hat ein Mitverdienst daran, dass die Bundesrepublik Deutschland Schritt für Schritt wieder zurück auf die Bühne der internationalen Gesundheitspolitik fand. In der WHO war sie das Gesicht Nachkriegsdeutschlands. Ihr Lebenselixier, so ließ sich aufzeigen, waren enge Kontakte und Bindungen – zu Frauen wie zu Männern, zu Deutschen wie zu US-Amerikanern, zu Politikern wie zu Künstlern.

An anderen Punkten müssen Widersprüche stehen bleiben. Maria Daelen lehnte den Nationalsozialismus ab und ging persönliche Risiken ein. Gleichzeitig arbeitete sie im NS-Gesundheitssystem, das eine diskriminierende und teils unethische Gesundheitspolitik betrieb. Wie war ihre Haltung dazu? Wie stand sie zu den Verbrechen des NS-Regimes an den europäischen Juden? Leider habe ich keine Dokumente oder Aussagen finden können, die Licht in diese Frage hätten bringen können. So bleiben nur Hinweise, wie ihre Solidarität mit den jüdischen Kollegen bei deren Entlassung aus dem Krankenhaus Westend oder ihre Freundschaften mit jüdischen Intellektuellen.

Ihr letzter Wunsch, den sie für die Zeit nach ihrem Tod verwirklicht sehen wollte, war eine Stiftung. 1990 verkauften die Daelen-Kinder die Glyco-Werke bzw. Glyco AG. Maria beauftragte ihren Enkel Peter Hanser-Strecker, mit einem Teil des Vermögens eine Stiftung zu gründen, die Pro Musica Viva – Maria Strecker-Daelen-Stiftung. Mit ihr wollte sie vor allem jüdische Komponisten, die während des »Dritten Reiches« ermordet wurden, und ihre von den Nationalsozialisten als »entartet« diffamierten Werke rehabilitieren, indem ihre Werke aufgeführt und neu verlegt werden.[1] Ihre Stiftung unterstützt heute vor allem die Neue Musik und finanziert Projekte wie »Musik aus Theresienstadt« oder »Traditionelle Musik der Völker«. Die Förderung der Musik vor allem jüdischer Komponisten war ein wichtiges Anliegen, das Maria für die Zukunft anstoßen wollte. Vielleicht hat sie in ihren letzten Jahren diesen Teil der deutschen Geschichte noch einmal besonders reflektiert.

Wichtige Steine des Lebensmosaiks waren mir die zahlreich überlieferten Fotografien aus allen Lebensphasen Maria Daelens. Sie ermöglichten Einblicke in ihr von Kontinuitäten, Brüchen und Kontingenzen geprägtes Leben und in den historischen Kontext ihrer Lebensstationen und gaben auch einen Eindruck von den Facetten ihrer Persönlichkeit. Maria Daelen war mutig und stark, in anderen Momenten wieder dünnhäutig und hilfsbedürftig. Sie war intelligent und resolut, in anderen Momenten verträumt und naiv. Das Leben nahm sie mit »etwas Verrücktheit«, wie sie selbst sagte, und sie war froh, ein bisschen »geck« zu sein.[2]

Späte Fotografien kehren immer stärker die ernste und melancholische Seite von Maria Daelen hervor. Bilder aus ihrem letzten Lebensjahrzehnt lassen die Spuren intensiven Lebens in ihren Zügen erkennen. Sie dokumentieren ihre Hartnäckigkeit und ihren Ehrgeiz, ihre Kämpfe als Frau, Ärztin und Politikerin, persönliche Enttäuschungen, erlittenen

Schmerz. Spuren der Einsamkeit und Bitternis verdrängen ihr früher so offenes und herzliches Lachen. Vielleicht empfand sie Gram über die begrenzten Möglichkeiten in ihrem Beruf, vielleicht fehlten ihr die eigenen Kinder, vielleicht vermisste sie ihre Freunde, die so zahlreich schon von ihr gegangen waren. Kein noch so gründliches Lesen in Gesichtszügen kann diese Fragen beantworten.

*

Die Biografie über Maria Daelen ist das Ergebnis eines längeren Forschungsprozesses, den viele Personen mit ihrer Fürsprache und Mithilfe unterstützt haben. An erster Stelle danke ich dem Bundesministerium des Innern, für Bau und Heimat, das die Studie im Rahmen des Forschungsprojekts zur Nachkriegsgeschichte der deutschen Innenministerien gefördert hat. Namentlich war es vor allem Jette Nagel, die meine Auswahl des Forschungsthemas unterstützt hat und mir half, Zeitzeugen und Angehörige von Maria Daelen ausfindig zu machen. Mein Dank gilt den Herausgebern und Projektleitern des Forschungsprojekts, Andreas Wirsching und Frank Bösch. Andreas Wirsching hat mich von Anfang an in meinem Interesse an einer Biografie über Maria Daelen und in meinem besonderen Bildkonzept bestärkt. Für seine Offenheit und seine Geduld, neue biografische Ansätze auszuprobieren, bin ich ihm sehr dankbar. Meine Kolleginnen und Kollegen aus dem BMI-Projekt halfen mir in zahlreichen methodischen Diskussionen, mich dem Genre der Biografie anzunähern. Bei der Entwicklung des Bildkonzeptes begleitete mich vor allem Martin H. Geyer, dem ich für die anregenden und motivierenden Gespräche vor allem am Anfang meines Projektes sehr danke. Mein Lektor Jan Strümpel gab der Biografie den letzten sprachlichen und stilistischen Schliff und half mir, den ein oder anderen Gedanken noch besser in Worte zu fassen. Als Autorin erhielt ich vom Wallstein Verlag, namentlich Hajo Gevers, eine individuelle und sehr persönliche Betreuung.

Ohne die Unterstützung der Angehörigen, der Freunde und der ehemaligen Kollegen von Maria Daelen wäre diese Biografie nicht zustande gekommen. Daher gilt mein besonderer Dank Peter Hanser-Strecker, Ingar Brüggemann und Inga Rahmsdorf, Christoph Ackermann, Felicitas Reusch und den Schwestern Felicitas Baumgartner und Jole Berlage sowie Wilhelm Mensing. Die Nachlasssplitter und die vielen Gespräche waren wichtige Mosaiksteine, aus denen ich das Lebensmosaik von Maria Daelen überhaupt erst legen konnte. Die Offenheit, mit der meine Gesprächspartner über ihre Familiengeschichte sprachen und das Vertrauen, das sie mir dabei entgegenbrachten, haben mich sehr bewegt.

Auch den Mitarbeiterinnen und Mitarbeitern der Archive wie dem Bundesarchiv in Koblenz und Berlin, dem Landesarchiv Berlin, dem Hessischen Hauptstaatsarchiv Wiesbaden, der Universitätsbibliothek Johann Christian Senckenberg in Frankfurt, der Staatsbibliothek zu Berlin, dem Archiv der sozialen Demokratie, der Fotostiftung Schweiz, dem Archiv für Zeitgeschichte der ETH Zürich und vielen anderen gilt mein Dank für die gute Unterstützung meiner Archivarbeiten. Eckhart Grünewald und Walter Feilchenfeldt danke ich für ihre Bereitschaft, mir Dokumente und Fotografien zur Verfügung zu stellen. Eine wichtige Hilfe bei der Quellensuche war zudem die tatkräftige Unterstützung durch die wissenschaftlichen Hilfskräfte des Instituts für Zeitgeschichte, Isabella Radmann, Johanna Mattern und Malte Müller. Gemeinsam mit meinen Kolleginnen und Kollegen vom Archiv des Instituts für Zeitgeschichte entwickelte ich ein Konzept für einen zukünftigen, wissenschaftlichen Zugang zu Teilen der Privatsammlungen.

Nicht zuletzt möchte ich meiner Familie und meinen Freunden danken, die mich in allen Phasen der Arbeit so wunderbar begleitet haben. Sie bestärkten mich darin, den Spuren von Maria Daelen zu folgen, gaben mir viele Anregungen und leisteten mitunter ganz konkrete Hilfestellung, zum Beispiel Laure Gravier durch ihre Übersetzungen aus dem Französischen und Ana Karaminova durch ihre kreative Beratung in Fragen der Buchgestaltung. Meine Schwester Inga mit ihrem medizinischen Wissen half mir dabei, Maria Daelens Karriere als Ärztin und Gesundheitspolitikerin einordnen zu können. Ich danke vor allem Thomas Hufnagel, der mich von Anfang an in meiner Forschungsarbeit liebevoll begleitet, mit geduldigem Zuhören, anregenden Gesprächen und begeisterndem Ideenaustausch immer wieder motiviert hat und in schwierigen Momenten an meiner Seite war. Schließlich gilt mein besonderer Dank meiner Mutter, die mir bei der Transkription der zahlreichen Briefe und Korrespondenzen unermüdlich und voller Tatendrang geholfen hat, und ohne deren Unterstützung die bisher ungesichteten Nachlassquellen in der Forschungszeit nur schwer zu bändigen gewesen wären. Ihre ermutigenden Worte halfen mir bis zuletzt, das Buch fertigzustellen.

Anmerkungen

Prolog

1 Brief von Maria an ihre Mutter vom 15.10.1959, PA Hanser-Strecker, Briefe Katharina-Maria.

2 Aufgeführte Zitate, leicht grammatikalisch angepasst, in gleicher Reihenfolge aus folgenden Quellen: Hansen, Albrecht Graf von Bernstorff, S. 209; Abschrift des Artikels »Treffpunkt Schweiz« aus »Die Weltwoche«, 16. Jahrgang, Nummer 752 vom 9.4.1948, PA Brüggemann; Saathen, Einem-Chronik, S. 76; ebd.; Brief vom 18.5.1954 von Martha Hirsch an Katharina von Kardorff-Oheimb, BArch, N 1039/59; Abschrift des Artikels »Treffpunkt Schweiz« aus »Die Weltwoche«, 16. Jahrgang, Nummer 752 vom 9.4.1948, PA Brüggemann; Brief von Wilhelm von Drigalski an Katharina von Kardorff-Oheimb vom 30.9.1946, BArch, N 1039/56. Trotz einiger Namensänderungen von Katharina van Endert wird in folgenden Zitationen immer nur der Name zum Zeitpunkt ihres Todes, Katharina von Kardorff-Oheimb, verwendet. Zudem umfassen die in dieser Arbeit aufgeführten Namensbezeichnungen immer die weibliche wie die männliche Form (z. B. Politikerinnen und Politiker), werden aber der besseren Lesbarkeit halber nur in männlicher Form aufgeführt.

3 Vgl. hierzu Richter, Seilschaften. Die Forschungen fanden im Rahmen des vom Bundesministerium des Innern, für Bau und Heimat, aufgrund eines Beschlusses des Deutschen Bundestages geförderten Forschungsprojekts zur Nachkriegsgeschichte der beiden deutschen Innenministerien statt, vgl. dazu Bösch/Wirsching, Hüter. Weitere Teilstudien des Projekts und ihre Ergebnisse auch unter: https://geschichte-innenministerien.de oder http://ausstellung.geschichte-innen ministerien.de.

4 Zu Fragen der Biografieforschung vgl. u. a. aktuell Apitzsch, Biographieforschung, hierin auch zur »biographischen Illusion« von Pierre Bourdieu, sowie weiter Etzemüller, Biographien; Leh, Biographieforschung; Pyta, Arbeiten; Völter, Biographieforschung oder Fuchs-Heinritz, Forschung.

5 Die Privatsammlungen PA Hanser-Strecker und PA Brüggemann werden zurzeit für eine Übergabe in das Archiv des Instituts für Zeitgeschichte München–Berlin vorbereitet.

6 Zur Quellengrundlage der biografischen Studie vgl. im Anhang die Auflistung der Archive sowie im Epilog die Danksagungen an die die Studie unterstützenden Personen. Gleich hier soll darauf hingewiesen werden, dass aufgrund der Einsicht in leider nur einseitige Briefkorrespondenzen die Annäherung an manche Themen von der Sichtweise einer Person geprägt sein kann. Es wurde versucht, diese Sichtweise, wenn möglich, mit weiteren Quellen zu kontrastieren (vgl. v. a. Anm. 7 auf S. 171, Anm. 29 auf S. 173 und Anm. 45 auf S. 190).

7 Vgl. zur umfangreichen Literatur zur Gender-Biografie aktuell Gregor, Biographie und Runge, Gender-Studies oder auch bereits Dausien, Biographie.

8 Etzemüller, Biographien, S. 139-140.

9 Zu differenzierten geschlechtsspezifischen Ansätzen für die Weimarer Republik vgl. u. a. Metzler, Geschlechter oder speziell zu den Akademikerinnen Huerkamp, Bildungsbürgerinnen.

10 Zum fließenden Übergang von Frauenbildern von der Weimarer Republik zum Nationalsozialismus vgl. u. a. Hung, Gesicht.

11 Vgl. etwa Frevert, Umbruch.

12 Schwartz, Frauenpolitik, S. 31.

13 Heinsohn, Kommentar, S. 95. Vgl. auch Budde, Frauen und Budde, Frauen arbeiten.

14 Heinsohn, Kommentar, S. 98.

15 Vgl. Baddack, Katharina von Kardorff-Oheimb.

16 Lang, Elisabeth Furtwängler, S. 56.

17 Etzemüller, Biographien, S. 175.

18 Vgl. ebd., S. 164.

19 Vgl. ebd., S. 175.

Schmerzliche Kindheit

1 Brief von Maria an ihre Mutter vom 9.5.1920, PA Hanser-Strecker, Briefe Katharina-Maria.

2 Kardorff-Oheimb, Politik, S. 51.

3 Folgende Erzählung beruht auf den Angaben von Baddack, Katharina von Kardorff-Oheimb und Kardorff-Oheimb, Politik, u. a. hier S. 51. Die einzige Studie, die einige biografische Angaben zu Maria Daelen enthält, ist Brinkschulte, Maria Daelen.

4 Vgl. Taufschein von Maria Daelen, geb. 22.2.1903, vom 3.3.1907, PA Reusch.

5 Vgl. Frevert, Mann, S. 181.

6 Vgl. Baddack, Katharina von Kardorff-Oheimb, S. 63.

7 Christoph Ackermann im Interview mit der Autorin am 10.1.2018.

8 Die folgenden Ausführungen zu ihrer Kindheit und Jugend folgen den Briefen Marias an ihre Mutter, hier u. a. vom 29.12.1913, 8.10. und 29.12.1915, 30.12.1917, 20.4.1918 und 22.12.1919, PA Hanser-Strecker, Briefe Katharina-Maria.

9 Brief von Maria an ihre Mutter vom 30.12.1917, PA Hanser-Strecker, Briefe Katharina-Maria.

10 Klaus Brockmeier: Maria Daelen, 1986, S. 2, enthalten in: PA Brüggemann.

11 Brief von Maria an ihre Mutter vom 28.11.1919, PA Hanser-Strecker, Briefe Katharina-Maria.

12 Zu folgenden biografischen Angaben vgl. eine Aufzeichnung zur Biografie von Felix Daelen, vermutl. von Maria Daelen, PA Brüggemann.

13 Vgl. im Brief von Felix Daelen an Kardorff-Oheimb vom 18.9.1920, BArch, N 1039/9.

14 So eine Auskunft von Christoph Ackermann, zit. n. Baddack, Katharina von Kardorff-Oheimb, S. 62.

15 So schreibt Marias Schwester Katja Daelen an ihre Mutter Anfang 1920: »Aber es ist doch nur natürlich, dass wir beim Vater bleiben, der alles für uns geopfert hat und unsere Liebe so notwendig braucht.« (BArch, N 1039/9).

16 Dies und Folgendes vgl. Kardorff-Oheimb, Politik, S. 66.

17 Ebd.

18 Vgl. Briefe von Felix Daelen an Kardorff-Oheimb vom 18.9.1920 und 19.8.1922, BArch, N 1039/9.

19 Diese enge Vaterbindung kann nach Huerkamp in Beziehung mit Marias späterem Wunsch zu studieren gesetzt werden: So weisen viele Frauen, die in den 1920er Jahren studierten, eine enge Vaterbindung auf (vgl. Huerkamp, Bildungsbürgerinnen, S. 40).

20 Brief von Maria an ihre Mutter vom 12.11.1944, PA Hanser-Strecker, Briefe Katharina-Maria.

21 Kardorff-Oheimb, Politik, S. 66.

22 Vgl. u. a. Brief von Kardorff-Oheimb an die Mutter von Joachim von Oheimb vom 19.7.1919 (BArch, N 1039/13a) oder Brief von Kardorff-Oheimb an Ida Metzger am 12.1.1916 (BArch, N 1039/12a).

23 Brief von Katja (Käte) Daelen an ihre Mutter am 9./12.11.1919, zit. n. Baddack, Katharina von Kardorff-Oheimb, S. 121.

24 Brief von Maria an ihre Mutter vom 9.5.1920, PA Hanser-Strecker, Briefe Katharina-Maria.

25 Brief von Maria an ihre Mutter vom 22.11.1919, PA Hanser-Strecker, Briefe Katharina-Maria.

26 Diese und folgende Anekdote zum Abitur in Marias Brief an ihre Mutter vom 2.1.1921, PA Hanser-Strecker, Briefe Katharina-Maria. Hier berichtete Maria über ihre schriftlichen Abiturprüfungen Ende 1920, also bereits ein Jahr, nachdem sie die Primarreife Ostern 1920, so ihre eigenen Angaben, erhalten hat. Dies widerspricht jedoch den üblichen 13 Jahren Schulbildung in dieser Zeit. Zudem ist das Datum der Reifeprüfung in allen Personalakten mit Februar 1922 angegeben, sodass dies entweder bedeuten könnte, dass Maria die Abiturprüfung im Jahr 1921 nicht bestanden hat und 1922 die Prüfungen wiederholte oder dass sie sich in ihrem Brief im Jahr irrte (2.1.1921 statt 2.1.1922 schrieb), also erst Ende 1921 die schriftlichen Prüfungen absolvierte (vgl. zum Datum der Reifeprüfung im Personalbogen für wissenschaftliche Assistenten des Klinik-Instituts: II. Medizinische Klinik Charité, ca. 1933, BArch, R 4901/1371). Zum Schulsystem in dieser Zeit vgl. Huerkamp, Bildungsbürgerinnen, S. 45-46.

27 Brief von Maria an ihre Mutter vom 22.11.1919, PA Hanser-Strecker, Briefe Katharina-Maria.

»Das junge Mädchen von heute«

1 Vgl. Honnef, Deutschland, S. 308.

2 Querschnitt (1929) 5, vgl. Ullstein-Bildarchiv, hier unter ihrem späteren Namen Inge Lazansky. Weitere Mahrenholz-Porträts von Inge von Königswald in *Die Dame* (1933) 28 sowie von Marias Freundin Ursula von Hohenlohe in *Die Dame* (1932) 12 und in Die Dame (1929/1930) 7 (vgl. Ullstein-Bildarchiv).

3 »Querschnitt durch die Berliner Gesellschaft«, »Fräulein Maria Daelen«, in: Querschnitt (1929) 5, S. 319 (vgl. Ullstein-Bildarchiv sowie http://magazine.illustrierte-presse.de/die-zeitschriften/werkansicht/dlf/73245/5/0/).

4 Vgl. u. a. Brief von Annie Hensler-Möring an Maria vom 11.8.1955, PA A. Daelen.

5 Zur Biografie von Riess vgl. u. a. Beckers, Riess.

6 Über Besuche von Kardorff-Oheimb bei Frieda Riess' Teegesellschaften berichtete Reinhard Weer in seinem Artikel »Die Rieß stellt aus …«, 8-Uhr-Abendblatt, Nr. 270, 18.11.1927, zit. n. Beckers, Riess, S. 147-148.

7 Vgl. z. B. »Neues aus der Photowelt«, ›Die Rieß‹, Photofreund, Nr. 23, 1927, S. 439, zit. n. Beckers, Riess, S. 203. Zur Ausstellung von Frieda Riess in der Galerie Flechtheim, zum großen Presse-Echo auf ihre »wirklichen Kunstwerke« sowie Stimmen ihrer Bewunderer, wie zum Beispiel Wilhelm von Bode, vgl. Beckers, Riess, S. 120.

8 So erzählt es die Fotografin Marianne Breslauer, zit. n. Beckers, Riess, S. 64.

9 Anita: Das junge Mädchen von heute, in: Die Dame 58 (1931) 25, S. 5-6 und 28, hier S. 6. Fotograf: Rolf Mahrenholz.

10 Mitteilung von Jole Berlage, Hamburg, vom 4.5.2019 über Felix Daelen, gemeinsamer Vater ihres Großvaters Vital Daelen und von dessen Schwester Maria Daelen.

11 Aufstellung zit. n. Brinkschulte, Berlin, S. 156.

12 Zahlen nach Usborne, Ärztinnen, S. 75.

13 Vgl. ebd., S. 73.

14 Vgl. zu Rhoda Erdmann Jasch, Rhoda Erdmann bzw. ihren eigenen Bericht: Erdmann, Typ sowie zu Rahel Hirsch Brinkschulte, Professor.

15 Vgl. Jasch, Rhoda Erdmann, S. 17.

16 Zahlen nach Usborne, Ärztinnen, S. 75.

17 Vgl. hierzu u. a. das Gemälde »Die Operation« von Christian Schad, ein Hauptwerk der sogenannten Neuen Sachlichkeit: Hier wird der Beruf des Chirurgen als explizit männliche Profession definiert und dient – als Gegenspiel zur »Neuen Frau« – der »Resouveränisierung« des »Neuen Mannes«. Das Gemälde, so die Interpretation von Söll, ist somit ein eindrucksvolles Beispiel für die »weiterhin existierende Geschlechterhierarchie« (Söll, Mann, S. 13 f.; Söll, Mann, S. 211; zum Gemälde vgl. Christian Schad, Die Operation, 1929, Öl auf Leinwand, 125 x 95 cm, Städtische Galerie im Lenbachhaus und Kunstbau, München).

18 Flemming, Neue Frau, S. 64. Vgl. hierzu und im Folgenden Usborne, Ärztinnen, S. 74. Zur »Neuen Frau« vgl. später Anm. 15 auf S. 169.

19 Vgl. Usborne, Ärztinnen, S. 77.

20 Hierzu und zur Haltung der Ärztinnen der Weimarer Republik zu Fragen u. a. der Eugenik und Abtreibung vgl. ebd., S. 94.

21 Heusler-Edenhuizen, Was, S. 1.

22 Zahlen nach Usborne, Ärztinnen, S. 77.

23 Der Beginn des Studiums variiert zwischen 1923 und 1924 (vgl. Personalakten für die Zeit nach 1945 in BArch, B 189/27070 oder – die hier zitierten – Stationen ihres Studiums im Personalbogen von 1933, BArch, R 4901/1371).

24 Immatrikulation Maria Daelens zum Wintersemester 1925, vgl. Ludwig-Maximilians-Universität München: Personenstand der Ludwig-Maximilians-Universität München, Sommer-Halbjahr 1926, 2018, https://epub.ub.uni-muenchen. de/9697/1/pvz_lmu_1926_sose.pdf., S. 78 und 165. Bereits hier könnte sie Kontakt zu Ferdinand Sauerbruch erhalten haben, der zu diesem Zeitpunkt am Chirurgisch-klinischen Institut der dortigen Medizinischen Fakultät lehrte und dem Maria Daelen zu späterer Zeit u. a. als behandelndem Arzt ihres Lebenspartners Wilhelm Furtwängler wieder begegnete.

25 Hier variieren die Zahlen zu ihren Angaben für die Zeit nach 1945, vgl. Personalakten Maria Daelen in BArch, B 189/27070.

26 Daelen, Therapie.

27 Baddack, Zäsuren, S. 287.

28 Diese und folgende Einschätzung von Kardorff-Oheimb ebd.

29 Zit. n. Baddack, Katharina von Kardorff-Oheimb, S. 119.

30 Original-Artikel über Kardorff-Oheimb, von Maria aufgehoben, hier u. a. auch ein Artikel von Kardorff-Oheimb selbst über ihr Jagdhobby: »Das war der erste Hirsch«, in: Der Querschnitt 6 (1926) 5, S. 366-367, PA Brüggemann. Die Zeitschrift *Der Querschnitt* war von Alfred Flechtheim gegründet und von H. v. Wedderkop herausgegeben worden.

31 Christoph Ackermann im Interview mit der Autorin am 10.1.2018.

32 Vgl. den Hinweis auf diesen Artikel in einem Brief von Roland de Margerie an Maria am 12.4.1948, PA A. Daelen.

Familienbande

1 Zit. n. Baddack, Katharina von Kardorff-Oheimb, S. 590.

2 Kardorff-Oheimb, Politik, S. 165.

3 Zur Genese der Ehe zwischen Kardorff-Oheimb und Siegfried von Kardorff sowie zum weiteren Verlauf vgl. Baddack, Katharina von Kardorff-Oheimb, S. 524 f.

4 Kardorff-Oheimb, Politik, S. 165.

5 Brief von Maria an ihre Mutter vom 2.4.1927, PA Hanser-Strecker, Briefe Katharina-Maria.

6 Vgl. Brief von Felix Daelen an Kardorff-Oheimb vom 18.9.1920, BArch, N 1039/9.

7 S. Anm. 6 auf S. 167.

8 Vgl. die Ostergrüße von Siegfried von Kardorff an Kardorff-Oheimb und Tochter Elisabeth vom 1.4.1929, BArch, N 1039/1.

9 Vgl. zu diesem Zerwürfnis auch Baddack, Katharina von Kardorff-Oheimb, S. 125-127.

10 Zum Erbstreit vgl. ebd., S. 97-104.

11 Brief von Kardorff-Oheimb an Hannah Ackermann vom 7.9.1930, BArch, N 1039/6.

12 Brief von Kardorff-Oheimb an Siegfried von Kardorff vom 12.8.1932, zit. n. Baddack, Katharina von Kardorff-Oheimb, S. 127.

13 Vgl. u.a. die Briefkorrespondenz zwischen beiden im Jahr 1932, BArch, N 1039/16.

14 Vgl. die Pressesammlung zur Politikerin Kardorff-Oheimb in BArch, R 8034-III/338.

15 Vgl. zum Engagement Kardorff-Oheimb für die Frauenbewegung Baddack, Katharina von Kardorff-Oheimb, S. 473-476.

16 Vgl. hierzu Kardorff-Oheimb, Politik, S. 47.

17 Vgl. Baddack, Katharina von Kardorff-Oheimb, S. 145. Zur Einordnung des politischen Salons von »Kathinka« vgl. ebd., S. 130-141 und S. 148.

Berlin: mondän – pulsierend - begierig

1 Georgiadou, Leben, S. 67.

2 Vgl. zum Kennenlernen und zur Freundschaft von Annemarie Schwarzenbach mit Erika Mann Kröger, Erika Mann, S. 157 sowie zu ihrer Freundschaft mit Ruth Landshoff-Yorck Schwarzenbach, Schwelle, S. 72-79.

3 Vgl. zur Person Renée Wille-Schwarzenbach, zu ihrer politischen Haltung und ihren Verbindungen Schwarzenbach, Geborene, S. 265-269.

4 Zit. n. Yorck, Klatsch, S. 164.

5 Brief von Annemarie Schwarzenbach an Erika Mann vom 9.11.1931, zit. n. Georgiadou, Leben, S. 104.

6 Davon berichtet die Fotografin Marianne Breslauer, vgl. Feilchenfeldt Breslauer, Bilder, S. 129. Ein weiteres privates Porträt der beiden Freundinnen Maria und Annemarie, das die enge Verbindung der beiden Frauen zeigt, befindet sich im Teilnachlass von Adele Daelen, der von Jole Berlage verwaltet wird. Das Porträt hing neben anderen Bildern bis zuletzt in Maria Daelens Schlafzimmer.

7 Zur Entstehung des berühmten Porträts von Schwarzenbach im Ullstein-Atelier vgl. Schwarzenbach, Schwelle, S. 89.

8 So befinden sich zahlreiche Abzüge der bekannten Bilder von Annemarie Schwarzenbach, fotografiert von Marianne Breslauer, in PA Brüggemann. Die Originale befinden sich in der Fotostiftung Schweiz/ETH Zürich.

9 Zit. n. Schwarzenbach, Geborene, S. 264.

10 Zit. n. ebd.

11 So erzählt es die gemeinsame Freundin Marianne Breslauer, vgl. Georgiadou, Leben, S. 105.

12 Ebd., S. 113.

13 Vgl. hierzu den Nachlass von Marianne Breslauer, später Feilchenfeldt Breslauer in der Fotostiftung Schweiz/ETH Zürich sowie die Privatsammlung des Sohnes von Marianne Breslauer, Walter Feilchenfeldt.

14 Beachy, Berlin, S. 23. Zur Einordnung der 1920er vgl. Faulstich, Einführung, hier v. a. S. 18.

15 Zur »Neuen Frau« der 1920er Jahre, zu ihren historischen Vorentwicklungen seit den 1890er Jahren und den Verbindungen zur Homosexualität vgl. u.a. Lybeck, Emancipation, S. 5-8. Zur neuen Mode vgl. u.a. Faulstich, Einführung, S. 17-18. Der Topos der »Neuen Frau« stieg zum Symbol weitreichender Veränderungsdynamiken der Weimarer Republik empor, auf ihn wurden gesellschaftliche Verunsicherungen projiziert (vgl. Flemming, Neue Frau). Dabei wurde der Begriff »Neue Frau« bereits im 19. Jahrhundert als Emanzipationsentwurf geprägt. In den 1920er Jahren fiel die äußerliche Erscheinung mit dem emanzipatorischen Anspruch zusammen, und es entstand eine medial vermittelte Ikone (Kessemeier, Sportlich).

16 Sutton, Woman, v. a. S. 126 f.

17 Dazu, welche Begehrens- und Beziehungskonzepte von Frauen begehrenden Frauen in den 1920er Jahren entwickelt wurden, vgl. Micheler, Gleichberechtigung.

18 Beachy, Berlin, S. 256.

19 Vgl. Blubacher, Francesco von Mendelssohn, S. 258.

20 Ziver, Café, S. 78.

21 Weiteres zur Bar »Mali und Ingel« am Wittenbergplatz, die ein beliebter Treffpunkt von lesbischen Künstlerinnen, Intellektuellen, Sängerinnen, Theaterschauspielerinnen und Filmstars war, bei Gordon, Berlin, S. 253.

22 Zit. n. Perret, Nachwort, S. 130.

23 Vgl. u. a. die Bilder von Maria auf der Romreise im Frühjahr 1932, in: PA Hanser-Strecker, Bilder von Maria.

24 So die Erzählung von Jörg von Morgen, Sohn von Ruth von Morgen und bekannt als Cartoonist der Bundesrepublik unter dem Künstlernamen »Markus« (Markus, Leben, S. 45 f.).

25 Vgl. »Mein Hund ist der schönste! Rut Landshoff mit ihrem Kerry-Blue-Terrier ›Paris‹«, in: Die Dame (1928/1929) 18, S. 3.

26 Zum Bericht über Marias Fahrgewohnheiten und folgende Zitate vgl. Markus, Leben, S. 46.

27 Hertling, Eroberung, S. 25. Zur Differenzierung der drei Frauen und ihr Verhältnis zum Automobil vgl. ebd., S. 266-270.

28 Vgl. hierzu sowic zur Technikbeherrschung, Sportlichkeit und zum sachlichen Verhalten der »Neuen Frau« ebd., S. 56 und S. 58 f.

29 Vgl. hierzu und allg. zur Bedeutung der automobilen Frauen in den Frauenbewegungen der Weimarer Republik ebd., S. 264 f.

30 So die Erzählung von Jörg von Morgen über das Skifahren mit seiner Mutter Ruth, mit Maria und anderen Freunden z.B. in Zermatt (Markus, Leben, S. 87).

31 Vom Skilaufen mit den Architekten berichtet Maria in einem Brief an Roger Perret vom 8.3.1986, PA A. Daelen. Zu Annemarie Schwarzenbachs Liebe für Sils und ihren Aufenthalten dort vgl. Schwarzenbach, Schwelle, S. 294-305.

32 Nach der Erzählung von Jörg von Morgen, vgl. Markus, Leben, S. 45. Zur Reise nach Rom vgl. die Fotos von Maria in ihrem Auto, »Rom Frühjahr 1932«, in: PA Hanser-Strecker, Bilder von Maria.

33 Margerie, Adieux 2, S. 81.

34 Ebd., S. 110.

35 Zu den Fotos mit Maria Daelen, Roland und Jenny de Margerie s. Margerie, Adieux 6, hier Chapitre 21: 1923-1933 Berlin.

36 Vgl. die Bilder ebd., hier Chapitre 26: Londres 1933-1938.

37 Dass zwischen Roland de Margerie und Maria Daelen eine Liebesbeziehung bestand, sagt auch ihre Halbschwester Elisabeth Furtwängler, vgl. Lang, Elisabeth Furtwängler, S. 56. Eine Liaison soll Maria nach Elisabeths Aussage auch mit Gerhard Graf von Kanitz, Gutsbesitzer und Politiker, gehabt haben (ebd.).

38 So widmete Roger Martin du Gard, französischer Schriftsteller und Literaturnobelpreisträger 1932, Annemarie Schwarzenbach ein Exemplar seiner »Confidence africaine« mit den Zeilen: »Für Annemarie Schwarzenbach, als Dank, daß sie mit ihrem schönen Gesicht eines untröstlichen Engels auf dieser Welt spaziert« (zit. n. Georgiadou, Leben, S. 31).

39 Aguilà, littérature, S. 238.

40 Margerie, Adieux 3, S. 170.

41 Beckers, Riess, S. 199. Zur Liaison zwischen Pierre de Margerie und Frieda Riess vgl. ebd., S. 82.

42 Zu den genannten Personen vgl. die Beiträge im Band Aurnhammer, Stefan George.

43 Über einen gemeinsamen Abend in der »Taverne« (23.3.1938), einem Frühstück bei dem Verleger Helmut Küppers (22.4.1936) bzw. bei Ingrid Stieve (24.3.1938) berichtet Marias Freundin Lucy von Wangenheim in ihren Notizbüchern (Mitteilung von Eckhart Grünewald, Frankfurt a.M.).

44 Dieses und folgendes Zitat aus dem Brief von Ernst Kantorowicz an Lucy von Wangenheim vom 5.11.1935, Mitteilung von Eckhart Grünewald, Frankfurt a.M.

45 Über dieses Treffen und den folgenden Eindrücken berichtet Ernst Kantorowicz Lucy von Wangenheim in einem Brief vom 19.6.1936, Mitteilung von Eckhart Grünewald, Frankfurt a.M.

46 Zarek, Begierde, S. 192.

Liebe und Schmerz

1 Weder die Fotostiftung Schweiz, die einen Teil des Breslauer-Nachlasses verwaltet, noch Walter Feilchenfeldt, Sohn von Marianne Breslauer, konnten bestätigen,

dass dieses Foto von 1936 sowie das Foto des Buchumschlags von Breslauer aufgenommen wurden. Auf der Rückseite der Fotos steht jedoch die Bezeichnung »Bphot«, wie auf vielen der Fotos in Marias Nachlass, u.a. von ihren Freundinnen Annemarie Schwarzenbach und Ruth von Morgen. Breslauers Autorenschaft für das Foto in Kapitel »Wege in den Widerstand« ist eindeutig bestätigt.

2 Feilchenfeldt Breslauer, Bilder, S. 56.

3 Zu Breslauer vgl. etwa Beer, Marianne Breslauer; Breslauer, Photographien.

4 Über Breslauers weiteren Weg in die Emigration und ihre Tätigkeit als bekannte Kunsthändlerin, v.a. nach 1945, vgl. ihre Autobiografie Feilchenfeldt Breslauer, Bilder.

5 Vgl. Furtwänglers Kalendereintrag vom 16.10.1935, SBB, 55 Nachl 13 A, Kasten 44.

6 Über die erste Begegnung, die zur Liebesbeziehung führte, gibt es leider keine Quellen. Dass sich beide Ende 1935 kennenlernten, beschreibt Cahn, der noch persönlich mit Maria Daelen gesprochen hat (Cahn, Wilhelm Furtwängler, S. 9). Zu den möglichen Begegnungspunkten vgl. Heinrich, Staatsdienst, S. 107; Schwarzenbach, Geborene, S. 190 f.; Baddack, Katharina von Kardorff-Oheimb, S. 132.

7 Vgl. die Einträge Furtwänglers in seinen Tages-Notizkalendern, SBB, 55 Nachl 13 A, Kasten 44. Leider sind nicht alle Briefe zwischen Wilhelm Furtwängler und Maria Daelen überliefert oder zugänglich. Die Autorin erhielt Einblick in die Briefe Wilhelm Furtwänglers an Maria Daelen zwischen 1935 und 1943 (PA Hanser-Strecker). Leider lagen nur wenige Briefe Maria Daelens an Wilhelm Furtwängler vor (ebf. PA Hanser-Strecker sowie im Nachlass Wilhelm Furtwänglers, SBB, 55 Nachl 13 A, Kasten 41a). Dies muss bei der folgenden Einschätzung der Beziehung zwischen Maria Daelen und Wilhelm Furtwängler bedacht werden.

8 Vgl. u.a. Lang, Elisabeth Furtwängler, S. 273.

9 Brief von Furtwängler an Maria vom 21.6.1938, PA Hanser-Strecker, Briefe F-M 1930er. Das Landhaus hatte Furtwängler, so seine eigenen Angaben, erworben, ließ es aber – vermutl. aus äußerlichen Gründen – auf Marias Namen eintragen (vgl. Brief von Furtwängler an Maria vom 30.4.1943, PA Hanser-Strecker, Briefe F-M 1942-43 bzw. auch als Entwurf, SBB, 55 Nachl 13 A, Kasten 38 sowie Brief der Gemeindekasse und Steueramt (Bad Saarow) an Maria Daelen vom 23.2.1939 im Nachlass Furtwängler, Zentralbibliothek Zürich, Nachl. W. Furtwängler, BO 118). Nach der Beziehung blieb Maria Eigentümerin (Maria nannte es oft »mein Haus«, vgl. die »Bemerkungen zu Furtwängler«, Anm. 60 auf S. 175). Heute ist das Grundstück Eigentum der Pro Musica Viva – Maria Strecker-Daelen-Stiftung.

10 Brief von Furtwängler an Maria vom 22.8.1940, PA Hanser-Strecker, Briefe F-M 1930er.

11 Vgl. Brief von Furtwängler an Maria vom 13.11.1938 aus Wien, in dem er von »ihrem großen Zimmer auf dem breiten Bett in Sarow« schwärmt, PA Hanser-Strecker, Briefe F-M 1930er.

12 Vgl. u.a. den Aufenthalt in Bayreuth im Juli 1937 im Brief von Furtwängler an Maria vom 13.7.1937 (Poststempel), PA Hanser-Strecker, Briefe F-M ab 1935 oder

die Hotelrechnung vom 30.10.1940 aus dem Hotel Imperial (Wien) an Maria Daelen im Nachlass Furtwängler, Zentralbibliothek Zürich, Nachl. W. Furtwängler, BO 115.

13 Vgl. die Reise im Juni 1937 zum Einstudieren zweier Aufführungszyklen der »Ring«-Tetralogie im Londoner Covent Garden zu den Krönungsfeierlichkeiten König Georgs IV., gemeinsam mit Roland de Margerie und Ingrid Stieve (Margerie, Adieux 4, S. 466).

14 Briefe von Furtwängler an Maria aus dem Sommer 1937 zur Noten-Organisation sowie weitere vom 1.6.1938 oder 18.8.1940, PA Hanser-Strecker, Briefe F-M 1930er.

15 Brief von Maria an Walther Riezler vom 25.5.1939, SBB, 55 Nachl 13 A, Kasten 29. Zur Freundschaft zwischen Maria Daelen, Wilhelm Furtwängler und dem Ehepaar Riezler im Brief Riezler an Furtwängler vom 5.8.1939, SBB, 55 Nachl 13 A, Kasten 29.

16 Vgl. zum Kontakt zwischen Maria und Furtwänglers Mutter den Brief von Sekretärin Freda von Rechenberg an Adelheid Furtwängler am 5.8.1940, SBB, 55 Nachl 13 A, Kasten 38 sowie zur Therapie seines Bruders den Brief von Walther Furtwängler an Wilhelm Furtwängler vom 12.2.1930, SBB, 55 Nachl 13 A, Kasten 38.

17 Briefe von Furtwängler an Maria vom 22.8.1940 (PA Hanser-Strecker, Briefe F-M 1930er), vom 5.8.1937 sowie von ca. April 1937 (beide PA Hanser-Strecker, Briefe F-M ab 1935).

18 Briefe von Furtwängler wurden bspw. vom Oberkommando der Wehrmacht geöffnet (und gelesen), vgl. Brief von Furtwängler an Maria vom 13.11.1941, PA Hanser-Strecker, Briefe F-M 1942-43.

19 Vgl. u.a. Brief von Furtwängler an Maria vom 4.4.1940 (PA Hanser-Strecker, Briefe F-M 1930er), bereits 1937 über den Musikbetrieb in Bayreuth (o.D., ca. 1937, PA Hanser-Strecker, Briefe F-M ab 1935) sowie zu Karajan u.a. vom 29.1.1942 aus Stockholm (PA Hanser-Strecker, Briefe F-M 1942-43).

20 Brief von Furtwängler an Maria, o.D., von der Weltausstellung Paris (wahrscheinlich zwischen 6.9. und 12.9.1937, PA Hanser-Strecker, Briefe F-M 1930er).

21 Darstellung des Streits zwischen Toscanini und Furtwängler nach Novak, Salzburg, S.67-68. Vgl. weitere Literatur u.a. Haffner, Furtwängler, S.242-244; Kriechbaumer, Österreich, S.131f.; Sachs, Toscanini, S.671-672 sowie bereits kurz nach Ende des nationalsozialistischen Regimes Trapp, Wilhelm Furtwängler, v.a. S.68.

22 Vgl. bspw. Anton Kuh: »Der übernationale Dirigent«, in: Die neue Weltbühne, 16.7.1937, abgedruckt in: Kuh, Werke, S.346-351.

23 Vgl. Anm. 20 auf S.172.

24 Novak, Salzburg, S.148. Furtwängler hatte noch 1937 Propagandaminister Joseph Goebbels über die Auseinandersetzung mit Toscanini erzählt. Dieser hatte daraufhin für den Sommer 1938 wieder einen Totalboykott ins Auge gefasst, dem jedoch der sogenannte Anschluss Österreichs »zuvor«kam (vgl. ebd., S.68).

25 Vgl. u.a. Brief von Furtwängler an Maria vom 9.12.1937 (PA Hanser-Strecker, Briefe F-M ab 1935), in dem er sich für eine Entscheidung im Rahmen seiner Dirigiertätigkeit für die Staatsoper Berlin rechtfertigt.

26 Brief von Furtwängler an Maria vom 12.8.1940, PA Hanser-Strecker, Briefe F-M 1930er.

27 Brief von Furtwängler an Maria vom 18.9.1942, PA Hanser-Strecker, Briefe F-M 1942-43; Unterstreichungen im Original.

28 So in einem Brief von Elisabeth Ackermann an Wilhelm Furtwängler im Dezember 1941, zit. n: Lang, Elisabeth Furtwängler, S. 274.

29 Über die Beziehung zwischen Maria Daelen und Wilhelm Furtwängler, die Trennung und seine Entscheidung für ihre Halbschwester Elisabeth gibt es aufgrund der verschiedenen Sichtweisen der Beteiligten unterschiedliche Erzählweisen und Interpretationen. Vgl. u.a. Wendt, Furtwänglers, S. 67 f.; Straub, Furtwänglers, S. 272; Furtwängler, Wilhelm Furtwängler; Lang, Elisabeth Furtwängler, u.a. S. 59 f. sowie zahlreiche Medienbeiträge z.B. Jan Schmidt-Garre: So war er. Elisabeth Furtwängler blickt auf ihr Leben mit dem Dirigenten Wilhelm Furtwängler. Bayerischer Rundfunk, pars media 2004. Viele der Darstellungen sind ohne Quellenbeleg und folgen der Erzählweise von Elisabeth Furtwängler, die aufgrund fehlender Darstellungen durch Maria die Narration bestimmt.

30 Brief von Furtwängler an Maria vom 6.9.1942, PA Hanser-Strecker, Briefe F-M 1930er. Zu Furtwänglers Ferienhaus in Bad Wiessee vgl. IfZArch, ED 880-7.

31 Dass Maria keine Kinder bekommen konnte, bestätigt Peter Hanser-Strecker im Interview mit der Autorin am 30.1.2018. Äußerungen von Maria über ihre Schwester Katja – »Beneidenswerter Zustand, ein Kind zu haben« – deuten ebf. daraufhin (Brief von Maria an ihre Mutter vom 21.3.1933, BArch, N 1039/12a).

32 Briefe von Furtwängler an Maria vom 2.-15.9.1942 (PA Hanser-Strecker, Briefe F-M 1942-43) sowie Brief von Elisabeth Ackermann an Furtwängler vom 17.10.1942 (zit. n. Lang, Elisabeth Furtwängler, S. 312). Die Beschreibung der Trennung Furtwänglers von Maria beruht auf den Briefen Furtwänglers an Maria sowie auf der Darstellung von Lang (Lang, Elisabeth Furtwängler), die jedoch wiederum nur auf Elisabeths Erzählungen basiert und zudem nicht gekennzeichnete Weglassungen in Originalbriefen aufweist (vgl. den Briefentwurf von Furtwängler an Maria vom 18.5.1943, SBB, 55 Nachl 13 A, Kasten 38 und die Zitation des Briefes, datiert mit 18.5.1943, bei Lang, Elisabeth Furtwängler, S. 319). Leider fehlt im Nachlass Furtwänglers auch Furtwänglers Kalender über die Zeit der Trennung im Sommer 1942 (vgl. SBB, 55 Nachl 13 A, Kasten 44).

33 Brief von Furtwängler an Maria vom 14.10.1942 (Poststempel), PA Hanser-Strecker, Briefe F-M 1942-43.

34 Brief von Maria an Furtwängler vom 25.11.1942, SBB, 55 Nachl 13 A, Kasten 41a.

35 Brief von Maria an Furtwängler, o.D. (ca. Ende November/Anfang Dezember), PA Hanser-Strecker, Briefe F-M 1942-43.

36 Vgl. u.a. den Hinweis auf Auseinandersetzungen über materielle Fragen im Briefentwurf von Furtwängler an Maria, o.D. (SBB, 55 Nachl 13 A, Kasten 38 sowie – unvollständig – abgedruckt mit dem Datum 18.5.1943 bei Lang, Elisabeth Furtwängler, S. 319). Diesen Brief hat Furtwängler jedoch nicht abgeschickt.

37 Brief von Furtwängler an Maria vom 6.5.1943 (Poststempel), PA Hanser-Strecker, Briefe F-M 1942-43.

38 Brief von Furtwängler an Maria vom 25.8.1936, PA Hanser-Strecker, Briefe F-M ab 1935.

39 Brief von Furtwängler an Maria vom 22.3.1937, PA Hanser-Strecker, Briefe F-M ab 1935.

40 Brief von Furtwängler an Maria 1941 aus Potsdam, PA Hanser-Strecker, Briefe F-M 1930er.

41 Brief von Furtwängler an Maria vom 28.3.1937, PA Hanser-Strecker, Briefe F-M ab 1935.

42 Brief von Furtwängler an Maria vom 16.7.1937, PA Hanser-Strecker, Briefe F-M ab 1935.

43 Brief von Furtwängler an Maria vom 4.8.1937, PA Hanser-Strecker, Briefe F-M ab 1935.

44 Bei der folgenden Einschätzung ist die Quellenlage zu beachten, vgl. Anm. 7 auf S. 171.

45 Brief von Furtwängler an Maria, Briefumschlag mit Datum 26.7.1937, PA Hanser-Strecker, Briefe F-M ab 1935.

46 Brief von Furtwängler an Maria vom 26.7.1937, PA Hanser-Strecker, Briefe F-M ab 1935.

47 Brief von Furtwängler an Maria vom 28.7.1937 und Brief o.D. (ca. 1937), PA Hanser-Strecker, Briefe F-M ab 1935.

48 Brief von Furtwängler an Maria vom 24.7.1937, PA Hanser-Strecker, Briefe F-M ab 1935.

49 Vgl. bspw. Brief von Furtwängler an Maria vom 20.7.1936, PA Hanser-Strecker, Briefe F-M ab 1935.

50 Brief von Furtwängler an Maria vom 27.7.1936, PA Hanser-Strecker, Briefe F-M ab 1935.

51 Vgl. zu den genannten Beispielen die Briefe vom 20.12.1935, 6.5.1937, 16.7.1937 oder o.D. (ca. Winter 1937/1938) (PA Hanser-Strecker, Briefe F-M ab 1935) bzw. vom 20.5.1939 (PA Hanser-Strecker, Briefe F-M 1930er).

52 Ruths Sohn, Jörg von Morgen (vgl. u.a. Anm. 24 auf S. 169), drückt die Verbindung beider Frauen so aus: »Mit der großen, kräftigen und selbstbewussten Maria Daelen verband Ruth die Liebe zur Musik und vielleicht auch mehr.« (Markus, Leben, S. 45).

53 Vgl. zur Ruth in den Briefen von Furtwängler an Maria vom 30.5.1937, 8.5.1937, o.D. aus London (ca. Mai 1937) oder o.D. (ca. April 1937), PA Hanser-Strecker, Briefe F-M ab 1935. Ruth begleitete Maria beispielsweise bei den Konzertbesuchen oder lud sie und Wilhelm Furtwängler zu ihrer Hochzeit 1939 mit Konrad von Kottwitz-Erdödy ein. Gemeinsam mit Ruth fuhren sie Ski (vgl. Markus, Leben, S. 87).

54 Brief von Maria an ihre Mutter vom 8.12.1943, PA Hanser-Strecker, Briefe Katharina-Maria.

55 Brief von Furtwängler an Maria vom 2.-4.9.1942, PA Hanser-Strecker, Briefe F-M 1942-43.

56 Hier und Folgendes im Brief von Kardorff-Oheimb an Marta von Hirsch vom 12.1.1950, BArch, N 1039/59.

57 Brief von Maria an Furtwängler vom 13.11.1946, SBB, 55 Nachl 13 A, Kasten 41a. Zur Zurücksendung seines Briefes vgl. den Brief Furtwänglers an Elisabeth Furtwängler vom 2.12.1946, zit. n. Lang, Elisabeth Furtwängler, S. 364.

58 Mehrere Briefe von Kardorff-Oheimb an Furtwängler 1946, SBB, 55 Nachl 13 A, Kasten 21.

59 Dokumente zum Entnazifizierungsverfahren Furtwänglers, LAB, A-Rep 243-01, Nr. 302-305.

60 »Bemerkungen zum Fall Furtwängler« von Maria Daelen, 15.3.1946, u.a. in PA Hanser-Strecker, Briefe F-M 1930er. Weitere Exemplare befinden sich in PA Hanser-Strecker, Politik 1 – Furtwängler und im Nachlass von Furtwängler, SBB, 55 Nachl 13 A, Kasten 35 (unbenanntes Fragment) sowie ein Hinweis darauf im Brief von Maria an Hans Gisevius vom 5.11.1946, AfZ: NL Hans Bernd Gisevius / 10.74.

61 Dass Maria viele Kontakte zu Personen aus Widerstandskreisen hatte, ist belegt (vgl. Kapitel »Wege in den Widerstand«). Für die Verifizierung der Kontakte zwischen Furtwängler und einigen der in der Liste genannten Personen bedarf es weiterer Nachforschungen (vgl. auch Anm. 14 auf S. 181 zu Werner Finck). So konnte bspw. für die Freundschaft zwischen Furtwängler und Ulrich von Hassell keine weitere Quelle gefunden werden (vgl. Hassell, Hassell-Tagebücher; Hassell, Tagebücher).

62 Zur Literatur über Furtwängler und seine Verbindung zum NS-Regime vgl. bspw. Roncigli, Cas; Roncigli, Wilhelm Furtwängler; Trapp, Wilhelm Furtwängler; Haffner, Furtwängler; Shirakawa, Devil; Prieberg, Kraftprobe.

63 Zu seinen Ergebenheitsadressen vgl. z.B. die Akten im Bundesarchiv, u.a. BArch, NS 10/110; BArch, R 56-I/140; BArch, R 55/20616; BArch, R 4606/4659.

64 Scharfe Kritik an Furtwänglers Handeln gab es bereits gleich 1945, oftmals aus Sicht der Exilanten, vgl. u.a. den Artikel »Staatsrat Furtwängler« von P. Walter Jacob, abgedruckt in: Trapp, Wilhelm Furtwängler, hier S. 60-69.

65 Vgl. die Dokumente zum Entnazifizierungsverfahren Furtwänglers, LAB, A-Rep 243-01, Nr. 302-305.

66 Brief von Kardorff-Oheimb an Martha Hirsch vom 7.2.1956, BArch, N 1039/59.

67 Brief von Maria an Furtwängler vom 12.4.1953, SBB, 55 Nachl 13 A, Kasten 9.

1933

1 Vgl. ausführlich Schober, Tragik.

2 Zu den Vorfällen auf dem Kurfürstendamm vgl. Gruner, Verfolgung, S. 313.

3 Dieses und Folgendes im Brief von Maria an ihre Mutter vom 21.3.1933, BArch, N 1039/12a.

4 Maria Daelen war zu keiner Zeit NSDAP-Mitglied oder Mitglied im NS-Ärztebund

(Prüfung im Bestand Berlin Document Center im Bundesarchiv Koblenz; die Karteien der NSDAP-Mitgliederkartei sind zu schätzungsweise 80% erhalten geblieben). In der Reichsärztekammer war Maria Daelen gemeldet (BArch, R 9345/ Daelen, Maria, 22.2.1903).

5 Vgl. den Personalbogen für wissenschaftliche Assistenten des Klinik-Instituts: II. Medizinische Klinik Charité, ca. 1933, BArch, R 4901/1371 sowie die Dokumente in der Personalakte, BArch, B 189/27070.

6 Vgl. Gutmann, Klinikum, S. 69.

7 Zum Krankenhaus Westend vgl. Brinkschulte, Berlin, S. 206-208.

8 Die Personalakten des Krankenhauses Westend aus der Zeit 1933 bis 1945 existieren nicht mehr, das Archiv wurde zerstört (vgl. Hahn, Grawitz, S. 33).

9 Zeugnis von Prof. A. Meyer, Krankenhaus Charlottenburg Westend vom 9.10.1933, BArch, B 189/27070.

10 Seel, Gesetz, S. 9 f. Weiteres dazu und zum Folgenden vgl. auch Vossen, Wissenschaft, S. 25; Walther, Entlassungen; Grüttner, Vertreibung, S. 133-139 oder Mühl-Benninghaus, Beamtentum. Gesetze des nationalsozialistischen Regimes sind zur besseren Lesbarkeit nicht in Anführungszeichen gesetzt.

11 Vgl. zu Grawitz' Stationen bei Hahn, Grawitz, S. 30-34.

12 Vgl. u. a. das Schreiben von Drigalski vom 10.4.1948, BArch, B 189/27070.

13 Eidesstattliche Erklärung von Maria Daelen vom 10.9.1946 bzgl. Verfahren Albrecht Tietze, LAB, C Rep. 375-01-21, NR. 390 A.07. Auch nach 1945 sind Maria und Tietze befreundet und in Kontakt, vgl. Brief von Maria an ihre Mutter vom 6.1.1947 (PA Hanser-Strecker, Briefe Katharina-Maria).

14 Schreiben des Hessischen Staatsministeriums vom 27.11.1947, HHStAW, 527/ Liste II/ 3748.

15 Lebenslauf von Maria Daelen vom 24.4.1953, BArch, B 189/27070.

16 Die Datumsangabe 1.4.1933 als Beginn der Tätigkeit an der Charité findet sich in den zeitgenössischen Dokumenten sowie in der Mehrzahl der Dokumente nach 1945, vgl. u. a. Schreiben von Arthur Woldemar Meyer vom 9.10.1933, BArch, B 189/27070.

17 Vossen, Fakultät, S. 294. Weiteres zum genauen Ablauf dieser Monate vgl. auch Schagen, Hakenkreuz, S. 172.

18 Zahlen n. ebd., S. 175, vgl. auch bereits Hess, Sinn, S. 39.

19 Vgl. Schagen, Hakenkreuz, S. 176.

20 Vossen, Fakultät, S. 304.

21 Vgl. Schagen, Hakenkreuz, S. 172.

22 Zu den Zahlen und der folgenden Aufstellung der Ärzte vgl. ebd., S. 177 und Vossen, Fakultät, S. 294-296.

23 Ebd., S. 294.

24 Während Forschungsarbeiten zu Vertreibungen an der Medizinischen Fakultät und an den Kliniken bereits zahlreich vorliegen, fehlen weiterhin Erkenntnisse über die Folgen der Vertreibungen für die Kliniken bzw. wer u. a. die neuen Stellen eingenommen hat (vgl. Hess, Sinn, S. 37).

Felicitas Reusch im Interview mit der Autorin am 31.1.2018.

25 Felicitas Reusch im Interview mit der Autorin am 31.1.2018.

26 Kardorff-Oheimb, Politik, S. 156. Zu welchem Zeitpunkt und unter welchen Umständen sich Maria Daelen und Ferdinand Sauerbruch kennenlernten, ist leider nicht genau belegt. Als Sauerbruch in München lehrte, war Maria dort Studentin (vgl. Anm. 24 auf S. 167). Auch ihr späterer Lebensgefährte Wilhelm Furtwängler war mit Sauerbruch bekannt und wurde von ihm behandelt (vgl. Furtwänglers Notiz über seine Ärzte, SBB, 55 Nachl 13 A, Kasten 35 sowie seinen Termin bei Sauerbruch am 24.4.1937, Furtwängler und Daelen sind da bereits ein Paar, SBB, 55 Nachl 13 A, Kasten 44).

27 Zit. n. Schagen, Hakenkreuz, S. 185.

28 Eckart, Welt, S. 190. Zur Nachkriegszeit vgl. u. a. Malycha, Umgang, S. 97-98.

29 Central Registry Of War Criminals And Security Suspects: Final consolidated wanted list, Part II, 1947. Auf der »Wanted List« der Alliierten waren nur die wenigen Mediziner verzeichnet, die aus dem obersten Führungskreis der Gesundheitspolitik stammten, u. a. Gesundheitsführer Leonardo Conti.

30 Zit. n. Hardinghaus, Ferdinand Sauerbruch, S. 110.

31 Vgl. Schagen, Hakenkreuz, S. 176.

32 Zu Ruth Lohmann vgl. Vossen, Fakultät, S. 296.

33 Folgende Ausführungen zur Situation der Ärztinnen vgl. Bleker, Anerkennung, S. 126f.

34 Zu Rhoda Erdmann (1870-1925) vgl. Vossen, Wissenschaft, S. 24 sowie weiter oben bereits Jasch, Rhoda Erdmann.

35 Vgl. Anm. 3 auf S. 175.

36 Vgl. Bleker, Anerkennung, S. 126. Neben den diffamierenden Elementen der nationalsozialistischen Gesundheitspolitik gab es, in Bezug auf die Integration von Frauen, auch positive Ansätze, zum Beispiel die Einführung von neuen Referaten beim Reichsärzteführer und bei den regionalen Ärztekammern nur für die Belange der Ärztinnen – dies jedoch freilich unter gewissem Vorzeichen und mit einem hohen Preis von Anpassung, die die Ärztinnen freiwillig oder gezwungen erbrachten (vgl. ebd., S. 133-134).

37 Schreiben von Prof. Dr. G. von Bergmann, Direktor der II. Med. Univ. Klinik Charité an den preußischen Minister für Wissenschaft, Kunst und Volksbildung am 9.10.1933, BArch, R 4901/1371.

38 Schreiben von Minister an den Herrn Verwaltungsdirektor beim Charitekrankenhause Schneer vom 10.11.1933, BArch, R 4901/1371.

39 Vgl. z.B. das Zeugnis von Gustav von Bergmann vom 23.2.1951 über Marias Tätigkeiten an der Charité, BArch, B 189/27070.

40 Zu Daelens Tätigkeiten in der Charité vgl. auch die Personalakte in HHStAW, 527/ Liste II/ 3748.

41 Bescheinigung von Maria Daelen, Großhessisches Staatsministerium, Medizinalabteilung, für Hermann Krauss vom 31.5.1947, PA Brüggemann. Zu Krauss vgl. Klee, Personenlexikon, S. 336.

42 Niedergelassen als Facharzt für Innere Medizin am 17.1.1938, BArch, R 9345/ Daelen, Maria, 22.2.1903.

43 Zahlen nach Bleker, Anerkennung, S. 127 und 134. Neben den 75 % der 3391 Ärztinnen im Jahr 1932 mit eigenen Praxen, waren 21 % im Angestelltenverhältnis und 4 %, die ihren Beruf nicht ausübten. 1942 waren von 9426 Ärztinnen 23 % in eigenen Praxen niedergelassen, 54 % im Angestelltenverhältnis und 22 % ohne Berufsausübung (ebd., S. 134).

44 Ebd., S. 128.

45 Vgl. Personalakte in BArch, B 189/27070.

46 Vgl. Bescheinigung von Prof. Dr. med. Jürg Zutt, Direktor der Nervenklinik der Stadt und Universität Frankfurt/Main, vom 18.12.1951 über Daelens Tätigkeit in der Poliklinik der Psychiatrischen und Nervenklink der Charité in Berlin vom Oktober 1939 bis Juni 1940, PA Reusch. Zu Zutt und u.a. zu seiner überdurchschnittlichen Aussprache für eine Sterilisation in Funktion als Obergutachter für Sterilisationsanträge in der Charité vgl. Gerrens, Ethos, S. 100.

47 Vgl. Anm. 43 auf S. 178.

48 Folgende Darstellung der Personalsituation der Gesundheitsämter folgt Vossen, Gesundheitsämter, S. 255-257.

49 Vgl. zur »ärztlichen Normaltätigkeit« in Arztpraxen während des Nationalsozialismus Jütte, Geschichte, S. 186-187.

50 Franzmeyer war Sozialdemokrat, wurde von einem »ehrlichen Nationalsozialisten« anonym bei Dr. Klein (Preußischer Kommissar »zur Wahrnehmung der Geschäfte des Stadtmedizinalrates«) denunziert, durfte aber nach einer Untersuchung des Hauptgesundheitsamtes weiter amtieren (zit. n. Grell, Gesundheit, S. 65). Siehe zu den beiden Amtsärzten auch im Berliner Adressbuch von 1943 (Berliner Historische Adressbücher).

51 Die folgende Aufstellung zu den Gesundheitsämtern nach Vossen, Gesundheitsämter, S. 397-399.

52 Ebd., S. 373.

53 So heißt es bei Margerie: »L'amie que j'avais emmenée à ce spectacle ne pouvait me faire entendre sa révolte que par le regard. C'était Marie [sic] Daelen dont j'ai parlé déjà. Nous écoutions avec consternation, sans échanger un mot, les tirades effrénées de Goebbels [...].« (Margerie, Adieux 2, S. 177-178).

54 So heißt es bei Margerie: »Ce fut le cas notamment de Maria Daelen que je voyais souvent dans l'hôpital où elle demeurait et qui fut d'autant plus dénoncée de ce fait que sa mère, jadis député au Reichstag, y avait fait partie de l'opposition aux nazis. Elle dut se faire affecter à une autre clinique, non sans qu'auparavant un incident comique lui eut permis d'éviter de plus sérieux ennuis qu'une simple mutation: un de ses amis, personnage important dans les SS, vint démonstrativement, en grand uniforme, lui demander de lui faire visiter l'hôpital du Westend, ce qui fit taire instantanément les dénonciateurs. Il s'agissait du comte Dohna [...].« (ebd., S. 198). Hier handelt es sich höchstwahrscheinlich um den Grafen Hermann von Dohna-Finckenstein (1894-1942), der bereits vor 1933 in die NSDAP eingetreten, seit 1934 Mitglied der SS und SS-Offizier war. Sein früher Übertritt als prominent eingeschätzter, gemäßigt konservativer Politiker machte ihn – auch als

Signalwirkung im Adel – für die NSDAP interessant. Hitler und Himmler folgten seinen Einladungen in sein Schloss Finckenstein (Dohna, Dohnas, S. 627; weiteres zu Dohna-Finckenstein vgl. Malinowski, König, S. 579; Malinowski, Reihen, S. 142; Dohna-Schlobitten, Erinnerungen, S. 183-187). Seine Bekanntschaft mit Maria Daelen ergab sich vermutl. aus den adeligen Verbindungen und den Kontakten über ihre Mutter Kardorff-Oheimb.

55 NSDAP-Mitgliedschaft in BArch, R 9361-IX Kartei/5680456.

56 Brief von Vital Daelen, Direktor der Albert-Werke Klingenberg, an Müller-Werth am 29.4.1933, IfZArch, ED 394. Weiteres zur Bekanntschaft beider vgl. Krings, Hitlers, S. 192.

57 Der Hinweis auf die Korrespondenz zwischen Maria, Siegfried Müller und Herbert Müller-Werth gibt Bruder Vital in seinem Brief vom 29.4.1933 (vgl. Anm. 56 auf S. 179).

58 Brief von Vital Daelen, Albertwerke Klingenberg, an Herbert Müller-Werth am 17.10.1934, IfZArch, ED 394.

59 NSDAP-Mitgliedschaften in BArch, R 9361-IX Kartei/5680450; BArch R 9361-IX Kartei/Paul Daelen.

60 NSDAP-Mitgliedschaft von Dr. med. Oskar Ackermann (1866-1950) in BArch, R 9361-IX Kartei/80825.

61 Brief von Katja an ihre Mutter, o.D., BArch, N 1039/16.

62 Katharina von Kardorff: Frauen müssen Hindenburg wählen. In: Berliner Tageblatt, Nr. 122, 12.3.1932, zit. n. Baddack, Zäsuren, S. 288.

63 Vgl. Baddack, Katharina von Kardorff-Oheimb, S. 608.

64 Vgl. ebd., S. 465-472.

65 Baddack, Zäsuren, S. 288.

66 Kardorff-Oheimb, Politik, S. 226 f. Hier äußert sich Kardorff-Oheimb auch zu ihrer Haltung zum Nationalsozialismus (ebd., S. 212 f.). Peter Hanser-Strecker der Autorin im Gespräch am 30.1.2018, dass die Gestapo auch »Kathinkas« Salon aufgesucht und ihr untersagt habe, Juden zu empfangen. Daraufhin habe Kardorff-Oheimb geantwortet: »Wen ich einlade, bestimme immer noch ich. Und jetzt gehen Sie wieder.« Sie habe daraufhin den Salon beendet. Maria habe dieses Erlebnis unglaublich mitgenommen. Auch Siegfried von Kardorff wurde vom nationalsozialistischen Regime beobachtet. So stand er im Rahmen der Untersuchungen nach dem gescheiterten Attentat vom 20. Juli 1944 auf einer Festnahmeliste des Sicherheitshauptamtes. Zu einer tatsächlichen Festnahme kam es dann aber wohl nicht (vgl. »Kardorff, Siegfried von: Landrat a.D. – Berlin-Grunewald, Karlsbader Str. 11« auf der Festnahmeliste Nr. 22 vom 20.7.1944 des Sicherheitshauptamts, Abteilung V, BArch, R 58/3197).

67 Schriftanalyse »Maria Daelen, 37 Jahre alt« von M. v. Brand vom 8.1.1942, PA Reusch.

Wege in den Widerstand

1 Zur Diskussion um den Begriff »Widerstand« und den verschiedenen Abstufungen vgl. u.a. Tuchel, Widerstand oder den Überblick über die Forschung bei Eckert, Widerstand.

2 Zit. n. Hansen, Albrecht Graf von Bernstorff, S. 209. Im Nachlass der Familie von Bernstorff im Gutshof Altenhof befindet sich eine Korrespondenz zwischen Maria und Albrecht von Bernstorff.

3 So von Bernstorff in einem Brief an Elly Reventlow von 1939 aus dem Nachlass im Gutshof Altenhof, zit. n. Hansen, Albrecht Graf von Bernstorff, S. 209. Auch Maria selbst berichtete Sir Walter Riezler am 15.8.1940 von ihrem gemeinsamen Freund Albrecht von Bernstorff (SBB, 55 Nachl 13 A, Kasten 29).

4 Hansen, Albrecht Graf von Bernstorff, S. 250. Zu von Bernstorff vgl. auch Keil, Albrecht Graf von Bernstorff.

5 Zu den Gesellschaften bei von Einem vgl. auch Saathen, Einem-Chronik, S. 99f. und 114.

6 Zu Schlabrendorff vgl. u.a. Hartmann, Schlabrendorff. Zu seiner eigenen ablehnenden Haltung zum Nationalsozialismus, aber auch zu seinen Verteidigungstätigkeiten nach 1945 für NS-belastete Personen vgl. Seliger, Widerstandskämpfer, S. 199-202.

7 Dr. med. M. Daelen: Fachärztlicher Bericht, 7.9.1944, enthalten im Einem-Archiv/ wgm, zit. n. Reiber, Gottfried von Einem, S. 112.

8 Gottfried von Einem wird 1944 für Rundfunkaufgaben freigestellt (vgl. die Aufstellung »Personalangelegenheiten des Rundfunks, insbes. über den Einsatz von Künstlern«, BArch, R 55/558).

9 Vgl. Friedrich, Freunden, S. 104. In diesem Zusammenhang steht auch von Einems Hilfe für Konrad Latte, jüdischer Musiker in Berlin, der sich bis zum Ende des nationalsozialistischen Regimes in Berlin versteckt halten konnte (Friedrich, Freunden, S. 104). Auch Maria Daelen soll hier unterstützt haben (so Felicitas Reusch im Interview mit der Autorin am 31.1.2018; hierfür konnte jedoch kein weiterer Beleg gefunden werden).

10 Vgl. u.a. Saathen, Einem-Chronik, S. 357. Vgl. u.a. den umfangreichen Briefwechsel zwischen Maria Daelen und Gottfried von Einem, 1950 bis in die späten 1980er Jahre, PA A. Daelen.

11 Vgl. Näheres zu Werner Egk u.a. bei Geiger, Werner Egk, hier v.a. seine Einschätzung Egks als »Nutznießer« des NS-Regimes, S. 100.

12 Am 17.11.1945 bedankte sich Egk in einem Brief an Maria für ihre »geradezu künstlerisch gestaltete Diagnose vom November 44« (Nachlass Egk, Bayerische Staatsbibliothek München: Ana 410, Briefe 1946-1949, zit. n. Poeschel, Abraxas, S. 152). Im Interview mit der Autorin am 21.6.2018 berichtet auch Peter Hanser-Strecker von einem persönlichen Gespräch mit Werner Egk, in dem dieser von Marias Unterstützung erzählte.

13 Vgl. Dokumente des Reichssicherheitshauptamts u.a. zur Schließung der »Kata-

kombe« (BArch, R 58/739), zu Fincks Tätigkeit als Schauspieler (BArch, R 9361-V/116989) oder zu seinem Ausschluss aus der Reichskulturkammer (BArch, R 9361-V/5208).

14 »Bemerkungen zum Fall Furtwängler« von Maria Daelen vom 15.3.1946 auf Bitten der CIC Behörde, Garmisch-Partenkirchen für das Entnazifizierungsverfahren Furtwängler (vgl. Anm. 60 auf S. 175). In der Auflistung des gemeinsamen Freundeskreises heißt es: »Werner Finck: Zweimal im KZ, von Furtwängler und mir 8 Tage in unserem gemeinsamen Hause in Saarow vor der Gestapo verborgen.« (SBB, 55 Nachl 13 A, Kasten 35). Auch der Furtwängler-Biograf Fred K. Prieberg berichtet von dieser Unterstützung, ohne jedoch eine Quelle anzugeben (Prieberg, Kraftprobe, S. 352). Werner Finck selbst berichtet 1966, dass er nach dem Arbeitsverbot u. a. von der »Unterstützung durch Freunde und Kreise meines Publikums« lebte (vgl. Finck, Witz, S. 59).

15 So die Aussage von Peter Hanser-Strecker im Interview mit der Autorin am 30.1.2018.

16 Vgl. Pufendorf, Plancks.

17 Brief von Maria an Gisevius vom 6.8.1946, AfZ: NL Hans Bernd Gisevius / 10.74.

18 Vgl. Anm. 17 auf S. 181. Leider nennt Maria kein Datum. Möglicherweise fand dieses Ereignis während der Fliegerangriffe auf Berlin, beginnend am 22.11.1943, statt, in der das Kaiserin-Augusta-Hospital, in dem Maria seit 1938 arbeitete, brannte. Alle Patienten des Krankenhauses wurden unter der Führung von Prof. Gustav Döderlein in das benachbarte Staatskrankenhaus der Polizei übernommen (vgl. Orth, Gestapo, S. 32). Damit wäre dieser Vorfall auch noch vor der Verhaftung Osters nach dem gescheiterten Attentat vom 20. Juli 1944 zu datieren.

19 So ein Hinweis auf einen »Eintrag eines hohen Abwehroffiziers« im Gästebuch des Hauses, den Pommer aus der Erinnerung wiedergibt: »Planung, Planung, Sarkasmus, Mittwochabende, Regierungszusammensetzung, damit konnte man Deutschland nicht retten. Hitler musste umgebracht werden und das macht man nicht mit ueber ihren Eid meditierenden Offizieren, sondern mit gedungenen Professionellen. Die, die ihn nicht umbringen wollten, fanden keinen Truppenteil, der ihn festsetzen sollte. Einer hat sich auf den anderen verlassen, und das mehrere Jahre lang.« (IfZArch, ED 162).

20 Vgl. hierfür den Briefkontakt zwischen Ursula von Dewitz und Maria Daelen, enthalten im Familienarchiv Krumbeck, zit. n. Heinrich, Staatsdienst, hier u. a. S. 211.

21 Hierzu und zu Ursula von Dewitz vgl. ebd., u. a. S. 212.

22 Zit. n. ebd., S. 206.

23 So beschreibt es Maria Daelen in einer eidesstattlichen Erklärung über den Hausstand von Ursula von Dewitz, o. D., PA Brüggemann.

24 So Ursula von Dewitz an Maria am 23.5.1946, zit. n. Heinrich, Staatsdienst, S. 211.

25 Vgl. zu Planck u. a. Pufendorf, Plancks bzw. zu Schwerin Quadflieg, Gerhard Graf von Schwerin.

26 Vgl. Hansen, Albrecht Graf von Bernstorff, S. 206 und 209.

27 Zu Werner von Alvensleben, seinen Vermittlungstätigkeiten 1932/33 zwischen Kurt v. Schleicher, der Schwerindustrie und der NS-Bewegung sowie zu den ab 1933 erfolgten Verhaftungen vgl. u.a. Malinowski, König, S. 428f.

28 Zum Beziehungsgeflecht vgl. u.a. Quadflieg, Gerhard Graf von Schwerin, S. 47. Zu Netzwerken im Widerstand gegen den Nationalsozialismus und ihrer Erforschung vgl. auch Keyserlingk, Erkenntnisgewinn.

29 Zur Kenntnis Lexis und ihres Mannes vom Haus in Saarow-Pieskow vgl. Orth, Gestapo, S. 43f. und IfZArch, ED 162.

30 Die folgende Ausführung basiert auf dem Bericht der Ärztin des Staatskrankenhauses der Polizei, Charlotte Pommer, den sie Alexandra von Alvensleben widmete und zehn Jahre nach deren Tod im Jahr 1978 Maria Strecker-Daelen zukommen ließ. Ein zweites Exemplar gab sie an das Institut für Zeitgeschichte (IfZArch, ED 162, hier zit. v.a. ab S. 22). Die Erzählung wurde von Barbara Orth ediert (Orth, Gestapo).

31 Vgl. zu Quetting u.a. Wildt, Generation, S. 772.

32 Schreiben von Maria Daelen vom 3.10.1946 zum Verfahren Albrecht Tietze, LAB, C Rep. 375-01-21, NR. 390 A.07. Mit Tietze war Maria seit ihrer Zeit als Assistentin im Krankenhaus Westend bekannt, s. hierzu in Kapitel »1933«. Tietze wurde am 3.11.1970 aufgenommen unter die »Gerechten unter den Völkern« (vgl. http://db.yadvashem.org/righteous/family.html?language=en&itemId=4043023).

33 So die Ärztin Greta Schellworth in ihrer eidesstattlichen Versicherung am 21.11.1947 zum Verfahren Albrecht Tietze, LAB, C Rep. 375-01-21, NR. 390 A.07. Auch Vollmer berichtet, dass Maria als Ärztin des Franziskus-Krankenhauses ähnlich wie Pommer arbeitete und auch wiederholt Gefangene vor der Folter rettete (Vollmer, Doppelleben, S. 293, hier ohne Quellenangabe).

34 Zu Lindemann vgl. ZurMühlen, Verschwörer.

35 Zit. n. Orth, Gestapo, S. 60. In den Pommer-Erzählungen in der Abgabe-Fassung an das IfZArch ist die Textstelle »Über Maria hast du die Familie benachrichtigen lassen« handschriftlich ersetzt worden durch »Der Mensch, den Du ausgesucht hattest, die Familie zu benachrichtigen« (vgl. die Fassung in PA Hanser-Strecker, Politik 1 – Furtwängler).

36 Folgende Ausführungen und allgemein zu Lehndorff-Steinort vgl. Vollmer, Doppelleben.

37 Der Abschiedsbrief Lehndorff-Steinorts ist abgedruckt in ebd., S. 340-351.

38 Dies bestätigt auch Peter Hanser-Strecker im Interview mit der Autorin am 21.6.2018. Maria habe vor allem Menschen unterstützt, die sie sympathisch fand und denen sie menschlich verbunden war.

39 Zur »Luftschlacht um Berlin« vgl. Demps, Berlin, S. 358f.

40 Die folgende Erzählung der Nacht vom 22.11.1943 folgt der Erzählung Marias an ihre Mutter in einem Brief vom 8.12.1943, PA Hanser-Strecker, Briefe Katharina-Maria.

41 Zu den Zahlen der »Obdachlosen« aus den Bombennächten vgl. Demps, Berlin, S. 368.

42 S. Anm. 40 auf S. 182.

43 Brief von Maria an ihre Mutter am 20.4.1944 aus dem Hotel Adlon, PA Hanser-Strecker, Briefe Katharina-Maria. Berichte über die Zerstörung des Hab und Guts vgl. auch den Lebenslauf von Maria Daelen vom 11.3.1946, BArch, B 189/27070. Dass Maria ausgebombt war, berichtet auch der Biograf ihres Freundes Gottfried von Einem (Saathen, Einem-Chronik, S. 112).

44 S. Anm. 43 auf S. 183.

45 Zum Vorgang »I. 62,00 Pers D.1933«/Maria Daelen bei der Gestapa vgl. die Meldung der Gestapo-Leitstelle in Frankfurt, HHStAW, 486, Gestapo, Daelen.

46 Eidesstattliche Erklärung von Maria Daelen vom 10.9.1946 bzgl. Verfahren Albrecht Tietze, LAB, C Rep. 375-01-21, NR. 390 A.07.

47 Von den Verhören durch die Gestapo berichtet Maria Hans Bernd Gisevius in einem Brief am 6.8.1946, AfZ: NL Hans Bernd Gisevius / 10.74. Maria soll Gisevius, so Werner von Fries in seinem Empfehlungsschreiben vom 16.3.1946, in Berlin auch ärztlich betreut haben (BArch, B 189/27070). Zur Quellenproblematik vgl. Anm. 53 auf S. 183.

48 So wird es bereits u.a. in einem Artikel im GEDOK-Journal von 1986 erzählt, den Maria – ihren Korrekturen nach zu urteilen – höchstwahrscheinlich freigegeben hat (vgl. Ursula Gräfin Pückler: »Das Engagement der Maria Daelen. Zwischen Kunst und Skalpell«, in: GEDOK-Journal. Rhein-Main-Taunus. Gemeinschaft der Künstlerinnen und Kunstfreunde e.V., 1986/87, Folge 1, S. 28-30, hier S. 29, auch enthalten in PA Brüggemann). Diese Begebenheit erzählt auch Ingar Brüggemann im Interview mit der Autorin am 20.3.2018.

49 Ingar Brüggemann im Interview mit der Autorin am 20.3.2018.

50 Brief von Maria an ihre Mutter vom 11.3.1945, PA Hanser-Strecker, Briefe Katharina-Maria.

51 Folgende Begebenheit erzählt Charlotte Pommer (IfZArch, ED 162). Mit Jürg Zutt war Maria bereits länger befreundet und teilte mit ihm das Schicksal, mehrfach in Berlin ausgebombt worden zu sein (vgl. Brief von Maria an ihre Mutter Katharina am 20.4.1944 aus dem Hotel Adlon, PA Hanser-Strecker, Briefe Katharina-Maria). Auch nach Kriegsende haben sie weiteren Kontakt miteinander (vgl. Brief von Zutt an Maria vom 22.1.1948 über die gemeinsame Zeit in Wiesbaden, PA Brüggemann). Weiteres zu Zutt vgl. Anm. 46 auf S. 178.

52 Das Gästebuch ist, wie erwähnt, verschollen. Zu einem der Freunde, der sich in das Gästebuch eingetragen hat, vgl. die Erzählung von Pommer, s. Anm. 51 auf S. 183. Der Name des Freundes taucht wieder in Marias »Liste über gemeinsame Freunde« auf (s. Anm. 14 auf S. 181).

53 Mehrere Furtwängler-Dokumentationen berichten – dort auch angeführt als Beweis für Furtwänglers vermeintliche Kontakte zum Widerstand 20. Juli –, dass das Haus in Bad Saarow durchsucht worden war, wofür jedoch keine Belege angegeben werden (u.a. Lang, Elisabeth Furtwängler, S. 340; Prieberg, Kraftprobe, S. 423). Maria soll – auch dies ohne Beleg – sogar vor dem »Deutschen Volksgerichtshof« gestanden haben (Saathen, Einem-Chronik, S. 114). Auch Maria selbst

berichtet, dass ihr Haus in Bad Saarow im April 1945 von der Gestapo durchsucht und ihre Wirtschafterin verhaftet wurde (Fragebogen des Military Government of Germany vom 11.3.1946, BArch, B 189/27070). Auch Pommer berichtet von den Hausdurchsuchungen in Saarow durch eine Maria beschattende Agentin »Frau Land« (IfZArch, ED 162). Die Suche nach den Akten der Gestapo-Leitstelle Berlin bzw. die Prüfung der Akten des Reichssicherheitshauptamtes ergaben keinen Hinweis auf ein Verhör oder eine Durchsuchung bei Maria Daelen (zur Problematik der Überlieferung der Gestapo-Akten vgl. Eumann, Schneeballsystem; Fleermann, Gestapo oder Grotum, Gestapo).

54 IfZArch, ED 162.

55 Vollmer, Doppelleben, S. 337-338; vgl. auch Lohmann, Fichtenhof. Auf Gut Fichtenhof traf Gottliebe von Lehndorff auch Fabian von Schlabrendorff wieder, der ihr von der letzten Begegnung mit ihrem Mann Heinrich im Gefängnis erzählte. Zu Dönhoff vgl. Quadflieg, Gerhard Graf von Schwerin, S. 48. Dönhoff war bereits seit Kindertagen mit Heinrich von Lehndorff befreundet (vgl. Conze, Aufstand, S. 131). Nach 1945 zerbrach die Verbindung zwischen Marion Dönhoff und der Familie von Gottliebe von Lehndorff. Marion Dönhoff und ihre adelige Familie, so die Tochter Vera von Lehndorff, mochten die angeheiratete Gottliebe nicht, weil sie »schlechtes Blut in die Familie« gebracht hatte (vgl. Rohwer, Veruschka, S. 292).

56 Hierzu und im Folgenden über die dramatischen Ereignisse in den letzten Kriegsmonaten in Berlin berichtet Marias Freundin Christa, die mit Margot Lind in Berlin geblieben war, in einem Brief an Maria vom 1.3.1945, PA A. Daelen.

57 Brief von Maria an ihre Mutter vom 11.3.1945, PA Hanser-Strecker, Briefe Katharina-Maria. Hier beschreibt sie auch, dass die Panik vor den Russen ihre Freunde bewogen hätten, sie fortzubringen. »Köstliche Frauen«, so habe ein Freund zu Maria gesagt, müsse man retten. Ob diese Aussage ihre Geschichte einer Flucht vor der Gestapo relativieren muss oder dies nur eine Erzählung war, um ihre Mutter zu beruhigen, muss offenbleiben.

58 Brief von Maria an ihre Mutter vom 11.3.1945, PA Hanser-Strecker, Briefe Katharina-Maria. Um welchen »Auftrag« es sich handelte, konnte leider nicht weiter beleuchtet werden.

59 Brief von Maria an ihre Mutter vom 6.12.1945, PA Hanser-Strecker, Briefe Katharina-Maria.

60 Folgende biografische Weiterentwicklung nach Erzählung Marias in ihrem Lebenslauf vom 11.3.1946, BArch, B 189/27070.

Im Dienst des neuen Staates

1 Maria Daelen war seit 1949 im Betriebsrat des hessischen Innenministeriums (Lebenslauf von Maria Daelen vom 24.4.1953, BArch, B 189/27070).

2 Über ihre Haltung und ihren Zustand schreibt Roland de Margerie in einem Brief an Maria am 9.4.1947, in PA A. Daelen.

3 Will, Konstituierung, S. 241. Hans Venedeys Amtszeit als hessischer Innenminister dauerte vom 1.11.1945 bis 29.7.1946 (Hessische Kabinette). Vgl. zur Geschichte der SPD im Hessen der Nachkriegsjahre u. a. Kropat, Traum. Zum Einstieg Marias in den hessischen Staatsdienst vgl. BArch, B 189/27070.

4 Heinrich Zinnkann war Innenminister vom 7.8.1946 bis 18.1.1955 (vgl. Hessische Kabinette). Die ersten hessischen Landtagswahlen fanden am 1.12.1946 statt. Zu Christian Stock vgl. u. a. Mühlhausen, Christian Stock, S. 108-113 oder Schmidt, Christian Stock.

5 Zum Aufbau des hessischen Gesundheitswesens vgl. Hafeneger, Geschichte, S. 262 f.

6 Vgl. hierzu und weiteres zu Drigalski Ellerbrock, Democracy, S. 124.

7 Vgl. Schreiben Drigalskis an de Fries, hessische Staatskanzlei vom 13.3.1946 sowie dessen Schreiben an den hessischen Innenminister Hans Venedey vom 16.3.1946. Dass sich Drigalski und Daelen bereits seit früherer Zeit kannten, beschreibt Drigalski in seinem Zeugnis für Daelen vom 10.4.1948 (alle Dokumente in BArch, B 189/27070).

8 Zur Einstellung vgl. Schreiben des Hessischen Staatsministeriums, Der Minister des Inneren, an den Herrn Direktor des Landespersonalamts Hessen vom 30.1.1947 bzw. zur Höhergruppierung vgl. Anstellungsvertrag vom 17.12.1947, HHStAW, 527/Liste II/ 3748. Seit ihrem Einstieg in das hessische Innenministerium wurde ihr Geburtsdatum in offiziellen Dokumenten mit dem 22.2.1905 angegeben und nicht, wie tatsächlich der Fall, mit dem 22.2.1903 (eine Ausnahme bildet ihre Dissertation von 1932, die bereits das Datum 1905 angibt). Im Teilnachlass Marias, betreut von Felicitas Reusch, existieren 1951 beglaubigte Abschriften von Dokumenten wie Geburtsurkunde o. ä., die alle das Geburtsdatum 22.2.1905 angeben. Wann genau die Änderung geschah, ist nicht erkenntlich. Im September 1945 verlor Maria Daelen jedenfalls ihre Handtasche mit sämtlichen Ausweispapieren (Bestätigung der Polizei der Stadt München vom 17.9.1945, PA A. Daelen). Sie hat die Angabe 1905 bis zu ihrem Lebensende nicht mehr korrigiert.

9 Will, Konstituierung, S. 241.

10 Hafeneger, Geschichte, S. 357.

11 Vgl. das Empfehlungsschreiben von Wilhelm von Drigalski für Maria Daelen vom 10.4.1948, BArch, B 189/27070.

12 Als Maria ab 1946 im Innenministerium tätig war, verkehrten Geiler und Maria auch brieflich und duzten sich (Brief Karl Geilers an Maria vom 11.6.1948 sowie Fachärztliche Bescheinigung Marias für Karl Geiler vom 14.6.1948, PA Brüggemann). Eine andere mögliche Verbindung könnte auch zwischen Furtwängler und Geiler bestehen, da Furtwängler über Geiler von Maria Daelens Operation Ende 1946 erfuhr (vgl. Lang, Elisabeth Furtwängler, S. 364). Wann es zu dieser Verbindung kam, konnte leider nicht weiter beleuchtet werden. Möglich wäre eine Bekanntschaft in der Zeit, als Geiler apl. Professor für Finanz- und Wirtschaftsrecht an der Universität Heidelberg und Furtwängler 1927 die Ehrendoktorwürde

der Universität verliehen bekam. Beide sind auf dem Heidelberger Bergfriedhof begraben. Zu Geiler vgl. u.a. Weis, Leben.

13 Wedel, SPD, S. 15.

14 Schuster, Entnazifizierung, S. 56.

15 Kropat, Entnazifizierung, S. 224.

16 Zum Begriff der »Belastung« soll hier nicht näher eingegangen werden, vgl. u.a. Bösch/Wirsching, Einleitung.

17 Ellerbrock, Democracy, S. 142. Zur Entnazifizierung des Gesundheitswesens vgl. ebd., S. 134-143.

18 Kropat, Entnazifizierung, S. 230.

19 Ob Maria mit »Bund Deutscher Ärzte« den NS-Ärztebund oder die Reichsärztekammer meinte, ist nicht zu klären. Eine Mitgliedschaft im NS-Ärztebund ist nicht überliefert. Die Erfassung in der Reichsärztekammer war für alle approbierten Ärzte obligatorisch.

20 »Meldebogen aufgrund des Gesetzes zur Befreiung von Nationalsozialismus und Militarismus vom 7.3.1946« vom 23.4.1946, HHStAW, 520/WI NB AZ.

21 Fragebogen des Military Government of Germany vom 11.3.1946 sowie Erwähnung des Spruchkammerbescheids im Schreiben des hessischen Staatsministeriums vom 2.10.1947 bzgl. Einstellung Maria Daelens, beide Dokumente in HHStAW, 527/Liste II/ 3748. Eine Abschrift des Spruchkammerbescheids vom 10.8.1946, mit dem Aktenzeichen: D 2 /15 liegt vor in PA Brüggemann.

22 Vgl. zum Fall Hafeneger, Geschichte, S. 357-361 und 432 und Klee, Medizin, S. 315.

23 Vgl. Schreiben von Kardorff-Oheimb an Prof. v. Drigalski und eine Erklärung vom 17.9.1946, BArch, N 1039/56 sowie Brief von Maria an ihre Mutter vom 9.9.1946 und deren Antwortbrief vom 5.12.1946, PA Hanser-Strecker, Briefe Katharina-Maria.

24 Urteilsbegründung in den Spruchkammerakten des Entnazifizierungsverfahrens gegen Drigalski. Hessisches Hauptstaatsarchiv Wiesbaden, Abt. 520, Spruchkammerakten, Nr. W 2743, Drigalski, zit. n. Ellerbrock, Democracy, S. 155.

25 Zit. n. Ellerbrock, Democracy, S. 155f. Vgl. zur Verbindung Drigalskis zu nationalsozialistischen bzw. rassenhygienisch orientierten Ärzten u.a. Klee, Medizin, S. 315f.

26 Vgl. u.a. Schreiben der Europäischen Akademie vom 4.5.1950 an den Bundesminister des Innern, mit Einladung im Auftrag u.a. des Präsidenten der Europäischen Akademie, Herrn Prof. Dr. Geiler (Schlüchtern), zu einer gemeinsamen Sondertagung am 2.6.1950 in Bad Nauheim, BArch, B 142/591.

27 Vermerk Redekers vom 2.2.1950 an Staatssekretär Ritter von Lex, BArch, B 142/3508.

28 Dazu und für das Folgende vgl. Brief von Wilhelm von Drigalski an Maria vom 1.2.1949, PA Brüggemann. Zu bedenken ist hier auch, dass zum Zeitpunkt der Entnazifizierung von Werner Catel im Jahr 1947 bzw. 1949 die Tötung von Kindern durch Catel in seiner Leipziger Kinderfachabteilung noch nicht bekannt war

(vgl. Topp, Geschichte, S. 103-104). Die Verteidigung von Catel in den Entnazifizierungsverfahren übernahm Fabian von Schlabrendorff (vgl. auch Anm. 6 auf S. 180). Neuere Einschätzungen, u.a. auch zum Berufungsverfahren von Werner Catel der Universität Kiel, vgl. Ratschko, Einsichten, hier v.a. S. 27, od. auch allg. zur Kieler Universität und Catel siehe Petersen, Werner Catel.

29 Der Nachruf Geilers für Drigalski wurde 1950 abgedruckt im Hessischen Ärzteblatt (Geiler, Nachruf). Vgl. auch Hafeneger, Geschichte, S. 357-361.

30 Folgender Vorfall nach Gerst, Catel.

31 Schreiben von Erwin Santo an den Vorsitzenden der Ärztekammer Frankfurt a.M., Dr. Franz Mündel, vom 3.8.1947 sowie Schreiben von Erwin Santo an die Medizinalabteilung in Wiesbaden vom 6.10.1947, zit. n. Gerst, Catel, S. 102 und 104.

32 Gutachten von Franz Volhard vom 25.11.1947, zit. n. ebd., S. 105.

33 Ebd., S. 107.

34 In seinem Brief an Maria vom 3.8.1947 unterzeichnet Volhard mit: »Nun seien Sie herzlich gegrüßt von Ihrem jüngsten und doch schon recht alten Verehrer« (PA Brüggemann).

35 Schreiben von Erwin Santo an Mündel vom 3.8.1947, vgl. Anm. 31 auf S. 187.

36 Vgl. Hafeneger, Geschichte, S. 267f.

37 Ebd., S. 423.

38 Ebd., S. 381.

39 Ebd., S. 384.

40 Vgl. Schreiben des Hessischen Staatsministeriums vom 2.10.1947, Betr.: Einstellung des Frl. Dr. med. Maria Daelen als Referentin des Referats »Tuberkulosefürsorge« bei der Medizinalabteilung des Innenministeriums im Angestelltenverhältnis, HHStAW, 527/Liste II/3748.

41 Ellerbrock, Democracy, S. 118.

42 Ebd., S. 106-108.

43 Zur folgenden Ausführung zur Tuberkulosebekämpfung vgl. ebd., S. 415-417.

44 Zit. n. ebd., S. 428. Die 1. Nachkriegstagung der Tuberkulosegesellschaft fand statt am 5.-8.10.1948.

45 Dokumentarfilm »Achtung TB!«, Regie und Drehbuch: Maria Daelen, Produktion: Landesbildstelle Hessen, Standard-Film GmbH Wien, vgl. https://www.filmportal.de/film/achtung-tb_bb736a445bb6443faecf67238bb4f411.

46 Zit. n. Ellerbrock, Democracy, S. 320.

47 Ebd., S. 437.

Transatlantische Anfänge

1 Vgl. auch das folgende Kapitel »Auf internationalem Männerparkett«. Den Hinweis auf ihren ersten Flug im Jahr 1947 und die neue Beinfreiheit in der Lufthansa-Maschine in einem Brief von Maria an Ludwig Strecker vom 22.3.1978, PA Hanser-Strecker, Briefe Maria-Ludwig.

2 Lebenslauf von Maria Daelen vom 24.4.1953, BArch, B 189/27070.

3 Vgl. zur folgenden Ausführung über die Studienreisen Ellerbrock, Democracy, S.184f.

4 Vgl. zur Bedeutung der privaten amerikanischen Organisationen für die praktische Umsetzung der Besuchsprogramme Latzin, Lernen, S.105.

5 Zu Auswahlkriterien und zur Auswahl der Kandidaten vgl. ebd., S.92 und 105.

6 Dies und folgende Zitate im Schreiben von Drigalski vom 25.10.1948 an Abteilung II z. Hd. v. Herrn Ministerialrat Dr. Buch, BArch, B 189/27070.

7 Bericht von Maria Daelen über die Studienreise der Deutschen Ärztegruppe durch die Vereinigten Staaten vom 19. November 1948 bis 11. Februar 1949, HHStAW, 502/Staatskanzlei, Nr.1232 (eine Abschrift befindet sich auch in PA Brüggemann). Auch Dr. Dietrich Otto Hasenbring, Medizinalabteilung des Bayerischen Staatsministeriums des Innern, berichtete von der Reise, vgl. Latzin, Lernen, S.287f.

8 Zur politischen Zielrichtung dieser Reisen vgl. Bericht von Maria Daelen, Anm. 7 auf S.188.

9 Bericht von Maria Daelen, Anm. 7 auf S.188, S.17.

10 Bericht von Maria Daelen, Anm. 7 auf S.188, S.6f. und 16.

11 Weiteres dazu bei Ellerbrock, Democracy, S.272.

12 Ebd., S.190.

13 Zitate und weiteres zum Kulturtransfer im Gesundheitswesen vgl. ebd., S.203.

14 Vgl. z.B. auch Daelen, Weiterbildung.

15 Zu Warburg vgl. u.a. den Brief von Maria an Eric Warburg vom 29.4.1949 (PA Brüggemann) bzw. den Brief von Maria an Mr. Brooks vom 3.5.1949, Harvard University, Andover-Harvard Theological Library, bMS 16103/17 (16) Germany, correspondence between Dr. Maria Daelen and Howard L. Brooks, etc., 1949, http://nrs.harvard.edu/urn-3:DIV.LIB.USC:3589158. In dieser Korrespondenz mit Mr. Brooks, Associated Director des Unitarian Service Committee in Boston, organisierte Maria die Lieferung von Operationsklammern für den Direktor der Chirurgischen Klinik Prof. Friedrich Bernhard (vgl. zu Bernhard u.a. Gundel, Friedrich Bernhard, S.75). Vgl. hierzu u.a. den Brief von Prof. Dr. F. Bernhard, Chirurgische Klinik und Poliklinik Gießen an Dr. Daelen vom 2.12.1948, Harvard University, Andover-Harvard Theological Library, bMS 16103/17 (16) Germany, correspondence between Dr. Maria Daelen and Howard L. Brooks, etc., 1949, http://nrs.harvard.edu/urn-3:DIV.LIB.USC:3589158.

16 Folgende Erzählung beruht auf Goerig, Jean Emily Henley, S.544-549.

17 Ebd., S.543.

18 So berichtet es Henley im Vorwort ihres Anästhesiemanuals: Henley, Einführung, S.3.

19 Ebd., S.549.

20 Ebd., S.544f.

21 Vgl. dazu den Brief Marias an ihre Mutter vom 16.11.1950, PA Hanser-Strecker, Briefe Katharina-Maria.

22 Vgl. auch Petermann, Einflüsse.

23 Vgl. zur Geschichte der erwerbstätigen Frau in den USA Kessler-Harris, Women.

24 Zur Situation in den USA und zum Lebenslauf von Henley vgl. Goerig, Jean Emily Henley, v.a. S. 543.

25 Vgl. Latzin, Lernen, S. 330.

26 Doering-Manteuffel, Dimensionen.

27 Ebd., S. 12. Vgl. für eine kritische Auseinandersetzung u.a. mit der »Westernisierung« Schulz, Kommentar.

28 Vgl. auch die Deutung von Latzin, Lernen, S. 333.

29 Schreiben des hessischen Ministers des Innern vom 25.10.1950, HHStAW, 527/ Liste II/ 3748.

30 Zeugnis über die bestandene staatliche Prüfung vom 19.7.1952, PA Reusch.

31 Vgl. u.a. Daelen, BCG; Daelen, BCG-Schutzimpfung; Daelen, Beobachtungen; Daelen, Achtung; Daelen, Impfschutz.

32 Brief von Maria an ihre Mutter vom 11.12.1949, PA Hanser-Strecker, Briefe Katharina-Maria.

33 Brief von Maria an Lexi vom 24.2.1954, PA A. Daelen. Vgl. auch der Eindruck von Kardorff-Oheimb in einem Brief an Martha Hirsch vom 7.2.1956, BArch, N 1039/59.

34 Brief von Maria Osten-Sacken an Maria vom 4.8.1951, PA Brüggemann. Über ihren Kontakt mit ihr bereits während des Zweiten Weltkriegs berichtet Maria in einem Brief an Roger Perret vom 8.3.1986, PA A. Daelen.

35 Poeschel, Abraxas, S. 236.

36 Eidesstattliche Erklärung von Maria Daelen, o.D., PA Brüggemann.

37 Korrespondenz Maria Daelen mit Ludwig und Margaret von Hessen, o.D., PA Brüggemann.

38 Peter Hanser-Strecker erzählt im Interview mit der Autorin am 30.1.2018, wie er mit Maria in ihrem Mercedes 190 SL Cabriolet nach München fuhr, um Gottliebe von Lehndorff zu besuchen.

39 Brief von Maria an Hans Bernd Gisevius vom 5.11.1946, AfZ: NL Hans Bernd Gisevius / 10.74.

40 Zum Besuch Käthe Dorschs in Wiesbaden vgl. den Brief von Maria an Roland de Margerie vom 30.8.1949 (PA Brüggemann) sowie zu Marias Besuch in Berlin im Brief Maria an ihre Mutter vom 23.12.1950 (PA Hanser-Strecker, Briefe Katharina-Maria). Maria und Käthe Dorsch waren bereits vor 1945 bekannt, vgl. die Freundesliste, die Maria für das Entnazifizierungsverfahren Furtwänglers zusammenstellte (Anm. 14 auf S. 181).

41 Vgl. die intensive Briefkorrespondenz zwischen Maria Daelen und Käthe Dorsch in PA A. Daelen.

42 Vgl. u.a. Brief von Karl Maria Hettlage an Maria vom 28.3.1949, PA Brüggemann. Zur Person Hettlage vgl. u.a. Schrafstetter, Verfolgung. Marias Briefwechsel mit Hans von Raumer, u.a. Briefe vom 5.2.1948, 10.2.1948 und 7.4.1948, befindet sich in PA Brüggemann.

43 Brief von Maria an André François-Poncet vom 10.10.1949 sowie sein Antwortbrief von 18.10.1949, PA Brüggemann.

44 Brief von Gösta von Uexküll an Maria am 7.2.1955 sowie weitere Briefkorrespondenz v. a. zwischen 1952 und 1955, PA A. Daelen.

45 Zum Kennenlernen im Jahr 1926 vgl. den Brief von Roland de Margerie an Maria vom 1.12.1954, PA A. Daelen. Für die Darstellung von Maria Daelens Verbindung zu Roland de Margerie und im Folgenden zu Fabian von Schlabrendorff muss bedacht werden, dass nur einseitige Korrespondenzen vorliegen und Briefe von Maria Daelen fehlen.

46 Vgl. hierzu den Brief von Roland de Margerie an Maria vom 9.4.1947, PA A. Daelen.

47 Brief von Roland de Margerie an Maria vom 9.12.1948, PA A. Daelen.

48 Vgl. hierzu die Briefe von Roland de Margerie an Maria vom 19.6.1951, 3.5.1953 sowie zur unglücklichen Ehe Margeries u. a. vom 25.3.1951, PA A. Daelen.

49 So z. B. im Jahr 1951, vgl. Margerie, Adieux 3, S. 288. Zu weiteren Besuchen Marias vgl. z. B. den Brief von Roland de Margerie an Maria vom 5.2.1968 (PA A. Daelen) oder den Brief von Maria an Roland de Margerie vom 30.8.1949 (PA Brüggemann).

50 Brief von Roland de Margerie an Maria vom 23.12.1965, PA A. Daelen.

51 Roland de Margerie über seine Erinnerungen, die er zwischen 1966 und 1977 verfasste und die 2012 erschienen (vgl. Margerie, Adieux), in einem Brief an Maria vom 17.12.1970, PA A. Daelen.

52 Vgl. zu Folgendem im Brief von Fabian von Schlabrendorff an Maria von Ostern 1950, PA A. Daelen.

53 Vgl. die zahlreichen Briefe von Fabian von Schlabrendorff an Maria zwischen 1950 und 1980.

54 Vgl. zu den 1950er Jahren eine Einführung in Plötz, Hälfte, S. 29-45.

55 Zahlen n. ebd., S. 35.

56 Brief von Roland de Margerie an Maria vom 7.7.1959, PA A. Daelen.

57 Brief von Maria an ihre Mutter vom 6.12.1945, PA Hanser-Strecker, Briefe Katharina-Maria.

58 Brief von Vital Daelen an Herbert Müller-Werth am 13.5.1946, IfZArch, ED 394. Vgl. auch Anm. 56 auf S. 179.

59 Brief von Maria an ihre Mutter, o. D., PA Hanser-Strecker, Briefe Katharina-Maria.

60 Brief von Maria an ihre Mutter vom 16.11.1950, PA Hanser-Strecker, Briefe Katharina-Maria.

61 Christoph Ackermann im Interview mit der Autorin am 10.1.2018.

62 S. Anm. 60 auf S. 190.

63 Brief von Maria an ihre Mutter vom 5.6.1950, PA Hanser-Strecker, Briefe Katharina-Maria.

Gesundheitspolitikerin in Bonn

1 Anfrage zur Einsicht in die Personalakten Daelens vom 5.5.1952 aufgrund ihrer Bewerbung beim Auswärtigen Amt, BArch, B 189/27070.

2 Koch war 1946-1949 Medizinalreferent beim Regierungspräsidenten in Darmstadt, vom 1.12.1949 Leiter des Referats IV 1 und 10.9.1954-24.7.1955 Leiter i.V. des Referats IV 5 Internationales Gesundheitswesen, bevor Maria Daelen dieses Amt von ihm übernahm (Personalakten von Friedrich Koch in BArch, PERS 101/49739 sowie zur Einordnung Kochs vgl. Richter, Seilschaften, S. 542 f.). Zur Initiative Kochs vgl. Schreiben von Daelen an Ministerialrat Dr. Koch, BMI vom 24.4.1953, BArch, B 189/27070. Bei einer ersten Bewerbung Marias beim BMI am 5.1.1950 gab es keine Verwendung für sie (vgl. Unterlagen in BArch, B 189/27070).

3 Brief von Maria an ihre Mutter vom 21.4.1954, PA Hanser-Strecker, Briefe Katharina-Maria.

4 Zur Entwicklung des Frauenanteils im BMI vgl. Palm, Vergangenheiten, S. 135. Eine ähnliche Position hatte auch die Referentin im Pressereferat, Ministerialrätin Frau Dr. Margret Lugge.

5 Brief von Maria an Lexi vom 24.2.1954, PA A. Daelen.

6 Palm, Vergangenheiten, S. 128-135.

7 Zur Frage der personellen Kontinuitäten im BMI vgl. Bösch/Wirsching, Hüter.

8 Vgl. zu den folgenden Ausführungen, v.a. zu den personellen Verflechtungen in der Gesundheitsabteilung und zur Konferenz in Bad Krynica, Richter, Seilschaften, S. 544-552. Zu Buurman vgl. Schagen, Otto Buurman; Schleiermacher, Traditionen sowie Personalakten in BArch, PERS 101/49183 und 84.

9 Zu Friedrich (Fritz) Bernhardt vgl. BArch, B 189/26924 oder Richter, Seilschaften, u.a. S. 556. Vgl. zum Aufgaben- und Verantwortungsbereich der deutschen Militärverwaltung im besetzten Belgien, u.a. auch zu Unterdrückung und Verfolgung der jüdischen Bevölkerung, z.B. den Sammelband Benz, Terror.

10 Zu Josef Stralau vgl. BArch, PERS 101/79532-79535, BArch (ehem. BDC), 3200/W0056, BArch, PERS 6/295590 oder Richter, Seilschaften, S. 563-570.

11 Vgl. zur allgemeinen Auseinandersetzung der deutschen Ärzteschaft mit der NS-Medizin bzw. für deren weitgehende Verweigerung u.a. Hoffmann, Anwenden, S. 66; Wolters, Tuberkulose, S. 10; Westermann, Ärzteschaft, S. 241-242; Hachtmann, Vernetzung, S. 81 oder allg. aktuell bei Bästlein, Zeitgeist; Görtemaker, Akte, S. 63-73.

12 Vgl. ZSt Dortmund v. 15.6.1990, AZ: 45 Js 34/90 (45 Ws 1/89), Einstellungsverfügung vom 15.6.1990 (s. Karteikarte »Stralau« im BArch Ludwigsburg). Mitbeschuldigter im Verfahren war auch sein damaliger Vorgesetzter in Oberhausen, Erich Schröder. »Verfahren eingestellt, erledigt durch Tod« heißt es im Datenbank-Eintrag zu »Josef Stralau«, IfZArch, Datenbank »Die Verfolgung von NS-Verbrechen durch deutsche Justizbehörden seit 1945«. Die Spruchkammer Oberhausen/Rheinland hatte Stralau im Entnazifizierungsverfahren in Kategorie V

(»entlastet«) eingestuft (Akten zum Entnazifizierungsverfahren in LAV NRW NW 1015/03178).

13 Dies entspricht sieben von 14 Mitarbeitern des leitenden Personals (Richter, Seilschaften, S. 566 f.). Vgl. für Stralaus Netzwerke und seine Politik in der Gesundheitsabteilung u. a. zur Entschädigung von Zwangssterilisierten Richter, Seilschaften, S. 563-570.

14 Richter, Seilschaften, S. 552.

15 Ihre Arbeit als Referentin im neuen Referat IV 5 begann am 25.7.1955, BArch, B 189/27070. Zur Ernennung als Regierungsmedizinaldirektorin am 12.10.1955 vgl. den Ernennungsvorschlag vom 12.8.1963, BArch, B 126/16948.

16 So beschreibt der ehem. Abteilungsleiter und nun Präsident des Bundesgesundheitsamts Redeker den Charakter des neuen Referats Internationales Gesundheitswesen in einem Schreiben vom 10.4.1953 an AL Klose, BArch, B 142/1054.

17 Vgl. etwa BArch, B 142/3312.

18 Schreiben von AL IV Buurman an die Referentin IV 5 vom 25.1.1956, BArch, B 142/592.

19 Vgl. z. B. Schreiben von Prof. Dr. med. J. Cremer, Universität Gießen, vom 1.11.1956 an Dahlen [sic!], BArch, B 142/593.

20 Brief von Werner Catel an Maria vom 1.12.1954, PA A. Daelen.

21 Aktenvermerk über die Besprechung mit Prof. Schnell am 19.10.1949, BArch, B 142/3508. Zum Netzwerk von Beratern und Sachverständigen um die Gesundheitsabteilung des BMI vgl. Richter, Seilschaften. Vgl. auch Anm. 28 auf S. 186.

22 Die erste gemeinsame Publikation erfolgte bereits 1950: Daelen, Beobachtungen. Vgl. auch die persönliche Schlussformel in Daelens Schreiben an Catel vom 11.3.1959, darin die Hoffnung, ihn in den nächsten Monaten zu sehen (BArch, B 142/594).

23 Dazu wie die Selbstexkulpation auch in der Gesundheitsabteilung des Bundesministeriums wirkte, vgl. aktuell Richter, Seilschaften, S. 543-544.

24 Schreiben von Drigalski vom 25.10.1948 an Abteilung II z. Hd. von Herrn Ministerialrat Dr. Buch, BArch, B 189/27070.

25 Zur Korrespondenz mit Villinger bzgl. seines Festvortrags auf dem Weltgesundheitstag 1959 vgl. BArch, B 142/2080.

26 So bspw. ersichtlich im Schreiben von Daelen an Prof. Dr. med. C. E. Alken, Direktor der urologischen Universitätsklinik am 24.1.1959, BArch, B 142/3019.

Unter Delegierten der Weltgemeinschaft

1 Maria verfasste nach der WHO-Vollversammlung gemeinsam mit ihrem Kollegen Arnold Habernoll einen Bericht: Habernoll, Arbeit.

2 Zur Organisation des Public Health Committee vgl. Sub-Committee on pharmaceutical questions record, 8th session am 21.-23.4.1964 in Bad Godesberg (BArch, B 142/3159), oder die umfangreiche Vorbereitung des Symposium of

Members of Parliament Specialists in Public Health in Berlin am 10.-13.5.1966 (BArch, B 142/3116).

3 Vgl. z.B. Europarat, Public Health Committee, Working Party on Essential Drugs, 7.12.1961, Draft agenda for the first (PA) meeting to be held in Strasbourg on 9th and 10h January 1962, BArch, B 142/3158.

4 Zur Genese des neuen Referats vgl. u.a. Schreiben BGA-Präsident an AL Klose am 10.4.1953, BArch, B 142/1054.

5 Zu Walter Bargatzky, seiner Vergangenheit vor 1945 sowie seiner Tätigkeiten im BMI vgl. die zahlreichen Nennungen in Bösch/Wirsching, Hüter oder auch die Akten in BArch, DO1/DokP 2442.

6 So lassen sich bei der Auswertung der Sachakten des Referats Internationales Gesundheitswesen kaum Vorgänge beobachten, die von Staatssekretär Bargatzky abgezeichnet wurden, vgl. z.B. BArch, B 142/3158; BArch, B 142/3117.

7 Dies und Folgendes aus dem Interview der Autorin mit Wilhelm Mensing am 26.11.2018 in Bonn.

8 Schreiben Daelen aus Genf an Amtsrat Julius Franke im BMI am 18.5.1956, BArch, B 142/3077.

9 Zu den Verwaltungsstrukturen im BMI vgl. Günther, Kommunikation.

10 Vgl. Vermerk von Dr. Daelen vom 28.4.1956 sowie alle weiteren Vorbereitungsmaßnahmen, BArch, B 142/3048.

11 Vgl. u.a. den Vortrag Marias vor den Mitgliedern und Gästen des Colloquiums Humanum im Kasino des Bonner Fernmeldeamtes (Artikel »Kampf gegen die Malaria dauert an. Jährlich zwei Millionen Todesopfer – Dr. Daelen sprach: »Aufgaben und Zielsetzung der Weltgesundheitsorganisation« vom 11.9.1964 im General-Anzeiger) oder den Vortrag über Weltgesundheitsprobleme beim Hessischen Heimatdienst (Vermerk von Maria Daelen an AL IV vom 21.8.1959, BArch, B 142/594).

12 Fifth Meeting Committee on Programme and Budget am 16.5.1956, Ninth World Health Assembly, Geneva, 8-25 May 1956, http://www.who.int/iris/handle/10665/85678, S. 193.

13 Vgl. WHA Technical Discussions group III–K 4, Nurses: Their Education and their Role in Health Programmes, Ninth World Health Assembly, Geneva, 8-25 May 1956, http://www.who.int/iris/handle/10665/105185, S. A9 /Technical Discussions /4/Group 3/page1.

14 Vorlage des Berichts zur 9. WHO-Vollversammlung von Buurman an den Minister am 3.7.1956, BArch, B 142/3048.

15 USNA, RG 59, UD-07D 79, Box 2, Department of State, Memo of Conversation, Subject: German membership in the World Health Organization, 4.12.1950, zit. n. Zimmer, Welt, S.179. Zur Aufnahme der Bundesrepublik in die WHO aus deutscher Perspektive vgl. die Dokumente in BArch, B 189/13333.

16 Ingar Brüggemann im Interview mit der Autorin am 20.3.2018.

17 Vgl. Anm. 14 auf S. 193.

18 Vgl. Personalakten Arnold Habernoll, BArch, PERS 101/49339.

19 Hinzu kommen Sondersitzungen des Exekutivrats sowie die Möglichkeit, dass der Exekutivrat eine außerordentliche, d.h. zusätzliche Weltgesundheitsversammlung einberuft.

20 Brief von Maria an ihre Mutter aus Neu-Delhi vom 23.2.1961, PA Hanser-Strecker, Briefe Katharina-Maria.

21 Dies und die Einschätzung von Roger Pethybridge zit. n. Zimmer, Welt, S. 167 f.

22 Vermerk von Daelen vom 25.2.1966 über die Vorbereitungssitzung zur WHO-Vollversammlung 1966, BArch, B 189/3992.

23 Daelen, Aufbau. Zur umfangreichen Arbeit am Beitrag zum »Weltgesundheitsbericht« vgl. BArch, B 142/3020.

24 Zur Gründung des Bundesgesundheitsministeriums vgl. u.a. Woelk, Konrad Adenauer sowie zu Schwarzhaupt und die Herausforderung als erste Ministerin vgl. Anm. 18 auf S. 192.

25 Twentieth World Health Assembly, Geneva, 8-26 May 1967, part I: resolutions and decisions, annexes. http://www.who.int/iris/handle/10665/85800, S. 9.

26 Vgl. u.a. Drummer, Elisabeth Schwarzhaupt, S. 95-103.

27 Schreiben von Maria an StS Manger-Koenig am 15.8.1967, BArch, B 189/3992.

28 Vgl. zur Außenpolitik der DDR in den 1960er Jahren Wentker, Außenpolitik, hier v.a. S. 314-316.

29 Vermerk von Maria an StS Manger-Koenig vom 13.12.1967, BArch, B 189/3992.

30 Vgl. Frank, Botschaft, S. 213-221.

31 Memorandum zur Kenntnis im Schreiben vom Auswärtigen Amt an das Bundesministerium für Gesundheitswesen am 18.4.1968, BArch, B 189/3992.

32 Drahtbericht Nr. 322 vom 8.5.1968 (BArch, B 189/3992) bzw. das offizielle Dokument unter Twenty-first World Health Assembly, Geneva, 6-24 May 1968, part II: plenary meetings: verbatim records: committees: summary records and reports, http://www.who.int/iris/handle/10665/85809, S. 66. In Franks Erinnerungen weicht seine Rede von dem hier angegebenen Drahtbericht ab (vgl. Frank, Botschaft, S. 218-220).

Gesundheit für alle

1 Zitat aus dem Brief von Maria an Ludwig Strecker vom 17.3.1969, PA Hanser-Strecker, Briefe Maria-Ludwig.

2 Vgl. Lengwiler, Prävention, S. 128.

3 Ingar Brüggemann im Interview mit der Autorin am 20.3.2018.

4 Brief von Maria an ihre Mutter aus Neu-Delhi vom 14.2.1961, PA Hanser-Strecker, Briefe Katharina-Maria.

5 Schreiben von StS Bargatzky an die Ministerin am 20.4.1963, BArch, B 142/1201.

6 Brief von Dr. Margarete Schäuffele aus Bahardar vom 1.5.1963, BArch, B 142/1201. Erneuerung der Einladung im Schreiben von Dr. Friedrich Schäuffele vom 28.12.1965, BArch, B 189/3244.

7 Hierzu in der Vorlage vom 24.4.1962 sowie allgemein zum Projekt in BArch, B 189/3289.

8 Schreiben von Maria Daelen, BMGes u.a. an das AA, BMZ, BMF, BMWi vom 8.4.1963, BArch, B 189/3299.

9 Vermerk von Daelen vom 10.7.1962 sowie u.a. Briefwechsel mit Dr. Fritz Ronnefeldt, Tsévié, Togo vom 6.6.1962, BArch, B 189/3299.

10 Vermerk von Daelen vom 22.10.1964, BArch, B 189/3299.

11 Schnellbrief von Dr. Kessler, I B 5 vom 20.11.1964 an das AA, BMZ, BMF, BMWi, BArch, B 189/3299.

12 Vgl. zu diesem Projekt und der Weiterentwicklung nach 1967 auch Rensch, Medical Science, S. 10-19.

13 Ebd., S. 19.

14 Folgende Ausführungen zum Expertengespräch vom 16.10.–18.10.1962 vgl. Deutsche Stiftung für Entwicklungsländer, Erfahrungen.

15 Vgl. Daelen, Maria: Erfahrungen beim Aufbau des Gesundheitswesens in Entwicklungsländern. Bericht über ein Expertengespräch in Berlin vom 16.-18.10.1962. Berlin 1962.

16 So nehmen bei den Arbeitsgruppen der WEU, bspw. zum Thema »Gifte in der Landwirtschaft«, die entsprechenden Experten, in diesem Fall RL Gabel, teil. Maria dagegen ist zuständig u.a. für die Koordination der Sitzungen (vgl. BArch, B 142/571).

17 Zimmer, Welt, S. 245.

18 Vgl. bspw. interministerielle Sitzung vom 21.1.1959 sowie weitere Dokumente und Aufstellungen über den Beitrag der Bundesrepublik zum Malaria-Programm der WHO in BArch, B 142/3334.

19 Auszug aus der Niederschrift über die Unterredung zwischen dem Herrn Bundesaußenminister und Prinzessin Amrit Kaur am 8.1.21959, BArch, B 142/3335. Es folgten weitere Besuche der Prinzessin im darauffolgenden Jahr, u.a. bei Bundeskanzler Adenauer (vgl. Vermerk von Maria Daelen vom 19.9.1960, BArch, B 142/3335).

20 Schreiben Stralaus vom 29.4.1959 an den Generaldirektor der WHO, BArch, B 142/3334.

21 Vgl. Eastern Mediterranean Region World Health Organization: Report on the Second Regional Conference on Malaria Eradication, Addis Ababa 16.-21.11.1959, http://www.who.int/iris/handle/10665/64735.

22 Zimmer, Welt, S. 274.

23 Brief von Maria an ihre Mutter vom 15.10.1959, PA Hanser-Strecker, Briefe Katharina-Maria.

24 Brief von Maria an ihre Mutter vom 25.12.1959, PA Hanser-Strecker, Briefe Katharina-Maria.

»Auf internationalem Männerparkett«

1 Klaus Brockmeier: Maria Daelen, 1986, S. 2, PA Brüggemann.

2 Über diesen Ausflug zum Mont Blanc berichtet Maria ihrer Mutter mit einer Postkarte vom 15.5.1960, PA Hanser-Strecker, Briefe Katharina-Maria.

3 So ein Zeitungsartikel (o.N. und o.D.) über die 9. Weltgesundheitsversammlung am 8.-26.5.1956 in Genf, PA Brüggemann.

4 Vgl. u.a. die Postkarten und Briefe Marias an ihre Mutter bspw. aus Neu-Delhi vom 14.2.1961 oder Kalkutta vom 26.2.1961, den Brief von Kardorff-Oheimb an Martha Hirsch vom 27.2.1961 (PA Hanser-Strecker, Briefe Katharina-Maria) sowie Bilder u.a. mit Maria in Ceylon 1961 (PA Brüggemann).

5 Brief von Maria an ihre Mutter vom 15.10.1959, PA Hanser-Strecker, Briefe Katharina-Maria.

6 Vgl. einen der ersten Briefe von Carlo Schmid an Maria vom 4.11.1954 mit der Anrede »Verehrte und liebe Maria Daelen« sowie weitere Briefe, PA A. Daelen.

7 Brief von Carlo Schmid an Maria vom 19.6.1962, AdsD, Carlo Schmid, 752.

8 So berichtet es Kardorff-Oheimb am 18.1.1960 ihrer Freundin Theodora Schulze-de Booy, BArch, N 1039/65. Zur Briefkorrespondenz vgl. u.a. Briefe von Hans von Raumer an Maria vom 5.2.1948, 10.2.1948 oder 7.4.1948, PA Brüggemann.

9 Lebenslauf von Maria Daelen vom 24.4.1953, BArch, B 189/27070.

10 Maria Daelen schreibt über ihren Aufenthalt in Caux im Bericht »CAUX, Konferenz der Moralischen Aufrüstung, Fondation pour le réarment moral, Moral Ré-Armant, MRA« vom 19.9.1949, PA Brüggemann.

11 Vgl. hierzu und zum Folgenden die Darstellung von Latzin, Lernen, S.77f. Zur Vorgeschichte der Bewegung vgl. u.a. Schjørring, Aufrüstung; Müller-List, Moral.

12 Latzin, Lernen, S.77f. Zu den Teilnehmern im Jahr 1949 vgl. Caux. Bericht über die Weltkonferenz für Moralische Aufrüstung, 1949. Caux-sur-Montreux 1949, S.2.

13 Vgl. Anm. 10 auf S. 196.

14 Vgl. Lucius D. Clays Botschaft an die Konferenz 1949 in Caux. Bericht über die Weltkonferenz für Moralische Aufrüstung, 1949. Caux-sur-Montreux 1949, S. 12.

15 Zur positiven Haltung Adenauers zur »Moralischen Aufrüstung« anlässlich seines Besuchs 1948 vgl. Müller-List, Moral, S.18f. oder Adenauer, Briefe, Bd. 1, S.304, 310, 381, 598, 601, 633, und Bd.2, S.63, 383, 499, 649.

16 Vgl. seine Rede zur Zukunft Deutschlands in Caux. Bericht über die Weltkonferenz für Moralische Aufrüstung, 1949. Caux-sur-Montreux 1949, S.51-52.

17 Eine Gesamtdarstellung der Bewegung und ihrer Wirkungsgeschichte fehlt bislang. Bisherige Darstellungen sind u.a. Schjørring, Aufrüstung; Müller-List, Moral.

18 Heine, Aufrüstung, S.349 sowie 352-353.

19 Die Caux-Existenz, in: Der Spiegel Nr. 42 (13.10.1954).

20 Dies und folgende Einschätzung s. Anm. 10 auf S. 196.

21 Auch auf Hans von Herwarth, Ministerialrat in der Bayerischen Staatskanzlei, hatte der Besuch in Caux 1947 nachhaltigen Eindruck hinterlassen: »... es gab

kaum jemanden, der unbeeinflusst zurückgefahren wäre« (Herwarth, Adenauer, S. 63).

22 Vgl. Caux. Bericht über die Weltkonferenz für Moralische Aufrüstung, 1949. Caux-sur-Montreux 1949.

23 Vgl. das Bild in Kapitel »Im Dienst des neuen Staates«.

24 Erzählung von Ingar Brüggemann vom 13.1.1982, PA Brüggemann.

25 Diese Freundschaft hielt bis zu Marias Tod im Jahr 1993 und war von tiefer Verbundenheit geprägt. Zu der gleichzeitigen Notwendigkeit einer Neutralität zwischen Sekretariat und Delegation erzählt Brüggemann von einer Begebenheit während einer Weltgesundheitsversammlung: Als sie Maria eine Notiz in den Versammlungsraum brachte, begann plötzlich die Sitzung, und Brüggemann musste in den deutschen Reihen sitzen bleiben. Nach den WHO-Vorschriften war das Teilnehmen eines Sekretariats-Mitglieds in einer Delegation jedoch untersagt und endete für Brüggemann mit einer Rüge (vgl. Brüggemann, Sonne, S. 25-28).

26 Ingar Brüggemann im Interview mit der Autorin am 20.3.2018. Zum Folgenden vgl. Brüggemann, Sonne, S. 22-28.

27 Ingar Brüggemann im Interview mit der Autorin am 20.3.2018.

28 Brief von Peter Jäger an Maria vom 7.5.1992, zit. n. Brüggemann, Sonne, S. 24.

29 So z.B. in einem Schreiben von den Siemenswerken an Hr. Kopp, Fr. Daelen und Hr. Kudenzinski mit der Anredeformel »Sehr geehrte Herren«, in BArch, B 142/1201.

30 Vgl. List of Delegates and other Participants, Tenth World Health Assembly, Geneva, 7-24 May 1957, http://www.who.int/iris/handle/10665/85686.

31 Vgl. hierzu und im Folgenden Mecking, Chefin, S. 494.

32 Ursula Gräfin Pückler: »Das Engagement der Maria Daelen. Zwischen Kunst und Skalpell«, in: GEDOK-Journal. Rhein-Main-Taunus. Gemeinschaft der Künstlerinnen und Kunstfreunde e.V., 1986/87, Folge 1, S. 28-30, hier S. 28, auch enthalten in PA Brüggemann.

33 Derlien, Herkunft, S. 41.

34 Derlien, Verwaltungseliten, S. 120.

35 Brief von Maria an ihre Mutter vom 15.10.1959, PA Hanser-Strecker, Briefe Katharina-Maria.

36 Zu Schwarzhaupt vgl. u.a. Ille, Elisabeth Schwarzhaupt; Salentin, Elisabeth Schwarzhaupt; Drummer, Elisabeth Schwarzhaupt, hier v.a. S. 88-93; zu ihrem Beitrag zur Gleichberechtigung der Frau vgl. u.a. Kunter, Einsatz. Vgl. darüber hinaus zu Frauen in der CDU Bösch, Adenauer-CDU, S. 299-311, hier v.a. S. 303.

37 Woelk, Konrad Adenauer, S. 88.

38 Einen Überblick über die aktuelle Geschlechterforschung in Paulus, Bundesrepublik.

39 Zit. n. Mecking, Chefin, S. 494.

40 Brief von Maria an Ludwig Strecker vom 22.3.1969, PA Hanser-Strecker, Briefe Maria-Ludwig.

41 Vgl. Briefe von Martha Hirsch an Kardorff-Oheimb vom 20.10.1953 und 18.5.1954, BArch, N 1039/59. Hervorhebungen im Original.

42 »Bis zur Bahre«, Der Spiegel Nr. 48 (1961).

43 Exministerin Dr. Schwarzhaupt wird heute 70 Jahre, FNP, 7.1.1971, zit. n. Drummer, Elisabeth Schwarzhaupt, S. 93.

Abschiedsszenen

1 Vgl. Addendum to CM (62) 134, Council of Europe, Committee of Ministers, XIVth Session, Strasbourg, 26th-28th June 1962, Summary of Proceedings, http://coe. archivalware.co.uk/awweb/pdfopener?smd=1&md=1&did=600795. Vgl. zur weiteren Entwicklung der Themen die Akten zum Europarat-Ausschuss »Experten-Fragen der Bluttransfusion in Europa«, bis 1966 und folgende Jahre in BArch, B 142/3117.

2 Folgende Einschätzung Marias aus der Erinnerung von Wilhelm Mensing im Interview mit der Autorin am 26.11.2018.

3 So erzählt es auch Wilhelm Mensing im Interview mit der Autorin am 26.11.2018. Zur Suche Schwarzhaupts nach einem Staatssekretär für ihr Haus vgl. Ille, Elisabeth Schwarzhaupt, S. 52.

4 Zit. n. Drummer, Elisabeth Schwarzhaupt, S. 95.

5 Wilhelm Mensing im Interview mit der Autorin am 26.11.2018.

6 Zur Kritik an Schwarzhaupt wegen fehlender Fachqualifikation – als Nichtmedizinerin und Frau – aus sämtlichen Fraktionen vgl. u.a. Drummer, Elisabeth Schwarzhaupt, S. 94.

7 Beide Vorfälle in Ille, Elisabeth Schwarzhaupt, S. 146 f. bzw. 152 f.

8 Vgl. hierzu Lenhard-Schramm, Land, hier u.a. den Handvermerk Stralaus vom 14.12.1961, S. 383 oder die Einschätzung Lenhard-Schramms, S. 848. Weiteres vgl. auch Kirk, Contergan oder Steinmetz, Politisierung, hier v.a. 211 f.

9 So auch die Einschätzung von Wilhelm Mensing im Interview mit der Autorin am 26.11.2018.

10 Zur Ernennung der Regierungsmedizinaldirektorin Dr. Maria Daelen zur Ministerialrätin am 23.9.1963 vgl. den Ernennungsvorschlag vom 12.8.1963, BArch, B 126/16948.

11 Schreiben des französischen Konsuls Fernand Leleux an Maria vom 30.9.1963 mit der Verkündung der Verleihung des Offizierkreuzes, PA Reusch.

12 Schreiben vom Ministère de la Santé Publique et de la Population, M. Aujaleu, an Maria vom 31.12.1963 zur Verkündung des Ritterkreuzes, PA Reusch. Wie es zur Rücknahme des Offizierkreuzes kam bzw. wer hierauf Einfluss nahm, konnte nicht näher beleuchtet werden.

13 Brief von Maria an Monsieur le Professeur E. Aujaleu, Directeur Général Institut National d'Hygiène Ministère de la Santé Publique, Paris, vom 30.4.1964, PA Reusch. Weiteres in BArch, B 189/27070.

14 Schreiben des belgischen Botschafters W. Loridan an Maria Strecker-Daelen vom 2.9.1968, PA Reusch.

15 Ingar Brüggemann im Interview mit der Autorin am 20.3.2018.

16 Beurteilung von Ministerialdirektor Dr. Stralau vom 24.11.1961, BArch, B 189/27070.

17 Schreiben von Referent IV A 2 an Daelen vom 16.9.1959, BArch, B 142/3318.

18 Vgl. Geschäftsverteilungsplan vom Oktober 1960 mit handschriftlichen Streichungen des Unterabteilungsleiters A, BArch, B 142/1054.

19 Zu Marias Herzfehler vgl. Anm. 11 auf S. 164 (Schmerzliche Kindheit).

20 Das Urteil des Landgerichts in Bonn lautete drei Wochen Gefängnisstrafe, zur Bewährung ausgesetzt (Beschluss über die Strafsache gegen die Regierungsmedizinaldirektorin Dr. Maria Daelen vom 23. April 1964, PA A. Daelen). Über das Urteil des Bonner Schöffengerichts – mit zusätzlicher Erwähnung einer Geldbuße von 600 Mark – berichtete die *Abendzeitung München* im Artikel »Geschwür mit Sekt behandelt und dann ans Steuer« vom 31.8.1969. Auch der *Spiegel* berichtete in »Personalien: Maria Daelen« über den Unfall (Der Spiegel Nr. 38 (1960)). Über den Hergang des Unfalls gibt es verschiedene Ausführungen, vgl. auch in BArch, B 189/27070.

21 Ingar Brüggemann im Interview mit der Autorin am 12.4.2018.

22 Brief von Martha Hirsch an Kardorff-Oheimb, 13.9.1960, BArch, N 1039/59.

23 Die Erwähnung des Autounfalls in ihrer Beurteilung von Ministerialdirektor Stralau vom 24.11.1961 ist geschwärzt (BArch, B 189/27070). Kurz zuvor hatte Maria um Einsicht in ihre Personalakten gebeten (17.11.1961). Weiteres hierzu in BArch, B 189/27070.

24 Den Begriff des »Haus-Chefs« für den Staatssekretär verwendete Mensing im Interview mit der Autorin am 26.11.2018.

25 Schreiben von Dr. Manger-Koenig an Maria vom 27.7.1957, BArch, B 142/593.

26 Vgl. Personalakten in BArch, B 189/27070.

27 Über die Verabschiedung Marias aus dem Dienst liegen leider keine Quellen vor.

28 Vgl. das Bild mit Maria beim V. Congresso Internazionale di Igiene e Medicina Preventiva, Roma 8.-12.10.1968 (PA Brüggemann) oder das Bild mit Maria und Dr. Aujaleu, dem Vertreter des französischen Gesundheitsministeriums, und seiner Ehefrau auf einem Empfang während der Weltgesundheitsversammlung 1971 (Brüggemann, Sonne, S. 23).

Rückzug ins Private

1 Zu Schmid vgl. u. a. die umfassende Biografie von Weber, Carlo Schmid.

2 Vgl. die Briefe von Carlo Schmid an Maria zwischen 1954 und 1956, PA A. Daelen.

3 Zur Bundestagsdebatte am 16.12.1954 vgl. u. a. Weber, Carlo Schmid, S. 533 oder Schmid, Erinnerungen, S. 559-560.

4 Brief von Brief von Carlo Schmid an Maria vom 19.12.1954, PA A. Daelen.

5 Weber, Carlo Schmid, S. 534. Hier auch eine Darstellung zur Saarfrage S. 531-536. Vgl. auch die umfangreiche Darstellung zur Saarfrage u. a. bei Lappenküper,

Beziehungen, S. 449-497, hier v. a. S. 481, oder bzgl. der Bedeutung für die CDU Bösch, Adenauer-CDU, S. 162.

6 Dies und Folgendes aus den Erinnerungen von Ingar Brüggemann im Interview mit der Autorin am 20.3.2018.

7 Vgl. Brief von Carlo Schmid an Maria vom 4.8.1956, PA A. Daelen sowie die Darstellung bei Weber, Carlo Schmid, S. 567-568.

8 Vgl. die Briefe zwischen Maria und Carlo Schmid in seinem Nachlass: AdsD, Carlo Schmid, 752; AdsD, Carlo Schmid, 1/CSAA000027; AdsD, Carlo Schmid, 1/CSAA002113b; AdsD, Carlo Schmid, 1/CSAA002106; AdsD, Carlo Schmid, 1/CSAA002108 a-b; AdsD, Carlo Schmid, 1/CSAA002115. Zu den gelegentlichen Treffen in den 1970er und 1980er Jahren vgl. die zahlreichen Fotos von Maria Daelen und Carlo Schmid in PA Brüggemann.

9 Brief Maria an Carlo Schmid vom 30.11.1977, AdsD, Carlo Schmid, 1/CSAA002113b.

10 Mitteilung von Jole Berlage, Hamburg, vom 4.5.2019. Das Porträt enthält die Widmung: »Maria, der Freundin, mit der Bitte um gelegentliches geneigtes Gedenken. Carlo Schmid. 10.11.60«.

11 Heiratsurkunde vom 9.12.1967, PA A. Daelen.

12 Vgl. die Beschreibung des Kennenlernens im Brief von Maria an Ludwig Strecker vom 20.2.1967, PA Hanser-Strecker, Briefe Maria-Ludwig.

13 Dies und die folgende Aussage nach einer Rückschau von Ludwig Strecker in einem Brief an Maria vom 22.2.1972, PA Hanser-Strecker, Briefe Maria-Ludwig.

14 Brüggemann, Sonne, S. 71.

15 Peter Hanser-Strecker im Interview mit der Autorin am 30.1.2018.

16 Von der Begegnung in Caux mit Ludwig Strecker berichtet Ingar Brüggemann (vgl. Brüggemann, Sonne, S. 71).

17 S. Anm. 12 auf S. 200.

18 Willy Strecker und Ludwig Strecker waren mit Furtwängler und seinen Sekretärinnen seit den 1920er Jahren in Kontakt, u.a. wegen Publikationen. 1937 trafen sich Furtwängler und Ludwig Strecker auch persönlich (vgl. Brief von Furtwängler an Ludwig Strecker vom 4.4.1937, SBB, 55 Nachl 13 A, Kasten 31). Weiteres vgl. Prieberg, Kraftprobe, S. 284.

19 Fetthauer, Musikverlage, S. 272 und 276.

20 Custodis, Netzwerke, S. 49; Fetthauer, Musikverlage, S. 272. Zur Arisierung des Verlages C. F. Peters sowie zur Rolle des Schott-Verlags vgl. u.a. Bucholtz, Ausgrenzung.

21 Custodis, Netzwerke, S. 133.

22 Ebd., S. 151.

23 Peter Hanser-Strecker im Interview mit der Autorin am 21.6.2018.

24 Brief von Maria an Ludwig vom 13.5.1966, PA Hanser-Strecker, Briefe Maria-Ludwig.

25 Brief von Ludwig an Maria vom 4.6.1958, PA A. Daelen.

26 Vgl. die zahlreichen Briefe und Postkarten v.a. aus Davos, z.B. den Brief von Maria

an Ludwig aus dem Flüela Sporthotel am 25.2.1972, PA Hanser-Strecker, Briefe Maria-Ludwig, oder die umfangreiche Korrespondenz mit Lily Abegg, PA A. Daelen. Dass Maria Daelen auch nach 1945 Lisa von Cramm, in den Berliner 1930er Jahren mit dem Tennisprofispieler Gottfried von Cramm verheiratet und selbst sehr gute Tennisspielerin, verbunden ist, darauf deuten zwei private Porträts von Lisa von Cramm hin, die bis zuletzt neben anderen Fotografien in Maria Daelens Schlafzimmer hingen (Mitteilung von Jole Berlage, Hamburg, vom 4.5.2019).

27 Brief von Maria an Ludwig vom 10.5.1966, PA Hanser-Strecker, Briefe Maria-Ludwig.

28 Vgl. das Schreiben von Rechtsanwalt Dr. Hans Franzen an Maria vom 18.6.1964, PA Hanser-Strecker, Briefe Maria-Ludwig.

29 Zur Erwerbsgeschichte der »Villa Capriola« vgl. PA Hanser-Strecker, Gästebuch Villa Capriola 1958-1976.

30 So Peter Hanser-Strecker im Interview mit der Autorin am 30.1.2018. Zu Katjas Besuchen in der »Villa Capriola« vgl. auch im Gästebuch, s. Anm. 29 auf S. 201.

31 Vgl. zur Unterstützung u.a. den Brief von Maria an ihre Mutter vom 5.4.1948, PA Hanser-Strecker, Briefe Katharina-Maria.

32 Brief von Martha Hirsch an Maria vom 18.1.1959, PA A. Daelen.

33 Brief von Kardorff-Oheimb an Martha Hirsch vom 22.6.1961, BArch, N 1039/59.

34 Brief von Kardorff-Oheimb an Martha Hirsch vom 16.12.1961, BArch, N 1039/59.

35 Brief von Kardorff-Oheimb an Vital Daelen vom 16.5.1961, PA A. Daelen. Zum Besuch Vitals vgl. den Brief von Kardorff-Oheimbs langjährigem Sekretär Kurt Gudell an Kardorff-Oheimb vom 30.11.1961, BArch, N 1039/58.

36 Brief von Kardorff-Oheimb an Martha Hirsch vom 20.12.1961, BArch, N 1039/59.

37 So die Analyse der Nachkriegsbriefe und zahlreichen Postkarten zwischen Maria und ihrer Mutter, PA Hanser-Strecker, Briefe Katharina-Maria.

38 Brief von Martha Hirsch an Kardorff-Oheimb vom 18.5.1954, BArch, N 1039/59.

39 Brief von Kardorff-Oheimb an Maria vom 23.11.1950, PA Hanser-Strecker, Briefe Katharina-Maria.

40 »Hoffentlich findest Du dich durch das Fu-Material durch.« (Brief von Aleida Montijn an Maria vom 7.1.1978, PA A. Daelen). Das Buchprojekt von Aleida Montijn über Wilhelm Furtwängler wurde nicht verwirklicht, vgl. Universitätsbibliothek Johann Christian Senckenberg, NA Mus 52 A. Montijn, Kapsel 27.

41 Ein Hinweis auf eine kurze Liaison zwischen den beiden Frauen gibt Aleida Montijn in ihrem Brief an Maria vom 1.6.1952, PA A. Daelen.

42 Vgl. Brief von Aleida Montijn an Erwin Piscator am 23.11.1953 über die Feier bei Frau Volhard am 12.12.1953, Montijn, Nachrichten, S. 183.

43 Gedicht an Maria, o.D., Universitätsbibliothek Johann Christian Senckenberg, NA Mus 52 A. Montijn, Kapsel 27.

44 »Frau Doktor Maria Daelen herzlichst gewidmet. Oh Maria! Swing. Text und Musik: Peter Igelhoff. Manuskript«, Universitätsbibliothek Johann Christian Senckenberg, NA Mus 52 A. Montijn, Kapsel 27.

45 Saathen, Einem-Chronik, S. 338.

46 Artikel »Vorahnung im Pflanzlichen. Retrospektive Maria Daelen«, Wiesbadener Kurier vom 8.7.1986, PA Brüggemann.
47 Peter Hanser-Strecker im Interview mit der Autorin am 30.1.2018.
48 Vgl. Brief von Maria an Carlo Schmid vom 19.10.1978, AdsD, Carlo Schmid, 1/CSAA002106.
49 Vgl. das Gedicht von Klara Pöppel an Ingar Brüggemann, Brüggemann, Sonne, S. 377.

Epilog

1 Peter Hanser-Strecker im Interview mit der Autorin am 30.1.2018. Vgl. auch die Kurzbeschreibung der Stiftung beim Deutschen Musikrat unter: http://www.miz.org/details_2261_575.html.
2 Brief von Maria an Kardorff-Oheimb vom 17.2.1947, PA Hanser-Strecker, Briefe Katharina-Maria.

Anhang

Bildnachweis

Buchumschlag: »Bei Königswusterhausen«, Juni 1939, Fotografin: möglicherweise Marianne Breslauer (Quelle: PA Brüggemann).

Prolog: Maria Daelen (ohne Titel), o.D., Fotograf: unbekannt (Quelle: PA Brüggemann).

Schmerzliche Kindheit: Katharina van Endert, Vital Daelen, Katja Daelen, Maria Daelen (ohne Titel), o.D., Fotograf: unbekannt (Quelle: PA Ackermann).

»Das junge Mädchen von heute«: Maria Daelen, 1931, Fotograf: Rolf Mahrenholz, © ullstein bild/Rolf Mahrenholz.

Familienbande: »Die Hochzeitsgesellschaft nach der Vermählung am 9. April 1927 in Kardorff-Oheimbs Villa in Goslar«, 9.4.1927, Fotograf: Hermann Stumm, Goslar (Quelle: PA Ackermann).

Berlin: mondän – pulsierend – begierig: Maria Daelen, Annemarie Schwarzenbach, unbekannte Frau (ohne Titel), o.D., Fotograf: unbekannt (Quelle: PA Brüggemann).

Liebe und Schmerz: Maria Daelen (ohne Titel), Dezember 1936, Fotografin: vermutl. Marianne Breslauer (Quelle: PA Brüggemann).

1933: »Arthur Woldemar Meyer [Mitte vorne] und Mitarbeiter des Krankenhauses Westend«, o.D., Berlin; Fotograf: unbekannt (Quelle: Bildarchiv Universität Heidelberg, U-Heidelb_Bilder-526435-542940-960).

Wege in den Widerstand: Maria Daelen, 1933/35, Fotografin: Marianne Breslauer, © Walter & Konrad Feilchenfeldt / Courtesy Fotostiftung Schweiz.

Im Dienst des neuen Staates: »Betriebsrat Hessen«, o.D., Fotograf: unbekannt (Quelle: PA Brüggemann).

Transatlantische Anfänge: Maria Daelen (ohne Titel), o.D., Fotograf: unbekannt (Quelle: PA Hanser-Strecker).

Gesundheitspolitikerin in Bonn: »Im eigenen Arbeitszimmer BMGes«, o.D., Fotograf: unbekannt (Quelle: PA Brüggemann).

Unter Delegierten der Weltgemeinschaft: »Vollversammlung WHO 1959, Die Delegierten von 88 Mitgliedstaaten vor dem Palais des Nations«, Fotograf: J. Kernen, Reporter-photographe, Genève (Quelle: PA Brüggemann).

Gesundheit für alle: »Afrik. Frauenseminar. Empfang bei Kaiser Haile Selassi, März 1969«, Fotograf: Photo Industrial, Addis Ababa, Ethiopia (Quelle: PA Brüggemann).

»Auf internationalem Männerparkett«: »Ausflug Mont Blanc Mai 1960. WHO-Vollversammlung«, Fotograf: unbekannt (Quelle: PA Brüggemann).

Abschiedsszenen: »Dr. Maria Daelen, Council of Europe/Europarat, Straßburg 1962«, Fotograf: unbekannt (Quelle: PA Brüggemann).

Rückzug ins Private: Karte von Maria Daelen an Carlo Schmid mit zwei Fotografien vom 9.12.1970, Fotograf: unbekannt (Quelle: AdSD, Carlo Schmid, 1/CSAA002108 b).

Epilog: Maria Daelen (ohne Titel), o.D., Fotograf: unbekannt (Quelle: PA Hanser-Strecker).

Abkürzungsverzeichnis

a.D.	außer Dienst
a.M.	am Main
AA	Auswärtiges Amt
AdsD	Archiv der sozialen Demokratie
AfZ	Archiv für Zeitgeschichte der ETH Zürich
AL	Abteilungsleiter
Anm.	Anmerkung
Aufl.	Auflage
BArch	Bundesarchiv
Bd.	Band
BDC	Berlin Document Center
BGA	Bundesgesundheitsamt
BMF	Bundesministerium der Finanzen
BMGes	Bundesministerium für Gesundheit
BMI	Bundesministerium des Innern
BMWi	Bundesministerium für Wirtschaft
BMZ	Bundesminister für wirtschaftliche Zusammenarbeit
BRD	Bundesrepublik Deutschland
bspw.	beispielsweise
bzw.	beziehungsweise
CDU	Christlich Demokratische Union
CIC	Counter Intelligence Corps
DDR	Deutsche Demokratische Republik
d.h.	das heißt
DM	Deutsche Mark
Dr.	Doktor
Dr. med.	Doctor medicinae
DVP	Deutsche Volkspartei
e.V.	eingetragener Verein
ebd.	ebenda
ebf.	ebenfalls
ehem.	ehemalig
etc.	et cetera
erw.	erweitert
f.	folgende
ggf.	gegebenenfalls
Gestapa	Geheimes Staatspolizeiamt
Gestapo	Geheime Staatspolizei
GmbH	Gesellschaft mit beschränkter Haftung
HÄBl	Hessisches Ärzteblatt
Hg.	Herausgeber
HHStAW	Hessisches Hauptstaatsarchiv Wiesbaden

IfZArch	Archiv des Instituts für Zeitgeschichte München-Berlin
KPD	Kommunistische Partei Deutschlands
LAB	Landesarchiv Berlin
LAV NRW	Landesarchiv Nordrhein-Westfalen
LDP	Liberaldemokratische Partei
Nachl.	Nachlass
Neuausg.	Neuausgabe
NL	Nachlass
Nr.	Nummer
NS	Nationalsozialismus/nationalsozialistisch
NSDAP	Nationalsozialistische Deutsche Arbeiterpartei
o.D.	ohne Datum
PA	Privatarchiv, Privatsammlung
RL	Referatsleiter
s.	siehe
S.	Seite
SBB	Staatsbibliothek zu Berlin
SBZ	Sowjetische Besatzungszone
SPD	Sozialdemokratische Partei Deutschlands
StS	Staatssekretär
u.a.	unter anderem
UNRRA	United Nations Relief and Rehabilitation Administration, Nothilfe- und Wiederaufbauverwaltung der Vereinten Nationen
USA	United States of America
v.a.	vor allem
vgl.	vergleiche
WEU	Westeuropäische Union
WHA	World Health Assembly, Weltgesundheitsversammlung (der WHO)
WHO	World Health Organization, Weltgesundheitsorganisation
z.B.	zum Beispiel
z.Hd.v.	zu Händen von
zit. n.	zitiert nach

Quellen

Archiv der sozialen Demokratie (AdsD)
Carlo Schmid, Nachlass Carlo Schmid

Archiv des Instituts für Zeitgeschichte München-Berlin (IfZArch)
ED 162, Charlotte Pommer
ED 394, Herbert Müller-Werth
ED 880, Leopold Gutterer
Datenbank »Die Verfolgung von NS-Verbrechen durch deutsche Justizbehörden seit
   1945«

Archiv für Zeitgeschichte der ETH Zürich (AfZ)
NL Hans Bernd Gisevius, Nachlass Hans Bernd Gisevius

Bundesarchiv (BArch)
B 126, Bundesministerium der Finanzen
B 142, Bundesministerium für Gesundheitswesen 1949-74
B 189, Bundesministerium für Jugend, Frauen und Gesundheit
DO 1, Ministerium des Innern der DDR
N 1039, Nachlass Katharina von Kardorff-Oheimb
NS 10, Persönliche Adjutantur des Führers und Reichskanzlers
PERS 101, Personalkaten von Beschäftigten des öffentlichen Dienstes
PERS 6, Personalunterlagen von Angehörigen der Reichswehr und der Wehrmacht
R 4606, Generalbauinspektor für die Reichshauptstadt
R 4901, Reichsministerium für Wissenschaft, Erziehung und Volksbildung
R 55, Reichsministerium für Volksaufklärung und Propaganda
R 56-I, Reichskulturkammer/Zentrale
R 58, Reichssicherheitshauptamt
R 8034-III, Reichslandbund, Presseausschnittsammlung, Personalia
R 9345, Reichsärztekammer
R 9361, Berlin Document Center

Fotostiftung Schweiz
Nachlass Marianne Breslauer

Hessisches Hauptstaatsarchiv Wiesbaden (HHStAW)
Abteilung 486, Gestapo
Abteilung 502, Ministerpräsident – Staatskanzlei
Abteilung 520, Spruchkammer
Abteilung 527, Landespersonalamt

Landesarchiv Berlin (LAB)
A-Rep 243-01, Reichsmusikkammer, Landesleitung Berlin
C Rep. 375-01, Ministerium für Staatssicherheit der DDR, Abteilung IX/11,
    NS-Sondersammlung – Teil Berlin

Landesarchiv Nordrhein-Westfalen (LAV NRW)
LAV NRW NW 1015, SBE Hauptausschuss Stadtkreis Oberhausen

Staatsbibliothek zu Berlin (SBB)
55 Nachl, Nachlass Wilhelm Furtwängler

Universitätsbibliothek Johann Christian Senckenberg
NA Mus 52 A. Montijn, Nachlass Aleida Montijn

Zentralbibliothek Zürich
Nachl. W. Furtwängler, Nachlass Wilhelm Furtwängler

World Health Organization Records and Archives Services online
Protokolle und Dokumente der World Health Assembly und des Executive Board
Protokolle und Dokumente des Regional Office for the Eastern Mediterranean
Protokolle und Dokumente des Regional Office for Europe

Privatarchive und -sammlungen (PA)
PA Ackermann, Privatsammlung Christoph Ackermann
PA A. Daelen, Nachlass Adele Daelen, verwaltet u.a. von Felicitas Baumgartner und
    Jole Berlage
PA Brüggemann, Privatsammlung Ingar Brüggemann
PA Reusch, Privatsammlung Felicitas Reusch
PA Hanser-Strecker, Privatsammlung Peter Hanser-Strecker
PA Grünewald, Privatsammlung Eckhart Grünewald

Interviews der Autorin
Christoph Ackermann, 10.1.2018
Ingar Brüggemann, 20.3.2018 und 12.4.2018
Peter Hanser-Strecker, 30.1.2018 und 21.6.2018
Wilhelm Mensing, 26.11.2018
Felicitas Reusch, 31.1.2018

Literatur

Adenauer, Konrad: Briefe 1949-1951, bearb. von Hans Peter Mensing, hg. von Rudolf Morsey und Hans-Peter Schwarz. Berlin 1985.

Aguilà, Irene/Charlotte Andrieux und Elena Baynat: La littérature des voyages. Roger Martin du Gard. Lleida 2007.

Anita: Das junge Mädchen von heute, in: Die Dame 58 (1931) 25, S. 5-6 und 28.

Apitzsch, Ursula: Biographieforschung und Kritische Theorie, in: Helma Lutz, Martina Schiebel und Elisabeth Tuider (Hg.): Handbuch Biographieforschung. Wiesbaden 2018, S. 11-21.

Aurnhammer, Achim, Wolfgang Braungart, Stefan Breuer und Ute Oelmann (Hg.): Stefan George und sein Kreis. 2. Aufl. Berlin u. a. 2016.

Baddack, Cornelia: Katharina von Kardorff-Oheimb (1879-1962) in der Weimarer Republik. Unternehmenserbin, Reichstagsabgeordnete, Vereinsgründerin, politische Salonnière und Publizistin. Göttingen 2016.

Baddack, Cornelia: Zäsuren, Wiederanknüpfungsversuche und Leerstellen. Zur Biografie der liberalen Politikerin Katharina von Kardorff-Oheimb nach 1933, in: Jahrbuch zur Liberalismus-Forschung 28 (2016), S. 287-314.

Bästlein, Klaus: Zeitgeist und Justiz. Die Strafverfolgung von NS-Verbrechen im deutsch-deutschen Vergleich und im historischen Verlauf, in: Zeitschrift für Geschichtswissenschaft 64 (2016), S. 5-28.

Beachy, Robert: Das andere Berlin. Die Erfindung der Homosexualität: Eine deutsche Geschichte 1867-1933. München 2015.

Beckers, Marion und Thomas Ehrsam: Die Riess. Fotografisches Atelier und Salon in Berlin 1918-1932. Tübingen 2008.

Beer, Kathrin und Marianne Breslauer: Marianne Breslauer – Fotografien. Wädenswil 2012.

Benz, Wolfgang und Barbara Distel (Hg.): Terror im Westen. Nationalsozialistische Lager in den Niederlanden, Belgien und Luxemburg 1940-1945. Berlin 2004.

Berliner Historische Adressbücher (1799-1943), https://digital.zlb.de/viewer/cms/82/.

Bleker, Johannes: Anerkennung durch Unterordnung? Ärztinnen und Nationalsozialismus, in: Eva Brinkschulte (Hg.): Weibliche Ärzte. Die Durchsetzung des Berufsbildes in Deutschland. Berlin 1993, S. 126-139.

Blubacher, Thomas: Francesco von Mendelssohn – der »glamorous boy« Berlins, in: Joachim H. Knoll (Hg.): Der Dandy. Ein kulturhistorisches Phänomen im 19. und frühen 20. Jahrhundert. Boston 2013, S. 252-270.

Bösch, Frank: Die Adenauer-CDU. Gründung, Aufstieg und Krise einer Erfolgspartei 1945-1969. Stuttgart 2001.

Bösch, Frank und Andreas Wirsching: Die deutschen Innenministerien nach dem Nationalsozialismus. Eine Bilanz, in: Frank Bösch und Andreas Wirsching (Hg.): Hüter der Ordnung. Die Innenministerien in Bonn und Ost-Berlin nach dem Nationalsozialismus. Göttingen 2018, S. 729-749.

Bösch, Frank und Andreas Wirsching: Einleitung, in: Frank Bösch und Andreas Wirsching (Hg.): Hüter der Ordnung. Die Innenministerien in Bonn und Ost-Berlin nach dem Nationalsozialismus. Göttingen 2018, S. 13-26.

Bösch, Frank und Andreas Wirsching (Hg.): Hüter der Ordnung. Die Innenministerien in Bonn und Ost-Berlin nach dem Nationalsozialismus. Göttingen 2018.

Breslauer, Marianne: Photographien 1927-1937. Berlin 1989.

Brinkschulte, Eva: Dr. med. Maria Daelen, in: Eva Brinkschulte (Hg.): Weibliche Ärzte. Die Durchsetzung des Berufsbildes in Deutschland. Berlin 1993, S. 5-9.

Brinkschulte, Eva: Professor Dr. Rahel Hirsch (1870-1953) – der erste weibliche Professor der Medizin – vertrieben, verfolgt, vergessen, in: Eva Brinkschulte (Hg.): Weibliche Ärzte. Die Durchsetzung des Berufsbildes in Deutschland. Berlin 1993, S. 103-113.

Brinkschulte, Eva (Hg.): Weibliche Ärzte. Die Durchsetzung des Berufsbildes in Deutschland. Berlin 1993.

Brinkschulte, Eva und Thomas Knuth: Das medizinische Berlin. Ein Stadtführer durch 300 Jahre Geschichte. Berlin 2010.

Brüggemann, Ingar: An der Sonne geradeaus. 1966-2013. Berlin 2014.

Bucholtz, Erika: Ausgrenzung und »Arisierung«. Der Leipziger Musikverlag C. F. Peters, in: Monika Gibas (Hg.): »Arisierung« in Leipzig. Annäherung an ein lange verdrängtes Kapitel der Stadtgeschichte der Jahre 1933 bis 1945. Leipzig 2007, S. 98-114.

Budde, Gunilla-Friederike (Hg.): Frauen arbeiten. Weibliche Erwerbstätigkeit in Ost- und Westdeutschland nach 1945. Göttingen 1997.

Budde, Gunilla-Friederike: Frauen der Intelligenz. Akademikerinnen in der DDR 1945 bis 1975. Göttingen 2011.

Cahn, Peter: Wilhelm Furtwängler im Spiegel unbekannter Briefe. Aus Anlass seines 100. Geburtstages, in: Neue Zeitschrift für Musik (1986) 1, S. 4-10.

Caux. Bericht über die Weltkonferenz für Moralische Aufrüstung, 1949. Caux-sur-Montreux 1949.

Central Registry Of War Criminals And Security Suspects: Final consolidated wanted list, Part II, 1947.

Conze, Eckart: Aufstand des preußischen Adels. Marion Gräfin Dönhoff und das Bild des Widerstands gegen den Nationalsozialismus in der Bundesrepublik Deutschland, in: Vierteljahreshefte für Zeitgeschichte (2003), https://www.ifz-muenchen.de/heftarchiv/2003_4.pdf.

Custodis, Michael und Friedrich Geiger: Netzwerke der Entnazifizierung. Kontinuitäten im deutschen Musikleben am Beispiel von Werner Egk, Hilde und Heinrich Strobel. Münster 2013.

Daelen, Maria: Zur Therapie der dekompensierten Ulcus-Stenose des Magens und des Zwölffingerdarms. Berlin 1932.

Daelen, Maria (Hg.): Die BCG-Schutzimpfung. Berlin 1950.

Daelen, Maria: Achtung TB. Kurz-Dokumentarfilm. Deutschland 1951.

Daelen, Maria: Weiterbildung von Ärzten in den USA, in: Ärztliche Mitteilungen 40 (1955) 20, S. 721-724.

Daelen, Maria: Erfahrungen beim Aufbau des Gesundheitswesens in Entwicklungsländern. Bericht über ein Expertengespräch in Berlin vom 16.-18.10.1962. Berlin 1962.

Daelen, Maria: Aufbau und Wirkungsgeschichte der Welt-Gesundheitsorganisation, in: Zeitschrift für Arbeitsmedizin und Arbeitsschutz 15 (1965) 5, S. 2.

Daelen, Maria und Werner Catel: Klinische Beobachtungen über die Tuberkulinpositivität sowie über den Impferfolg, in: Maria Daelen (Hg.): Die BCG-Schutzimpfung. Berlin 1950, S. 106-112.

Daelen, Maria und F. Lütgerath: Wie lange dauert der Impfschutz nach BCG? in: Monatsschrift für Kinderheilkunde 101 (1953), S. 1-3.

Daelen, Maria und H. Saame: Weitere Beobachtungen an Kindern nach der BCG-Impfung in Hessen, in: Neue Medizinische Welt (24. Juni 1950) 25, S. 1-8.

Daelen, Maria und S. K. Svendson: BCG-Schutzimpfung mit besonderer Berücksichtigung der Organisationen in Hessen. Wiesbaden 1948.

»Das war der erste Hirsch«, in: Der Querschnitt 6 (1926) 5, S. 366-367.

Dausien, Bettina: Biographie und Geschlecht. Zur biographischen Konstruktion sozialer Wirklichkeit in Frauenlebensgeschichten. Bremen 1996.

Demps, Laurenz: Berlin im Bombenkrieg, in: Michael Wildt und Christoph Kreutzmüller (Hg.): Berlin 1933-1945. München 2013, S. 357-371.

Derlien, Hans-Ulrich: Soziale Herkunft und Parteibindung der Beamtenschaft. Ein Beitrag zum Politisierungsproblem, in: Der Bürger im Staat 36 (1986), S. 39-44.

Derlien, Hans-Ulrich und Florian Lang: Verwaltungseliten in der Bundesrepublik Deutschland und in der V. Französischen Republik, in: Guido Melis (Hg.): Verwaltungseliten in Westeuropa (19./20. Jh.). Baden-Baden 2005, S. 109-148.

Deutsche Stiftung für Entwicklungsländer: Erfahrungen beim Aufbau des Gesundheitswesens in Entwicklungsländern. Bericht über ein Expertengespräch in Berlin vom 16.-18. Oktober 1962. Berlin u.a. 1962.

Die Caux-Existenz, in: Der Spiegel Nr. 42 (13.10.1954).

Die hessischen Kabinette von 1945 bis 1976, http://starweb.hessen.de/cache/hessen/landtag/dreissig_jahre_hessische_verfassung(19a)Anhang_Kabinette.pdf.

Doering-Manteuffel, Anselm: Dimensionen von Amerikanisierung in der deutschen Gesellschaft, in: Archiv für Sozialgeschichte 35 (1995), S. 1-34.

Dohna, Lothar zu: Die Dohnas und ihre Häuser. Göttingen 2013.

Dohna-Schlobitten, Alexander zu: Erinnerungen eines alten Ostpreußen. 2. Aufl. Berlin 1992.

Drummer, Heike und Jutta Zwilling: Elisabeth Schwarzhaupt (1901-1986). Portrait einer streitbaren Politikerin und Christin. Freiburg 2001.

Eckart, Wolfgang U.: »Der Welt zeigen, dass Deutschland erwacht ist«. Ernst Ferdinand Sauerbruch und die Charité-Chirurgie 1933-1945, in: Sabine Schleiermacher (Hg.): Die Charité im Dritten Reich. Zur Dienstbarkeit medizinischer Wissenschaft im Nationalsozialismus. Paderborn 2008, S. 189-206.

Eckert, Rainer: Widerstand und Opposition in der DDR. Von den Forschungen zur Geschichte des Nationalsozialismus zur Auseinandersetzung mit der SED-Diktatur. Docupedia-Zeitgeschichte, 2.12.2013, http://docupedia.de/zg/eckert_widerstand_opposition_ddr_vi_de_2013.

Ellerbrock, Dagmar: »Healing Democracy«. Demokratie als Heilmittel: Gesundheit, Krankheit und Politik in der amerikanischen Besatzungszone 1945-1949. Bonn 2004.

Erdmann, Rhoda: Typ eines Ausbildungsganges weiblicher Forscher, in: Elga Kern (Hg.): Führende Frauen Europas in sechzehn Selbstdarstellungen. 3. Aufl. München 1929, S. 35-54.

Etzemüller, Thomas: Biographien. Lesen – erforschen – erzählen. Frankfurt a.M. 2012.

Eumann, Ulrich und Jascha März: Das Schneeballsystem der Gestapo bei der Bekämpfung des Widerstandes. Eine Kölner Fallstudie, in: Österreichische Zeitschrift für Geschichtswissenschaften 23 (2012) 1, S. 126-154.

Faulstich, Werner: Einführung: »Ein Leben auf dem Vulkan?« Weimarer Republik und die »goldenen« 20er Jahre, in: Werner Faulstich (Hg.): Die Kultur der zwanziger Jahre. Paderborn 2008, S. 7-20.

Faulstich, Werner (Hg.): Die Kultur der zwanziger Jahre. Paderborn 2008.

Feilchenfeldt Breslauer, Marianne: Bilder meines Lebens. Erinnerungen. 3. Aufl. Wädenswil 2010.

Fetthauer, Sophie: Musikverlage im »Dritten Reich« und im Exil. Hamburg 2004.

Finck, Werner: Witz als Schicksal, Schicksal als Witz. Ein deutsches Bilderbuch zu Nutz und Frommen Punkt. Hamburg 1966.

Fleermann, Bastian, Hildegard Jakobs und Frank Sparing: Die Gestapo Düsseldorf 1933-1945. Geschichte einer nationalsozialistischen Sonderbehörde im Westen Deutschlands. Düsseldorf 2012.

Flemming, Jens: »Neue Frau«? Bilder, Projektionen, Realitäten, in: Werner Faulstich (Hg.): Die Kultur der zwanziger Jahre. Paderborn 2008, S. 55-70.

Frank, Paul: Entschlüsselte Botschaft. Ein Diplomat macht Inventur. Stuttgart 1981.

Frevert, Ute: »Mann und Weib, und Weib und Mann«. Geschlechter-Differenzen in der Moderne. München 1995.

Frevert, Ute: Umbruch der Geschlechterverhältnisse? Die 60er Jahre als geschlechterpolitischer Experimentierraum, in: Axel Schildt, Detlef Siegfried, Karl Christian Lammers und Forschungsstelle für Zeitgeschichte in Hamburg (Hg.): Dynamische Zeiten. Die 60er Jahre in den beiden deutschen Gesellschaften. Hamburger Beiträge zur Sozial- und Zeitgeschichte. Hamburg 2000, S. 642-660.

Friedrich, Karin: »Er ist gemein zu unseren Freunden …« – Das Retternetz der Gruppe »Onkel Emil«, in: Wolfgang Benz (Hg.): Überleben im Dritten Reich. Juden im Untergrund und ihre Helfer. München 2003, S. 97-109.

Fuchs-Heinritz, Werner: Biographische Forschung. Eine Einführung in Praxis und Methoden. 4. Aufl. Wiesbaden 2009.

Furtwängler, Elisabeth: Über Wilhelm Furtwängler. 4. Aufl. Zürich u.a. 2006.

Geiger, Friedrich: Werner Egk als Leiter der Fachschaft Komponisten in der Reichsmusikkammer, in: Albrecht Riethmüller und Michael Custodis (Hg.): Die Reichsmusikkammer. Kunst im Bann der Nazi-Diktatur. Köln 2015, S. 87-99.

Geiler, Karl: Nachruf für Wilhelm von Drigalski, in: HÄBl 8/1950, S. 163-164.

Georgiadou, Areti: »Das Leben zerfetzt sich mir in tausend Stücke«. Annemarie Schwarzenbach: eine Biographie. 2. Aufl. Frankfurt a.M. u.a. 1996.

Gerrens, Uwe: Medizinisches Ethos und theologische Ethik. Karl und Dietrich Bonhoeffer in der Auseinandersetzung um Zwangssterilisation und »Euthanasie« im Nationalsozialismus. München 1996.

Gerst, Thomas: Catel und die Kinder. Versuche an Menschen – ein Fallbeispiel 1947/48, in: 1999. Zeitschrift für Sozialgeschichte des 20. und 21. Jahrhunderts 15 (2000) 2, S. 100-109.

Goerig, Michael und G. Zeitlin: Jean Emily Henley – The lady behind the »Jean Henley Memorial Lecture«, in: Anästhesiegeschichte 57 (2016), S. 541-549.

Gordon, Mel: Sündiges Berlin. Wittlich 2011.

Görtemaker, Manfred und Christoph Johannes Maria Safferling: Die Akte Rosenburg. Das Bundesministerium der Justiz und die NS-Zeit. München 2017.

Gregor, Joris Anja und Sophie Ruby: Biographie und Geschlecht, in: Helma Lutz, Martina Schiebel und Elisabeth Tuider (Hg.): Handbuch Biographieforschung. Wiesbaden 2018, S. 233-244.

Grell, Ursula: »Gesundheit als Pflicht«. Das öffentliche Gesundheitswesen Berlins 1933-1939, in: Götz Aly (Hg.): Totgeschwiegen, 1933-1945. Zur Geschichte der Wittenauer Heilstätten, seit 1957 Karl-Bonhoeffer-Nervenklinik. 2. erw. Aufl. Berlin 1989, S. 49-76.

Grotum, Thomas: Die Gestapo Trier. Beiträge zur Geschichte einer regionalen Verfolgungsbehörde. Köln 2018.

Gruner, Wolf: Die Verfolgung der Juden und die Reaktionen der Berliner, in: Michael Wildt und Christoph Kreutzmüller (Hg.): Berlin 1933-1945. München 2013, S. 311-323.

Grüttner, Michael und Sven Kinas: Die Vertreibung von Wissenschaftlern aus deutschen Universitäten 1933-1945, in: Vierteljahreshefte für Zeitgeschichte 55 (2007), S. 123-186.

Gundel, Hans Georg, Peter Moraw und Volker Press: Friedrich Bernhard. Giessener Gelehrte in der ersten Hälfte des 20. Jahrhunderts. Teil 1. Marburg 1982.

Günther, Frieder, Lutz Maeke, Stefanie Palm, Irina Stange und Maren Richter: Kommunikation und Hierarchie. Die Verwaltungskulturen im BMI und MdI, in: Frank Bösch und Andreas Wirsching (Hg.): Hüter der Ordnung. Die Innenministerien in Bonn und Ost-Berlin nach dem Nationalsozialismus. Göttingen 2018, S. 307-354.

Gutmann, Monika: Klinikum Charlottenburg. Vergangenheit und Gegenwart. Berlin 1987.

Habernoll, Arnold und Maria Daelen: Aus der Arbeit der Weltgesundheits-Organisation (WHO), in: Mitteilungsblatt der Deutschen Gesellschaft für die Vereinten Nationen (September 1959) 23, S. 9-11.

Hachtmann, Rüdiger: Vernetzung um jeden Preis. Zum politischen Alltagshandeln der Generalverwaltung im ›Dritten Reich‹, in: Helmut Maier (Hg.): Gemeinschaftsforschung, Bevollmächtigte und der Wissenstransfer. Die Rolle der Kaiser-Wilhelm-Gesellschaft im System kriegsrelevanter Forschung des Nationalsozialismus. Göttingen 2007, S. 77-152.

Hafeneger, Benno, Marcus Velke und Lucas Frings: Geschichte der hessischen Ärztekammern 1887-1956. Autonomie – Verantwortung – Interessen. Schwalbach 2016.

212

Haffner, Herbert: Furtwängler. Berlin 2003.

Hahn, Judith: Grawitz, Genzken, Gebhardt. Drei Karrieren im Sanitätsdienst der SS. Münster 2008.

Hansen, Knut: Albrecht Graf von Bernstorff. Diplomat und Bankier zwischen Kaiserreich und Nationalsozialismus. Frankfurt a.M. u.a. 1996.

Hardinghaus, Christian: Ferdinand Sauerbruch und die Charité. Operationen gegen Hitler. München 2019.

Hartmann, Christian: Schlabrendorff, Fabian Ludwig Georg Adolf Kurt Graf von, in: Neue Deutsche Biographie 23 (2007), S. 16.

Hassell, Ulrich von, Friedrich Hiller von Gaertringen und Klaus Peter Reiss: Die Hassell-Tagebücher 1938-1944. Aufzeichnungen vom Andern Deutschland. 2., durchgesehene Aufl. Berlin 1989.

Hassell, Ulrich von und Ulrich Schlie: Römische Tagebücher und Briefe 1932-1938. München 2004.

Heine, Fritz: Moralische Aufrüstung?, in: Gewerkschaftliche Monatshefte (Dezember 1961), S. 347-353.

Heinrich, Gerd und Fritz-Jürgen von Dewitz: Staatsdienst und Rittergut. Die Geschichte der Familie von Dewitz in Brandenburg, Mecklenburg und Pommern. Bonn 1990.

Heinsohn, Kirsten: Kommentar: Nachkriegszeit und Geschlechterordnung, in: Julia Paulus, Eva-Maria Silies und Kerstin Wolff (Hg.): Zeitgeschichte als Geschlechtergeschichte. Neue Perspektiven auf die Bundesrepublik. Frankfurt a.M. 2012, S. 92-99.

Henley, Jean und Gertrud Wiedhopf: Einführung in die Praxis der modernen Inhalationsnarkose. Reprint 2016. Berlin u.a. 1950.

Hertling, Anke: Eroberung der Männerdomäne Automobil. Die Selbstfahrerinnen Ruth Landshoff-Yorck, Erika Mann und Annemarie Schwarzenbach. Bielefeld 2013.

Herwarth, Hans von: Von Adenauer zu Brandt. Erinnerungen. Berlin 1990.

Hess, Volker: »Es hat natürlich alles nur Sinn, wenn man sich der Resonanz des Ministeriums sicher ist.« Die medizinische Fakultät im Zeichen der »Führeruniversität«, in: Christoph Jahr, Rebecca Schaarschmidt und Rüdiger vom Bruch (Hg.): Strukturen und Personen. Stuttgart 2005, S. 37-48.

Heusler-Edenhuizen: Was wir wollen, in: Vierteljahresschrift des Bundes Deutscher Ärztinnen 1 (1924), S. 1.

Hoffmann, Dieter, Birgit Kolboske und Jürgen Renn (Hg.): »Dem Anwenden muss das Erkennen vorausgehen«. Auf dem Weg zu einer Geschichte der Kaiser-Wilhelm-/ Max-Planck-Gesellschaft. 2. Aufl. Berlin 2015.

Honnef, Klaus und Frank Weyers: Und sie haben Deutschland verlassen ... müssen. Fotografen und ihre Bilder 1928-1997. Köln 1997.

Huerkamp, Claudia: Bildungsbürgerinnen. Frauen im Studium und in akademischen Berufen 1900-1945. Göttingen 1996.

Hung, Jochen: Das veränderliche »Gesicht der weiblichen Generation«. Ein Beitrag zur politischen Kulturgeschichte der späten Weimarer Republik, in: Gabriele Metzler und Dirk Schumann (Hg.): Geschlechter(un)ordnung und Politik in der Weimarer Republik. Bonn 2016, S. 218-253.

Ille, Harald: Elisabeth Schwarzhaupt als Bundesgesundheitsministerin (1961-66). Mag. Arb. Gießen 2003.

Jasch, Hans-Christian: Rhoda Erdmann (1870-1935). Leben und Karriere einer frühen Krebsforscherin zwischen internationaler Anerkennung und nationaler Marginalisierung. Berlin 2017.

Jütte, Robert: Geschichte der deutschen Ärzteschaft. Organisierte Berufs- und Gesundheitspolitik im 19. und 20. Jahrhundert. Köln 1997.

Kardorff-Oheimb, Katharina von und Ilse Reicke (Hg.): Politik und Lebensbeichte. Tübingen 1965.

Keil, Lars-Broder: Albrecht Graf von Bernstorff (1890-1945). »Der Nationalsozialismus richtet sich gegen alles, wofür ich eingetreten bin«, in: Antje Vollmer und Lars-Broder Keil (Hg.): Stauffenbergs Gefährten. Das Schicksal der unbekannten Verschwörer. München 2013, S. 81-99.

Kessemeier, Gesa: Sportlich, sachlich, männlich. Das Bild der »Neuen Frau« in den Zwanziger Jahren. Zur Konstruktion geschlechtsspezifischer Körperbilder in der Mode der Jahre 1920 bis 1929. Dortmund 2000.

Kessler-Harris, Alice: Women have always worked. A concise history. 2. Aufl. Urbana 2018.

Keyserlingk, Linda von: Erkenntnisgewinn durch die historische Netzwerkforschung. Eine qualitative und quantitative Analyse des Beziehungsgeflechts von zivilem und militärischem Widerstand 1938-1944, in: Christian Th. Müller und Matthias Rogg (Hg.): Das ist Militärgeschichte! Probleme – Projekte – Perspektiven. Paderborn u.a. 2013, S. 464-478.

Kirk, Beate und Christoph Friedrich: Der Contergan-Fall. Zur Geschichte des Arzneistoffs Thalidomid. Stuttgart 2015.

Klee, Ernst: Deutsche Medizin im Dritten Reich. Karrieren vor und nach 1945. Frankfurt a.M. 2001.

Klee, Ernst: Das Personenlexikon zum Dritten Reich. Wer war was vor und nach 1945. 4. aktualisierte Ausgabe. Frankfurt a.M. 2013.

Klein, Christian (Hg.): Handbuch Biographie. Methoden, Traditionen, Theorien. Stuttgart u.a. 2009.

Kriechbaumer, Robert: Zwischen Österreich und Großdeutschland. Eine politische Geschichte der Salzburger Festspiele, 1933-1944. Wien 2013.

Krings, Stefan: Hitlers Pressechef. Otto Dietrich (1897-1952). Eine Biografie. Göttingen 2012.

Kröger, Ute: »Wie ich leben soll, weiss ich noch nicht«. Erika Mann zwischen »Pfeffermühle« und »Firma Mann«. Ein Porträt. Zürich 2005.

Kropat, Wolf-Arno: Der Traum von der Einheitspartei: Das Scheitern der Einheitsbestrebungen von Sozialdemokraten und Kommunisten in Hessen in den Jahren 1945/46, in: Hessisches Jahrbuch für Landesgeschichte 54 (2004), S. 213-247.

Kropat, Wolf-Arno: Entnazifizierung, Mitbestimmung, Schulgeldfreiheit. Hessische Landtagsdebatten 1947-1950. Eine Dokumentation. Wiesbaden 2004.

Kuh, Anton: Werke. Band 6: 1933-1941. Hg. von Walter Schübler, Göttingen 2016.

Kunter, Katharina: Protestantischer Einsatz für die Gleichberechtigung der Frau.

Elisabeth Schwarzhaupt und ihr Weg in die Bundesrepublik der fünfziger Jahre, in: Martin Greschat und Christa Stache (Hg.): Evangelische Christen im geteilten Deutschland. Leipzig 2013, S. 169-185.

Lang, Klaus: Elisabeth Furtwängler. Mädchen mit 95 Jahren? Neckenmarkt u. a. 2007.

Lappenküper, Ulrich: Die deutsch-französischen Beziehungen 1949-1963. Von der »Erbfeindschaft« zur »Entente élémentaire«. München 2001.

Latzin, Ellen: Lernen von Amerika? Das US-Kulturaustauschprogramm für Bayern und seine Absolventen. Stuttgart 2005.

Leh, Almut: Biographieforschung, in: Christian Gudehus (Hg.): Gedächtnis und Erinnerung. Ein interdisziplinäres Handbuch. Stuttgart u. a. 2010, S. 299-311.

Lengwiler, Martin: Prävention zwischen Staat und Subjekt. Der sozialmedizinische Aufbruch in der Bundesrepublik und auf internationaler Ebene (1960-1980), in: Heinz-Peter Schmiedebach (Hg.): Medizin und öffentliche Gesundheit. Berlin u. a. 2018, S. 115-130.

Lenhard-Schramm, Niklas: Das Land Nordrhein-Westfalen und der Contergan-Skandal. Gesundheitsaufsicht und Strafjustiz in den »langen sechziger Jahren«. Göttingen 2016.

Lohmann, Heinrich: Der Bremer Fichtenhof und seine Bewohner. Ein wenig bekanntes Kapitel aus dem Widerstand gegen den Nationalsozialismus. Bremen 2018.

Lutz, Helma, Martina Schiebel und Elisabeth Tuider (Hg.): Handbuch Biographieforschung. Wiesbaden 2018.

Lybeck, Marti M.: Desiring emancipation. New women and homosexuality in Germany, 1890-1933. Albany 2014.

Malinowski, Stephan: Vom König zum Führer. Sozialer Niedergang und politische Radikalisierung im deutschen Adel zwischen Kaiserreich und NS-Staat. 3., durchgesehene Aufl. Berlin 2003.

Malinowski, Stephan und Sven Reichardt: Die Reihen fest geschlossen? Adelige im Führerkorps der SA bis 1934, in: Eckart Conze und Monika Wienfort (Hg.): Adel und Moderne. Deutschland im europäischen Vergleich im 19. und 20. Jahrhundert. Köln 2004, S. 119-150.

Malycha, Andreas: Der Umgang mit politisch belasteten Hochschulprofessoren an der Medizinischen Fakultät der Universität Berlin in den Jahren 1945 bis 1949, in: Rüdiger vom Bruch, Uta Gerhardt und Aleksandra Pawliczek (Hg.): Kontinuitäten und Diskontinuitäten in der Wissenschaftsgeschichte des 20. Jahrhunderts. Stuttgart 2006, S. 93-110.

Margerie, Roland de: Tous mes adieux sont faits. Mémoires inédits de Roland de Margerie, Bde. 2-4. New York 2012.

Margerie, Roland de: Tous mes adieux sont faits. Mémoires inédits de Roland de Margerie, Bd. 6 Album et Index général. New York 2012.

Markus: Mein Leben unter braunen Clowns. Eine Jugend in Deutschland. Oldenburg 1995.

Mecking, Sabine: Chefin oder Mauerblümchen? Frauen in der öffentlichen Verwaltung der Bundesrepublik, in: Geschichte und Gesellschaft 31 (2005), S. 465-497.

»Mein Hund ist der schönste! Rut Landshoff mit ihrem Kerry-Blue-Terrier ›Paris‹«, in: Die Dame (1928/1929) 18, S. 3.

Metzler, Gabriele und Dirk Schumann (Hg.): Geschlechter(un)ordnung und Politik in der Weimarer Republik. Bonn 2016.

Micheler, Stefan und Heike Schader: Gleichberechtigung als Ideal? Partnerschaftsmodelle Männer begehrender Männer und Frauen begehrender Frauen in den 20er Jahren, in: Invertito 6 (2004), S. 50-94.

Montijn, Aleida: Nachrichten an K.G. Erinnerungen einer Komponistin. Kassel 1988.

Mühl-Benninghaus, Sigrun: Das Beamtentum in der NS-Diktatur bis zum Ausbruch des Zweiten Weltkrieges. Zu Entstehung, Inhalt und Durchführung der einschlägigen Beamtengesetze. Düsseldorf 1996.

Mühlhausen, Walter: Christian Stock. 1910-1932. Vom Heidelberger Arbeitersekretär zum hessischen Ministerpräsidenten. Heidelberg 1996.

Müller-List, Gabriele: Eine neue Moral für Deutschland? Die Bewegung für Moralische Aufrüstung und ihre Bedeutung beim Wiederaufbau 1947-1952, in: Aus Politik und Zeitgeschichte (1981) 44, S. 11-23.

Novak, Andreas: »Salzburg hört Hitler atmen«. Die Salzburger Festspiele 1933-1944. München 2005.

Orth, Barbara (Hg.): Gestapo im OP. Bericht der Krankenhausärztin Charlotte Pommer. Berlin 2012.

Palm, Stefanie und Irina Stange: Vergangenheiten und Prägungen des Personals des Bundesinnenministeriums, in: Frank Bösch und Andreas Wirsching (Hg.): Hüter der Ordnung. Die Innenministerien in Bonn und Ost-Berlin nach dem Nationalsozialismus. Göttingen 2018, S. 122-181.

Paulus, Julia, Eva-Maria Silies und Kerstin Wolff: Die Bundesrepublik aus geschlechterhistorischer Perspektive, in: Julia Paulus, Eva-Maria Silies und Kerstin Wolff (Hg.): Zeitgeschichte als Geschlechtergeschichte. Neue Perspektiven auf die Bundesrepublik. Frankfurt a.M. 2012, S. 12-27.

Paulus, Julia, Eva-Maria Silies und Kerstin Wolff (Hg.): Zeitgeschichte als Geschlechtergeschichte. Neue Perspektiven auf die Bundesrepublik. Frankfurt a.M. 2012.

Perret, Roger: Nachwort zur Lyrischen Novelle. »Ernst, Würde und Glück des Daseins«, in: Annemarie Schwarzenbach und Roger Perret (Hg.): Lyrische Novelle. Basel 2008, S. 99-146.

Petermann, H.: Angloamerikanische Einflüsse bei der Etablierung der Anästhesie in der Bundesrepublik Deutschland im Zeitraum von 1949-1960, in: Anästhesiologie, Intensivmedizin, Notfallmedizin, Schmerztherapie: AINS 40 (2005) 3, S. 133-141.

Petersen, Hans-Christian und Sönke Zankel: Werner Catel – ein Protagonist der NS-»Kindereuthanasie« und seine Nachkriegskarriere, in: Medizinhistorisches Journal 38 (2003), S. 139-173.

Plötz, Kirsten: Als fehle die bessere Hälfte. »Alleinstehende« Frauen in der frühen BRD 1949-1969. Königstein am Taunus 2005.

Poeschel, Thomas und Werner Egk: Abraxas Höllen-Spectaculum. Ein zeitgeschichtliches Libretto des deutschen Nationalmythos von Heinrich Heine bis Werner Egk. Teetz 2002.

Prieberg, Fred K.: Kraftprobe. Wilhelm Furtwängler im Dritten Reich. Wiesbaden 1986.

Pückler, Ursula Gräfin: »Das Engagement der Maria Daelen. Zwischen Kunst und Skalpell«, in: GEDOK-Journal. Rhein-Main-Taunus. Gemeinschaft der Künstlerinnen und Kunstfreunde e. V., 1986/87, Folge 1, S. 28-30.

Pufendorf, Astrid von: Die Plancks. Eine Familie zwischen Patriotismus und Widerstand. Berlin 2006.

Pyta, Wolfram: Biographisches Arbeiten als Methode: Geschichtswissenschaft, in: Christian Klein (Hg.): Handbuch Biographie. Methoden, Traditionen, Theorien. Stuttgart u. a. 2009, S. 331-338.

Quadflieg, Peter M.: Gerhard Graf von Schwerin (1899-1980). Wehrmachtgeneral – Kanzlerberater – Lobbyist. Paderborn 2016.

Ratschko, Karl-Werner: Fehlende Einsichten. Die Medizinische Fakultät Kiel in den ersten Jahren nach dem Kriegsende, in: Schleswig-Holsteinisches Ärzteblatt 69 (2016) Nr. 7/8, S. 24-27.

Reiber, Joachim: Gottfried von Einem. Komponist der Stunde null. Wien 2017.

Rensch, Carola und Walter Bruchhausen: Medical Science Meets ›Development Aid‹ Transfer and Adaptation of West German Microbiology to Togo, 1960-1980, in: Medical History 61 (2017) 1, S. 1-24.

Richter, Maren: Von Seilschaften und Netzwerken: Die Abteilung Gesundheitswesen und die Gesundheitspolitik, in: Frank Bösch und Andreas Wirsching (Hg.): Hüter der Ordnung. Die Innenministerien in Bonn und Ost-Berlin nach dem Nationalsozialismus. Göttingen 2018, S. 536-579.

Rohwer, Jörn Jacob und Vera Lehndorff: Veruschka. Mein Leben. Köln 2011.

Roncigli, Audrey: Wilhelm Furtwängler, une illusion face au nazisme, in: Guerres mondiales et conflits contemporains 3 (2007) 227, S. 75-93.

Roncigli, Audrey, Jeremy Menuhin und Didier Francfort: Le cas Furtwängler. Un chef d'orchestre sous le IIIe Reich. Paris 2009.

Runge, Anita: Gender-Studies, in: Christian Klein (Hg.): Handbuch Biographie. Methoden, Traditionen, Theorien. Stuttgart u. a. 2009, S. 402-406.

Saathen, Friedrich: Einem-Chronik. Dokumentation und Deutung. Wien u. a. 1982.

Sachs, Harvey: Toscanini. Musician of conscience. New York 2017.

Salentin, Ursula und Elisabeth Schwarzhaupt: Elisabeth Schwarzhaupt, erste Ministerin der Bundesrepublik. Ein demokratischer Lebensweg. Freiburg im Breisgau 1986.

Schagen, Udo und Sabine Schleiermacher: Otto Buurman, in: Udo Schagen und Sabine Schleiermacher (Hg.): 100 Jahre Sozialhygiene, Sozialmedizin und Public Health in Deutschland: Biographien. Berlin 2005.

Schagen, Udo und Sabine Schleiermacher: Unter dem Hakenkreuz (1933-1945), in: Johanna Bleker und Volker Hess (Hg.): Die Charité. Geschichte(n) eines Krankenhauses. Berlin 2010, S. 169-187.

Schjørring, Jens Holger (Hg.): Moralische Aufrüstung und westeuropäische Politik bis 1954. Stuttgart u. a. 1976.

Schleiermacher, Sabine: Gesundheitspolitische Traditionen und demokratische Herausforderung: Gesundheitspolitik in Niedersachsen nach 1945, in: Jörg Vögele,

Wolfgang Woelk und Silke Fehlemann (Hg.): Geschichte der Gesundheitspolitik in Deutschland. Von der Weimarer Republik bis in die Frühgeschichte der »doppelten Staatsgründung«. Berlin 2002, S. 265-284.

Schleiermacher, Sabine (Hg.): Die Charité im Dritten Reich. Zur Dienstbarkeit medizinischer Wissenschaft im Nationalsozialismus. Paderborn 2008.

Schmid, Carlo: Erinnerungen. Bern u.a. 1979.

Schmidt, Frank: Christian Stock (1884-1967). Eine Biographie. Darmstadt 1997.

Schober, Karl-Ludwig: Tragik im Terror 1933: Arthur Woldemar Meyer, in: Leopoldina 40 (1995) 3, S. 489-508.

Schrafstetter, Susanne: Verfolgung und Wiedergutmachung. Karl M. Hettlage. Mitarbeiter von Albert Speer und Staatssekretär im Bundesfinanzministerium, in: Vierteljahrshefte für Zeitgeschichte 56 (2008) 3, S. 431-466.

Schulz, Kristina: Kommentar: Allgemeine Geschichte und Feminismusgeschichte. Die Frauenbewegung in der Geschichte der Bundesrepublik, in: Julia Paulus, Eva-Maria Silies und Kerstin Wolff (Hg.): Zeitgeschichte als Geschlechtergeschichte. Neue Perspektiven auf die Bundesrepublik. Frankfurt a.M. 2012, S. 318-327.

Schuster, Armin: Die Entnazifizierung in Hessen 1945-1954. Vergangenheitspolitik in der Nachkriegszeit. Wiesbaden 1999.

Schwartz, Michael: Frauenpolitik im doppelten Deutschland. Die Bundesrepublik und die DDR in den 1970er Jahren, in: Christine Hikel, Elisabeth Zellmer, Nicole Kramer und Christine Friederich (Hg.): Lieschen Müller wird politisch. Geschlecht, Staat und Partizipation im 20. Jahrhundert. München 2009, S. 27-40.

Schwarzenbach, Alexis: Die Geborene. Renée Schwarzenbach und ihre Familie. 3. Aufl. Zürich 2005.

Schwarzenbach, Alexis: Auf der Schwelle des Fremden. Das Leben der Annemarie Schwarzenbach. München 2011.

Seel, Johann Baptist: Das Gesetz zur Wiederherstellung des Berufsbeamtentums, in: Deutsches Beamtenrecht (1933).

Seliger, Hubert: Ein Augsburger Widerstandskämpfer und Rechtsanwalt: Dr. Franz Reisert, in: Arnd Koch und Herbert Veh (Hg.): Vor 70 Jahren – Stunde Null für die Justiz? Die Augsburger Justiz und das NS-Unrecht. Baden-Baden 2017, S. 159-203.

Shirakawa, Sam H.: The devil's music master. The controversial life and career of Wilhelm Furtwängler. New York u.a. 1992.

Söll, Änne: Der Neue Mann? Männerporträts von Otto Dix, Christian Schad und Anton Räderscheidt. Paderborn 2016.

Steinmetz, Willibald: Ungewollte Politisierung durch die Medien? Die Contergan-Affäre, in: Bernd Weisbrod (Hg.): Die Politik der Öffentlichkeit – Die Öffentlichkeit der Politik. Göttingen 2003, S. 195-228.

Straub, Eberhard: Die Furtwänglers. Geschichte einer deutschen Familie. München 2007.

Sutton, Katie: The masculine woman in Weimar Germany. New York u.a. 2011.

Topp, Sascha: Geschichte als Argument in der Nachkriegsmedizin. Formen der Vergegenwärtigung der nationalsozialistischen Euthanasie zwischen Politisierung und Historiographie. Göttingen 2013.

Trapp, Frithjof, P. Walter Jacob und Barbara von der Lühe: Wilhelm Furtwängler und der Nationalsozialismus, in: Exil 24 (2004), S. 56-78.

Tuchel, Johannes: Widerstand gegen den Nationalsozialismus in Berlin, in: Michael Wildt und Christoph Kreutzmüller (Hg.): Berlin 1933-1945. München 2013, S. 193-209.

Usborne, Cornelie: Ärztinnen und Geschlechteridentität in der Weimarer Republik, in: Ulrike Lindner und Merith Niehuss (Hg.): Ärztinnen, Patientinnen. Frauen im deutschen und britischen Gesundheitswesen des 20. Jahrhunderts. Köln 2002, S. 73-94.

Vollmer, Antje: Doppelleben. Heinrich und Gottliebe von Lehndorff im Widerstand gegen Hitler und von Ribbentrop. Frankfurt a. M. 2010.

Völter, Bettina (Hg.): Biographieforschung im Diskurs. Wiesbaden 2005.

Vom Bruch, Rüdiger, Uta Gerhardt und Aleksandra Pawliczek (Hg.): Kontinuitäten und Diskontinuitäten in der Wissenschaftsgeschichte des 20. Jahrhunderts. Stuttgart 2006.

Vossen, Johannes: Gesundheitsämter im Nationalsozialismus. Rassenhygiene und offene Gesundheitsfürsorge in Westfalen 1900-1950. Essen 2001.

Vossen, Johannes: Die Medizinische Fakultät der Berliner Universität und der Systemwechsel von 1933. Kontinuitäten und Diskontinuitäten im Bereich der Personalpolitik, in: Rüdiger vom Bruch, Uta Gerhardt und Aleksandra Pawliczek (Hg.): Kontinuitäten und Diskontinuitäten in der Wissenschaftsgeschichte des 20. Jahrhunderts. Stuttgart 2006, S. 291-304.

Vossen, Johannes: Willfährige Wissenschaft: Die Medizinische Fakultät der Berliner Universität und der Nationalsozialismus, in: Sabine Schleiermacher (Hg.): Die Charité im Dritten Reich. Zur Dienstbarkeit medizinischer Wissenschaft im Nationalsozialismus. Paderborn 2008, S. 23-36.

Walther, Peter Th.: Entlassungen und Exodus: Personalpolitik an der Medizinischen Fakultät und in der Charité 1933, in: Sabine Schleiermacher (Hg.): Die Charité im Dritten Reich. Zur Dienstbarkeit medizinischer Wissenschaft im Nationalsozialismus. Paderborn 2008, S. 37-50.

Weber, Petra: Carlo Schmid, 1896-1979. Eine Biographie. München 1996.

Wedel, Markus: Die hessische SPD 1950-1959. Eine Volkspartei im Werden. Wiesbaden 2012.

Weis, Stefanie: Leben und Werk des Juristen Karl Hermann Friederich Julius Geiler (1878-1953). Ein Rechtswissenschaftler in Zeiten des Umbruchs. Hamburg 2013.

Wendt, Gunna: Die Furtwänglers. Elisabeth Furtwängler, Kathrin Ackermann, Maria Furtwängler. 3. Aufl. München 2011.

Wentker, Hermann: Außenpolitik in engen Grenzen. Die DDR im internationalen System 1949-1989. München 2007.

Westermann, Stefanie: »Die deutsche Ärzteschaft und ihre Standesvertretung will auch heute mit solchen Personen nichts zu tun haben.« Die NS-Medizin im Spiegel des Deutschen Ärzteblattes, in: Richard Kühl (Hg.): Verfolger und Verfolgte. »Bilder« ärztlichen Handelns im Nationalsozialismus. Münster 2010, S. 241-259.

Wildt, Michael: Generation des Unbedingten. Das Führungskorps des Reichssicherheitshauptamtes. Studienausg. Hamburg 2003.

Wildt, Michael und Christoph Kreutzmüller (Hg.): Berlin 1933-1945. München 2013.

Will, Martin: Die Konstituierung Hessens nach dem 2. Weltkrieg, in: Zeitschrift des Vereins für hessische Geschichte (ZHG) 108 (2003), S. 231-255.

Woelk, Wolfgang und Thorsten Halling: Konrad Adenauer, die »rote Hilde« und die Gründung des Bundesgesundheitsministeriums 1961, in: Jörg Vögele (Hg.): Geschichte der Medizin, Geschichte in der Medizin. Forschungsthemen und Perspektiven. Hamburg 2006, S. 81-88.

Wolters, Christine: Tuberkulose und Menschenversuche im Nationalsozialismus. Das Netzwerk hinter den Tbc-Experimenten im Konzentrationslager Sachsenhausen. Stuttgart 2011.

Yorck, Ruth: Klatsch, Ruhm und kleine Feuer. Biographische Impressionen. Durchgesehene und erw. Neuausg. Frankfurt a. M. 1997.

Zarek, Otto: Begierde. Roman einer Weltstadtjugend. Berlin u. a. 1930.

Zimmer, Thomas: Welt ohne Krankheit. Geschichte der internationalen Gesundheitspolitik 1940-1970. Göttingen 2017.

Ziver, Georg: Das Romanische Café: Erscheinungen und Randerscheinungen rund um die Gedächtniskirche. Berlin 1965.

ZurMühlen, Bengt von: Der vergessene Verschwörer. General Fritz Lindemann und der 20. Juli 1944. München 2014.

Alle Internetseiten aufgerufen am 6.5.2019.

Personenregister